中国博士后科学基金第 13 批特别资助（站中）[2020T130327]

诗学与美学研究丛书

林云柯 著

日常理性及其责任

斯坦利·卡维尔哲学及文艺思想研究

Stanley Cavell

北京大学出版社
PEKING UNIVERSITY PRESS

图书在版编目（CIP）数据

日常理性及其责任 / 林云柯著. —北京：北京大学出版社，2021.10
（诗学与美学研究丛书）
ISBN 978-7-301-32554-4

Ⅰ.①日… Ⅱ.①林… Ⅲ.①语言艺术—研究 Ⅳ.① H05

中国版本图书馆 CIP 数据核字（2021）第 194941 号

书　　名	日常理性及其责任：斯坦利·卡维尔哲学及文艺思想研究 RICHANG LIXING JI QI ZEREN: SITANLI KAWEIER ZHEXUE JI WENYI SIXIANG YANJIU
著作责任者	林云柯　著
责任编辑	张文礼
标准书号	ISBN 978-7-301-32554-4
出版发行	北京大学出版社
地　　址	北京市海淀区成府路 205 号　100871
网　　址	http://www.pup.cn　　新浪微博：@北京大学出版社
电子信箱	pkuwsz@126.com
电　　话	邮购部 010-62752015　发行部 010-62750672 编辑部 010-62767315
印　刷　者	天津中印联印务有限公司
经　销　者	新华书店
	650 毫米 ×980 毫米　16 开本　18.25 印张　273 千字 2021 年 10 月第 1 版　2021 年 10 月第 1 次印刷
定　　价	59.00 元

未经许可，不得以任何方式复制或抄袭本书之部分或全部内容。
版权所有，侵权必究
举报电话：010-62752024　电子信箱：fd@pup.pku.edu.cn
图书如有印装质量问题，请与出版部联系，电话：010-62756370

目 录

前　言　斯坦利·卡维尔与日常语言哲学文学批评应用的可能性 / 001
　　一　斯坦利·卡维尔与日常语言哲学 / 001
　　二　卡维尔对早期分析哲学"反心理主义"的继承 / 005
　　三　国内外研究现状 / 007

第一章　日常审美"共通感"的恢复：卡维尔的日常语言思想 / 011
　　导言　卡维尔思想的缘起：实证主义所引发的危机 / 011
　　一　言必所指：日常语言的"在地性"与"必然性" / 018
　　二　后期维特根斯坦哲学中的"规则观"与"唯我论" / 028
　　三　"实指定义（解释）"与伦理的"在地性"奠基 / 044

第二章　作为"共同感"的艺术：卡维尔的"电影本体论" / 057
　　导言　两种"现实主义"：爱森斯坦与巴赞之间的卡维尔 / 057
　　一　《看见的世界》中的艺术媒介论与审美共通感 / 065
　　二　好莱坞喜剧中的"复婚"主题 / 087

第三章　日常语言视角下的"戏剧化"行为：卡维尔的莎士比亚悲剧批评 / 100
　　导言　实证主义的"非人性化"：他人心灵与怀疑主义 / 100
　　一　《科利奥兰纳斯》中的有机体隐喻 / 106
　　二　《哈姆雷特》与《李尔王》中的个人心灵与诸"世界"冲突 / 128

第四章　日常语言哲学的批判性：卡维尔的怀疑主义观 / 147
　　导言　从"先验"到"基础"的转向："批判的"日常语言哲学 / 147
　　一　对"先验"的反思：日常语言视野下的"物自体"与
　　　　"直接性哲学" / 154
　　二　日常语言中的怀疑主义因素 / 173
　　三　"常识"与认识活动的主体性权威批判 / 199

第五章　文学语言中的"至善论"与"事物"：卡维尔的浪漫主义诗学 / 215
　　导言　实用主义或其他：卡维尔与美国本土美学思想 / 215
　　一　在"文学"与"哲学"之间：文学的"自我"与"至善" / 224
　　二　"文本"与"事物"：日常语言视野下的阅读与阐释 / 251

结　语　"欧陆"与"英美"哲学的"危机意识"合流：卡维尔日常语言思想的
　　　　时代价值 / 267

参考文献 / 273

后　记 / 282

前 言
斯坦利·卡维尔与日常语言哲学文学批评应用的可能性

一 斯坦利·卡维尔与日常语言哲学

斯坦利·卡维尔（Stanley Cavell）是美国著名的日常语言哲学家、维特根斯坦研究专家，同时还是著名的文学批评家、电影理论家以及莎士比亚戏剧研究专家。卡维尔在美国学界以其广博的学术视野而著称，著名实用主义学者拉塞尔·古德曼认为卡维尔的思想兼容能力之强、兴趣范围之广在同辈人里无人能及。[1] 与卡维尔同时代且有直接交集的学者中，不乏与其学术旨趣同中见异的理查德·罗蒂，作为挚友的英国著名伦理学家伯纳德·威廉斯，以及作为同事的著名政治学家约翰·罗尔斯等。卡维尔自身思想的影响力在美国思想界也不亚于这些著名学者，他所占据的地位实际上又更为独特。在哲学上，卡维尔的重要角色是"分析"和"欧陆"两大哲学传统的调停者，在这一工作上，他的影响力不亚于同样以此闻名的罗蒂。作为美国重要的维特根斯坦阐释者，他开创性地将维特根斯坦哲学与观念论哲学相勾连，这对日常语言思想真正有效地介入认识论、美学以及伦理学起到了至关重要的作用。

卡维尔通过日常语言哲学的视角对一些日常词汇进行了特别的阐释、澄明和刷新。虽然卡维尔没有明确的原创性理论术语和概念，但是

---

[1] Russell Goodman ed., *Contending with Stanley Cavell*, Oxford University Press, 2005, p.3.

他的阐释使得一些日常词汇也能够成为批评活动中的核心词汇,比如"弃绝"(avoid)、"复婚"(remarriage)、"自立"(self-reliance)等等。这种刷新日常词语而非创造新的理论性术语的方式,使得卡维尔能够在日常生活和经典作品里发现仍然具有当下价值的意义沉淀,通过"用法"刷新其已经被掩盖的意义。卡维尔在各个领域开展这一工作,因此,他不仅是著名的哲学家,同时还撰写过多部著名的电影理论及批评著作,也被公认为当代最重要的文学批评家之一、最重要的莎士比亚戏剧阐释者之一。卡维尔同时也是其本土思想的复兴者,其对于"爱默生主义"的重新阐释恢复了超验论之于本国哲学的奠基地位,而这一独特面相在卡维尔之前是一直被实用主义(或者说日常语言哲学的语用学转向)以及战后涌入的逻辑实证主义思潮所遮蔽的。

卡维尔于1926年出生在亚特兰大的一个犹太家庭,虽然日后他以哲学家的身份声名鹊起,但是他的高等教育生涯却并非从哲学开始的。1946年,他首先在伯克利学院音乐系学习,之后前往纽约学习作曲。但是在此期间,他发现自己在阅读方面的兴趣要远远多于音乐,托马斯·曼、詹姆斯·乔伊斯和弗洛伊德的作品都对他产生了深刻的影响。1948年他回到加州在加州大学洛杉矶分校学习心理学,而后开始研习哲学。在1954—1955年间,他在哈佛大学遇到了当时在此访问的J. L. 奥斯汀,这使得他最终选择了日常语言哲学作为其此后思想的基本出发点。

与日常语言哲学的传统认知不同,在卡维尔看来,奥斯汀与维特根斯坦的日常语言哲学不仅是传统哲学的反对者,更提供了一系列沟通哲学与其他思想范畴,比如心理学、文学及伦理学的桥梁。因此,卡维尔并没有因为受到奥斯汀的直接影响和启蒙而完全成为奥斯汀的模仿者或注释者,他对于日常语言哲学不但有着深刻的理解和继承,而且对于奥斯汀以及一些当时主要的日常语言观点既有批判,也有自己的创见。在卡维尔的阐释中,早期日常语言哲学更倾向于以实证主义的态度来回避传统哲学中的"怀疑主义",也就是通过将日常语言锚定于具体情景中的认识对象之上,通过一种确切的实证程序在对经验物的无限逼近中达成某种"日常"意义上的共识。在卡维尔看来,这样的视角实际上矮化了日常语言哲学的意义。问题并不在于日常语言如何能够在日常层面规避传统哲学所提出的问题,而是日常语言能够将这些传统哲学问题转化到各种日常范畴当中,也就是说传统哲学、形而上学或者怀疑主义是如何表现在我们的日常语言当中的。只有这样,这些问题才能被理解,并有理据地被承认、解决或者拒斥,即我们如何对哲学问题的有效性或者可回答性做出判断,这是日常语言哲学所要解决的问题。

这也契合了奥斯汀思想中"以言行事"(illocutionary act)概念的诞生,即我们所要做的事就寓于我们所说之中。日常的言说并不是指向某个确定的客观认识对象,而是对于我们行动可能性的理解和拓展。这一立场融贯于后期维特根斯坦的思想中,即"生活形式",一种通过言说而拓展出的由会话者栖居于其中的"世界",这又使得卡维尔对于日常语言的理解得以与同样含有"世界"这一概念的观念论、浪漫主义、存在主义以及戏剧、电影这样的具体媒介联系在一起。实际上这也正是奥斯汀(至少是在其早期思想中)以及其他日常语言的研究者所忽略的层面,这使得他们的日常语言观始终没有彻底脱离实证性语言观的束缚,因而也始终无法将其塑造为一种在普遍意义上能够与传统哲学相抗衡的新思想,也没有将当时逻辑实证主义所造成的美学危机下的诸多思想范畴挽救回来。

这种将日常语言作为诸多不同思想范畴的融会机制,而非仅仅作为针对传统哲学的对抗性机制的思想也对当时具体的哲学研究议题有着巨大的影响,这就表现在卡维尔也被视为美国"新维特根斯坦"中的重要人物。像美国很多所谓的"学派"一样,"新维特根斯坦"并非一个自发的群体,这一领域的学者们大多并不是对维特根斯坦进行注疏性解释的"忠实"阐释者,而是在各自的哲学思想中,维特根斯坦自然而然地进入了他们的视野。因此这一派的学者保留了一些与主流维特根斯坦研究不同的理解原则。艾利斯·克莱里(Alice Crary)和拉波特·雷德(Rupert Read)选编的《新维特根斯坦》(*The New Wittgenstein*)一书将卡维尔《理性的申明》中"关于维特根斯坦的补述"一节作为提纲挈领的开篇文章。这一文集囊括在"新维特根斯坦"的名义之下的哲学家包括斯坦利·卡维尔、约翰·麦克道威尔（John Mcdowell）、克拉·戴蒙德（Cora Diamond）、希拉里·普特南以及詹姆斯·科南特（James Conant）。这些哲学家当中科南特、戴蒙德和卡维尔有较为显性的维特根斯坦研究者身份，普特南和麦克道威尔等则自身就是具有独立理论建树的哲学家。与以 P. M. S. 哈克、冯·赖特以及诺曼·马尔科姆为代表的"传统维特根斯坦"最显著的区别是，"新维特根斯坦"并不倾向于将前后期维特根斯坦预设为两个截然区分的阶段。从"新派"的视角看，传统学派的这一"成见"既切断了日常语言哲学与传统欧陆哲学之间的联系，同时也切断了语言哲学内部发展的思想史脉络，将日常语言哲学与早期分析哲学割裂开来。

卡维尔秉承其所理解的日常语言精神，并没有明确地论证这种割裂是否具有正当性，而是指出如果维特根斯坦的《哲学研究》本身要求一种无哲学预设状态下的"阅读"，那么也只有在不预设维特根斯坦前后期思想存在断裂的条件下，我们从《哲学研究》中得到的日常语言才是真实的，而我们是否"知道"这一断裂的存在则无关要害："若我们知道一种哲学观是怎样构成的，也就是知道了对它的批评是怎样构成的，并且还会给予我们一个视角来看看《哲学研究》自身又是如何构成这种批评。"[1] 因此，卡维尔实际上认为哲学著作也可以被当作一般性文本而加以"阅读"。后期维特根斯坦对于传统哲学的拒斥不但是内容或者观点上的拒斥，而且是希望通过某种新的哲学写作形式引导我们摆脱传统哲学所施加的理解方式，也就是对于哲学文本进行"阅读"。而正是因为"阅读"也是关于文学、戏剧和影视作品的一般性理解行为，所以哲学必然能够被这些美学形式所表达、提炼和落实。而这也正是文艺学学科所秉持的基本研究精神。

---

[1] Stanley Cavell, *The Claim of Reason: Wittgenstein, Skepticism, Morality, and Tragedy*, Oxford University Press, 1999, p.3.

二　卡维尔对早期分析哲学"反心理主义"的继承

　　基于上述的融合性立场，卡维尔使得欧陆哲学以及早期分析哲学潜在而自然地融入了他的日常语言思想之中。与其说卡维尔的阐释是创新性的，不如说是刷新性的。尤其是早期分析哲学中的语言形式转化方法在卡维尔的实证主义批判中起到了隐而不显的基础性作用。在这里，我们有必要对这些潜在的方法进行简要的回顾，从而方便我们进入卡维尔的基础性思想。

　　早期分析哲学在主流理解中通常被视为逻辑实证主义的先导，其主要特征被理解为一种形式逻辑的技术化建构，以及语言与可经验的实证对象之间的对应关系。但实际上早期分析哲学还存在着另外一种面相，这一面相在其主要问题意识上和日常语言是十分切近的。这一面相之所以被忽略，首先是由于在语言分析哲学的主流叙事中已经淡化或者说遗忘了其最初的批判对象，即以迈农为代表的"心理主义"。而"心理主义"与语言逻辑问题所发生的正面交锋就是关于"虚拟物"存在的问题。迈农的"金山悖论"是最广为人知的关于"虚拟物"存在的问题之一，而这一批判是罗素"摹状词"理论的重要先导。在《迈农的复合项与假想物理论》中，罗素将迈农的这一理论称为一种"知识理论"（theory of knowledge）。他指出，这种"知识理论"一方面将不相干的心理因素带入了逻辑之中，另一方面又通过在命题中排除和掩盖这种心理主义的相关要素来提取一种关于"知识"的理论。也就是说它看上去是逻辑的，实际上却是心理主义的。

　　罗素之所以认为迈农的理论存在极大的模糊性，是因为迈农也同样使用比如"对象"（object）、"判断"（judgment）、"命题"（proposition）以及"复合"（complex）这样的词汇，这种词汇表述上的相似性给罗素所要建立的逻辑体系带来了很大的困扰，因此罗素认为只有很好地批评迈农究竟是在什么意义上使用这些词汇的，才能够区分出真正的逻辑词汇是如何被正确使用的。[1]这个问题意识很好地对应了后期维特根斯坦，

---

[1]　Bertrand Russell, "Meinong's Theory of Complexes and Assumptions (I)." *Mind* 13.50 (1904): 205.

即"心理主义"作为一种"私人语言",而"用法"和"意义"存在着互相的牵制关系。并且,罗素最初的问题意识还更直观地避免了卡维尔后来所指出的对于"私人语言"批判的某种误解。对于"心理主义"或者"私人语言"的批判并非关于某种内在可实证的具体存在物,而是关于任何事物——无论是现实的还是虚拟的——是如何在语言中获得它的可理解性。也就是说,语言层面上的真实不在于对象的可实证性,而在于我们用怎样的语言逻辑讨论事物,则事物也就会以相应的形态存在于我们的语言所构建的"世界"之中。

由此观之,罗素的"摹状词"就是希望通过某种语言的形式转化使得我们谈论到的一般性事物得以无矛盾地存在于现实世界中。从这一面相上说,与其说罗素所在意的是"真实"与"虚构"之间的关系,不如说他所在意的是一个对象得以被认为存在于现实世界中的语言表征条件究竟是什么。因此罗素的"摹状词"脱离了"真实"与"虚构"的二元对立视野,取而代之的实际上是"已知"与"未知"的关系。"金山"与"独角兽"这类虚拟物问题并非在虚假与真实之间僭越,而是所有尚未被经验的对象都是尚未成为我们的"常识"的对象,我们需要通过语言保证其能够在现实中被发现的可能性。

对于罗素来说,一种合逻辑的语言并非取决于词语意义的确定性,而是我们所使用的词语是否仍然让日常生活中的"已知"和"未知"富有意义,无论是认知的、审美的还是道德的。因此,只要日常生活自身仍然能够在语言中被清晰地表征,那么"已知—未知"作为"真实—虚构"的转换范式,其内部的两极就不是完全隔离的,而是在日常语言的语法形式中保持连贯的。由此,打破一种错误的逻辑也就是要去打破对于其所依赖的语言形式的迷恋。在罗素看来,这种需要打破的语言形式就是"谓词逻辑"或者说"主谓形式",这种语言逻辑形式就是指"把一个谓词归之于一个主词的那种形式"。这种形式在我们的日常语言中非常普遍,比如我们说:"这个东西是圆的,红的,等等。"[1] 在这种语

---

[1] [英]伯特兰·罗素:《我们关于外间世界的知识》,陈启伟译,上海译文出版社1990年版,第34页。

言逻辑形式下，一方面本来可分享的谓词被作为独属于"这一个"主体的属性而内在于主体，即一种"私人性"的逻辑形式；另一方面，主体本身仅仅作为谓词的聚合，而自身实际上并没有获得一个能动性的主体位置，是一个无欲望的、离散的、模糊的主体。前者导致了对于他人和他物的怀疑主义视野，而后者则导致了主体在日常语言中的不在场。罗素实际上并非简单地否定"主谓结构"这种语法形式，而是说"主谓结构"本身就是一种"心理主义"所造就的语法形式。只要我们采取这种语法形式，我们就难免陷入"心理主义"的逻辑错乱当中。

实际上，在卡维尔的讨论中，日常语言对逻辑实证主义的批判就可以被视为早期分析哲学批判"心理主义"的当代版本，而卡维尔也在相当大的程度上继承了早期分析哲学的方法论精髓，即通过转化语法结构而非争论词语定义来显现两种不同语言模式所对应的"生活形式"，其中就包括了说话主体的存在位置与存在方式、认识对象的存在形态以及其中所暗含的对于真实、虚构、已知、未知之间关系的立场与看法。因此，可以说卡维尔基于日常语言哲学思想的文艺批评，并不是将一种哲学运用于文艺批评之上，而是揭示出日常语言思想所对应的"世界"就是一个美学、文学、艺术、宗教以及道德诸多领域互相支撑与交融的"世界"。逻辑实证主义之所以否定这些领域的真实有效性，根本上是因为其所处的"生活世界"中不存在诸多领域互相理解的可能。这种实证主义诱惑下所生成的"世界"的不可理解性就是贯穿于卡维尔学术思想始终的批判对象，即"怀疑主义"批判。

三 国内外研究现状

卡维尔通过将欧陆哲学与早期分析哲学的思想与方法论纳入日常语言的思考范畴中，使得日常语言哲学得以呈现为一种整体性的工程，而非对抗性和断裂性的孤立范畴。日常语言于是就成了一种普遍性的思考方式，被后来的研究者广泛吸纳到各自具体的研究课题中，呈现出多领域的应用价值。

由于卡维尔的思想风格更倾向于在具体的批评和描述中来显现自身的观念和立场，而非通过强理论性论证凸显自身理论的特异性，因而对于卡维尔的思想进行学院式的学术归纳是十分不易的。因此，虽然卡维尔在美国学界的影响力巨大，但是以"卡维尔哲学／美学思想"为主题的研究著作并不多见。对于卡维尔的思想研究主要以文集的形式出现，这是由于卡维尔的思想往往能激发不同领域的专门研究者对于日常语言思维的兴趣，从而在自己的专门性研究中理解卡维尔思想的有效性和卓越性。这类研究性文集中的代表，首先是理查德·埃尔德里奇(Richard Eldridge)选编的《斯坦利·卡维尔》(*Stanley Cavell*)，其中收录了诸多领域中受卡维尔思想影响的美国当代著名研究者的文章，他们从各自的专业视角给出了自己领域之中卡维尔思想的价值所在，其中就包括哲学家埃尔德里奇、马尔霍尔，伦理学家斯坦利·贝茨(Stanley Bates)，美学家J. M. 伯恩斯坦(J.M.Bernstein)，莎士比亚研究专家安东尼·J. 克斯卡迪(Anthony J. Cascardi)以及电影理论家威廉·罗斯曼(William Rothman)。另一部具有代表性的文集是拉塞尔·古德曼选编的《与斯坦利·卡维尔商榷》(*Contending with Stanley Cavell*)，文集中收录的文章试图对卡维尔的思想进行批判性的理解，并试图发掘卡维尔思想中可能存在的隐秘的思想史背景。比如理查德·罗蒂的文章就指出了卡维尔对于早期分析哲学的潜在借鉴，以及卡维尔是如何有效地将维特根斯坦放入与卢梭、克尔凯郭尔以及尼采具有亲和性的哲学语境之中加以解读。古德曼自己的文章则详尽探讨了卡维尔与美国本土思想之间的关系，并将其与"实用主义传统"相区分，从而突出了卡维尔复兴"超验论"的思想指向。

卡维尔的思想还被广泛运用于政治学以及宗教理论的研究当中，因而也是理解美国当代社会政治问题以及宗教精神问题的重要参考。安德鲁·诺里斯(Andrew Norris)的《成为我们所是：斯坦利·卡维尔作品中的政治与实践哲学》探讨了卡维尔著作中关于如何形成作为"生活世界"的人类共同体的相关问题，从而将日常语言哲学的应用范畴拓展到了政治学。由于卡维尔的日常语言思想提供了理解主体性与他者关系的新视角，再加上卡维尔的电影批评著作大多以电影中的女性角色为核心分析对象，他的理论也被认为超越于德里达的"友爱政治学"而更受到女性主义研究者的青睐。在《非主权自我，责任与他者性》(*The Non-sovereign Self, Responsibility, and Otherness*)一书中，罗西娜·卡尔茨将卡维尔与汉娜·阿伦特及朱迪斯·巴特勒进行比较，她着重比较了巴特勒和卡维尔对于主体性的不同看法。在巴特勒看来，主体性不仅仅是一个纯粹的哲学问题，还是一个社会政治概念，因此一方面我们可以历时性地建立起主体性的定义，另一方面我们又可以探寻个人是如何在社会权力关系中将自己定义为主体的；而卡维尔则更强调主体向他者与共同体建构之可能性的敞开，这意味着主体的首要问题不是如何定义，而是如何成为能够主动接受和拒绝的主体，两者虽然论述的路径不同，但是最后都指向一种对于"未经选择的生活条件的抵抗"[1]。而在《卡维尔、友谊和基督教神学》(*Cavell, Companionship, and Christian Theology*)一书中，皮特·杜拉则将卡维尔的日常语言思想上升到了与神学互相参照的高度，并认为卡维尔提供了一种对于神学的兼并式的日常视角(Annexation of Theology)。他认为卡维尔所给出的视角不仅仅涉及了人类在现代世界中的存在状态，同时也关涉到基督教中上帝与基督在现代世界中的存在状态。[2]

卡维尔的文学批评多以讲稿的形式结集出版，其文学思想的论述也散见于多部著作的相关段落之中，因此对卡维尔的文学观做"文学理论"式的归总绝非易事。在这一方向上，比较有代表性的著作来自戴维·拉德姆的《斯坦利·卡维尔与文学的申明》(*Stanley Cavell and the Claim of Literature*)。在这部著作中，拉德姆将卡维尔的文学与戏剧批评提炼为以文学人物为议题的若干主题，一方面总结分析了卡维尔从各个

---

[1] Rosine Kelz, *The Non-sovereign Self, Responsibility, and Otherness: Hannah Arendt, Judith Butler, and Stanley Cavell on Moral Philosophy and Political Agency*, Springer, 2016, p.65.

[2] Peter Dula, *Cavell, Companionship, and Christian Theology*, Oxford University Press, 2011, p.163.

文学人物，比如梭罗、莎士比亚、贝克特以及华兹华斯等人身上所挖掘出的与其日常语言思想相关的诸多内容；另一方面也试图从宏观上将"卡维尔式"的思想视为一种"美国悲剧"的独特范式："成为一种活着的可能性，处于现代性条件下的悲剧就不再成为某种一致性的模式而为政治和道德说教提供基础；相反，它必须为自己创造这些基础，这是它戏剧性的一部分。"[1]

从这些研究著作的列举中可以看出卡维尔的思想应用范畴之广、影响之大，是受到西方思想界广泛认可的，并且很多学者都通过对其思想的学习和借鉴而进入了新的研究维度，说卡维尔引领了一代西方思想界的潮流也不为过。在国内学界，虽然日常语言哲学的研究已兴起多年，并且近年来开始进入文艺理论的视野当中，但是对于卡维尔这一重要思想家的引介与研究还大致处于空白状态。在中文译介方面，除了1990年由中国电影出版社出版的《看见的世界——关于电影本体论的思考》之外，卡维尔的著作在国内尚无其他中译本。本书旨在引介卡维尔的日常语言哲学思想及其文艺批评应用，并试图展现卡维尔思想背后隐藏的思想史线索。

---

[1] David Rudrum, *Stanley Cavell and the Claim of Literature*, Johns Hopkins University Press, 2013, p.226.

第一章 日常审美"共通感"的恢复：
卡维尔的日常语言思想

导言 卡维尔思想的缘起：实证主义所引发的危机

作为哲学家的斯坦利·卡维尔的思想建树主要集中在日常语言哲学方面，对后期维特根斯坦、奥斯汀以及赖尔等人的论述和批评构成了他日常语言思想的主要部分，而这些思考可以说为他之后一切文学、戏剧以及政治批评提供了重要的思想基础与共同原则。卡维尔于1979年出版了500余页的奠基性著作《理性的申明》(*The Claim of Reason*)，其中涉及了怀疑主义、悲剧及伦理学等多个内容。由于"维特根斯坦"是副标题中的第一个词，这部著作往往被视为关于维特根斯坦的专门性研究。但实际上卡维尔对于日常语言的理解并不仅限于对某一人物的研究和批评，而是把日常语言问题作为一个整体性的范畴，通过批评这一松散学派之中存在的误解和成见而形成一种更为恰当的日常语言观，使之成为具有广泛适用性的理论思维基础。

在卡维尔投入哲学研习的年代，由于分析哲学的影响力在美国持续扩大，尤其是经过"维也纳学派"的发展和强化，以逻辑学为基础的"语言学转向"开始在美国学界成为主流思想。在《存在主义与分析哲学》一文中，卡维尔回顾了这一时代令人窒息的逻辑实证主义氛围。此时的逻辑实证主义已经发展为一种"意义证实理论"(Verifiability Theory of Meaning)，在这种理论潮流下，所有自身不表现为纯粹逻辑形式的问题，都被要求提供可观察到的证据才能被判断真伪。如果不能，则就会被当作"伪问题"抛弃。如此一来,形而上学、伦理、美学以及宗教问题就都被视为"无意义"(meaningless)的。在卡维尔看来,如果说实证主义不能在这些不同的问题之间做出区分,那么也就是说这些问题在未能被识别和分析的情况下就被剔除了,这种剔除可以说是为了使实证主义的规范标准得以普遍有效而施加的一种暴力。[1]

这种逻辑实证主义的暴力反过来也同时催生了"日常语言哲学"。卡维尔着重提到了摩尔和罗素对于日常语言哲学的影响。卡维尔认为摩尔是较早有意识地凸显哲学与日常信念对立性的思想家。摩尔对于传统的形而上学问题总是要"一问究竟"(on earth)。比如关于"时间是不真实的"这一论断,摩尔会回答:"如果你的意思是说从来没有事情先行后续地发生,那你肯定错了。因为午饭后我散了步,然后洗了澡,然后又喝了茶。"哲学的问题在于,它实际上设想人们能够确切决然地知晓一个问题的真伪,而日常信念则并不认为自己能够达到如此的"哲学高度"。在这一张力中,哲学家总是将对于日常信念的哲学思辨看作哲学的优点。而摩尔则回应道,应该说以日常信念的角度来看,哲学往往是错误的,因为后者无法告诉我们它"究竟"要说什么。[2] 战后兴起的以吉尔伯特·赖尔和约翰·奥斯汀为代表的学派则更直接地投入到了与逻辑实证主义的对抗当中。这一学派反对"哲学化"的理论,因此也反对一切对于语言的逻辑化转译,其中不仅包括实证主义对于非逻辑/科学话语的转化理论,甚至也包括像"摹状词"这样的转化方法。[3]

虽然当时"日常语言学派"敏锐地意识到了过度实证主义化给人类的日常理念及其他审美范畴带来的危机,但却没有着重将自己的问题聚焦于恢复日常及审美经验本身,而是将攻击的矛头指向了"实证问题"本身,从而造成了"日常语言"自身的绝对化和极端化。与这种针锋相对的姿态相反,在对于这段历史的讲述中,卡维尔并不倾向于将"日常

---

[1] Stanley Cavell, *Themes out of school: Effects and causes*, University of Chicago Press, 2013, pp.209-210.

[2] Stanley Cavell, *Themes out of School: Effects and Causes*, p.211.

[3] Stanley Cavell, *Themes out of School: Effects and Causes*, p.212.

语言哲学"简单地树立为"逻辑实证主义"的对立面,这样会使得相关哲学家们各自不同的细致分析沦为同一个标签(collapsed into a rubric)。[1] 另一方面,卡维尔认为日常语言并不仅仅是对于以往哲学的拒斥,相反它会带来更为开阔的走向哲学的方式:"这并不是说哲学会变得简单而琐碎,而是说我们批评它们的方法也正是它赖以产生的途径。"[2] 由此,日常语言并非对抗传统哲学的武器,而是提供了哲学内在批评的可能性。无论是日常语言还是逻辑实证,作为一种分析,它们都要显示出自己是如何在具体的语言实践中起作用的,而不仅仅终结于彼此之间"语言观"或者"世界观"的对立。

实际上,由于受因于上述这种"实证/日常"的二元对立,"日常语言"始终也没有形成一个整体性的思想面貌,而是趋于零散和琐碎。将"日常语言哲学"与"理想语言哲学"(ideal language philosophy)相区分,这是来自古斯塔夫·伯格曼(Gustav Bergmann)的界定。他认为"语言学转向"的目的是透过语言更好地探索形而上学问题,不同的只在于研究者是以用于交流和表达的日常语言作为对象,还是以"前语言"的逻辑句法(syntax)作为研究对象。但在著名的维特根斯坦研究专家哈克(P. S. M. Hacker)看来,问题并不在于语言哲学家们以什么样的方式处理哲学问题,而是在于他们是否依然在处理"哲学问题"。因此,他指出我们之所以不能将弗雷格和罗素称为"日常语言哲学家",是因为他们虽然也试图消除日常语言中的混淆和歧义,但是他们并没有把哲学问题全部转化为"语言问题",而这正是维特根斯坦的开创意义所在。在这个标准下,他更赞同用"自然语言"取代"日常语言"而对立于早期的"分析哲学"(包括前期维特根斯坦)以及"逻辑实证主义"(维也纳学派)。[3] 另一位研究者汉森则从"批判"的角度给出了自己的叙事,他将后期维特根斯坦一派称为"批判的",而把奥斯汀一派称为"建设

---

[1] Stanley Cavell, *Themes out of School: Effects and Causes*, p.210.

[2] Stanley Cavell, *Themes out of School: Effects and Causes*, p.213.

[3] Michael Beaney ed., *The Oxford Handbook of the History of Analytic Philosophy*, Oxford University Press, 2013, pp.926-934.

的",而格赖斯则由于将语用学和语义学完全分离而造成了"日常语言哲学"的终结。[1]

然而,无论上述何种叙事都没有触及"实证主义"所带来的危机实质。问题在于,不是语言中语词层面的"意义"或者"用法"是否必须诉诸经验实证,而是语言自身对于我们人类的"经验"来说意味着什么,我们是如何在"语言"当中获得诸种"经验"的。"经验"并不是外在于我们的语言的,反之只有通过分析和研究日常语言,通过日常语言自身的转化才能够不断刷新和澄清我们的"经验"。"经验"反过来又奠基了日常语言,形成了我们对于说话者以及"经验主体"的相关觉知,从而形成我与他人、外部世界和外部事物所共有的"经验世界"。对于卡维尔来说,日常语言是对说话者与"世界"之间的关系澄明,而非局限于实证主义视角下关于有限"经验样本"的确证性问题。这也意味着,对于一个哲学观点的批判绝不仅仅是对其立场的批判,而是对于经验相关机制的恢复工程,它寓于有关"经验世界"恢复的整体性工程之中。

由此就牵涉到卡维尔所处时代的另一个智识背景,即对于包括早期维特根斯坦在内的早期分析哲学及"维也纳学派"的定位问题。实际上,虽然早期分析哲学呈现的是逻辑形式层面的方法论,但由于其毕竟起始于语言问题,这些技术层面的原初奠基涉及的诸多问题意识仍是十分日常的,并且触及了一些文学与艺术范畴中的基本问题。比如,被某种极端的日常语言观排斥的罗素的"摹状词",虽然在逻辑学层面被公认为解决排中律失效等逻辑疑难的技术性方法,但往往被忽略的是,与摩尔的"常识"观一样,罗素自身也是以"亲知"的问题开启对于语言的思考的。

摩尔在其具有宣言性质的《什么是哲学?》一文中指出,哲学最为至关重要也是首先要提出的问题是关于"给出一种对于整个大全(whole

---

[1] Nat Hansen, "Contemporary Ordinary Language Philosophy." *Philosophy Compass* 9.8 (2014): 556-569.

universal)的一般性描述(general description)",由此他提出了自己的"常识"(common sense)哲学。这并不是对于物质对象必然存在的论断,而是说我们要常识性地做这样一个假定,即在大全中有数不胜数的、这样或那样的"物质对象"(material object),这是我们开始这种描述的最好的起点。[1]同时,摩尔也明确指出,优先思考关于"物质对象"存在的问题,方法就是通过"sense"(by means of the senses),"去看、去听、去感受"。[2]这些看法实际上都是对于审美感官在进入逻辑思考之前的申明和保留。

摩尔对于哲学基本任务的这一看法同样也适用于罗素的理论。"摹状词"按照英文的字面翻译就是"描述理论"(Theory of Descriptions)。也就是说,"摹状词"理论并不仅仅是数理逻辑形式化的应用,它本身是一种以"常识"为依托的消除语言中困惑的一般性描述方法。在罗素一些不太被重视的文本中,他用"经验"(experience)和"亲知"(acquaintance)来表述与摩尔的"常识"相似的认识论范畴。罗素甚至解释了为什么他要在自己的语言中特意保留"experience"这样一个明显容易引起混乱的词语,而不仅仅是一种观念上的保留。这意味着即使对于早期的语言分析哲学来说,其最初的信念也仍然在于恢复人类认识与审美感知的敏锐性,而不是通过技术概念的发明剥离掉人类的直接"经验":

> 我们确实可以找到一些更加精确的概念。但如果我们选择了一个新的技术性术语,那么它与日常思想的联系就会变得模糊不清,而我们的日常思想的明晰性也会变得迟钝;如果我们赋予一个日常词汇以新的含义,可能又会和它的用法相抵触,我们也许会因为一些不相关的联系而扰乱读者的思想。想要确立一个两全其美的法则似乎是不可能的,有时候可能引入一个全新的技术术语更好,而有时候更好的方法可能是我们不断地去明晰那些日常词汇,直到它能

---

[1] George Moore, *Some Main Problems of Philosophy*, Routledge, 2014, p.2.
[2] George Moore, *Some Main Problems of Philosophy*, p.27.

够适配于我们的技术性目的。而"经验"这个词就适合于后面这种情况。[1]

这条隐秘的通往"日常"的通路虽然在后来的批判中往往被忽略，但它却始终不曾断绝，甚至在通常被视为与"逻辑实证主义"同义的"维也纳学派"的思想中也是如此。实际上，"维也纳学派"内部对于如何达到"确证性"的看法也存在着尖锐的对立，而这一对立产生的端倪甚至要早于维特根斯坦《逻辑哲学论》的出版。在比《逻辑哲学论》更早出版的《普通认识论》中，石里克延续了摩尔和罗素以"日常经验"为出发点的入题方式，并且更明确地提出了"日常生活"（everyday life 或 ordinary life）这样的认识论范畴。但秉承"维也纳学派"的整体哲学态度，石里克将认识问题统摄在科学认识的范畴之下，因此他对于"日常经验"的考察是以一种"进程"（process）的方式来描述的。"知道"（know）这个词被描述为对象性认识的"确认"进程：一个经验能够被给予我，意味着我对这一对象进行了某种"再认"（re-cognized），它被再认为某种"已然"的事物；由此我们可以在新的情形下"再发现"（re-discovered）这种"已然"物；最终我们赋予这一对象以"名字"。[2] 我们会在后面卡维尔批判早期奥斯汀思想的部分看到，石里克的认识论实际上就是早期奥斯汀思想的原型所在，而奥斯汀后期的"以言行事"思想，也是对"认识程序"决定论的修正。

与早期分析哲学不同的是，在这一认识论中，认识活动的展开即是"认识过程"的相关程序，一种适当的对于程序的语言描述保证了其中的经验对于我们来说是切实"被给予"的。石里克还明确指出，就这样一种"进程"保证的"确实性"而言，日常认识和科学以及哲学认识本质上没有什么不同。如果说有，那么不同之处也仅仅在于科学和哲学认识赋予了这样的"科学进程"以更高的地位。因此，实际上这种将描述的进程"规则"而非逻辑基础"法则"视为语言与认识确实性保障的思

---

[1] Bertrand Russell, "On the Nature of Acquaintance. Ⅱ. Neutral Monism." *The Monist* (1914): 3.

[2] Moritz Schlick, *General Theory of Knowledge*, Springer-Verlag. 1974, pp.9-10.

想在石里克处就已经存在了。而只有"所予"中的"可证实性"才能作为证实性的标准,这种思想与早期分析哲学"常识"和"亲知"的奠基意义,以及后来日常语言哲学中的"规则"都有着思想上的连贯性。由于"逻辑实证主义"这个称谓无法体现"经验所予"与"确证"的关系,石里克提出了"逻辑经验主义"以代替"逻辑实证主义",这表明他的实证思想仍然不脱离于经验的"所予性"奠基。基于这一立场,石里克与卡尔纳普的思想实际上有着根本上的对立,而又由于受塔尔斯基的影响,卡尔纳普在后期也承认了语义分析的必要性。[1] 对这一哲学史事实的忽略往往造成了"逻辑实证主义"和"逻辑经验主义"的混用,从而切断了分析哲学与日常语言哲学的联系。

在后面我们会看到,卡维尔在应对"逻辑实证主义"的质疑时使用了大量的句式转换方法,这实际上暗含了早期分析哲学方法论对他的影响。在卡维尔看来,这些方法论并不是指向实证的,而是向我们原初的道德或审美经验的"亲知"层面返还的,这也就是为什么日常语言往往在对于语言学习"原初场景"的分析中能够提炼出理性的萌芽,这一场景是"世界构建"的起始。日常语言所承担的就是建构这样一个"世界"的工程,在其中审美、道德以及政治等"经验"之所以能够恢复,并不在于它们作为孤立范畴的合法性重建,而在于恢复使其能够成为人类"亲知"与"经验"的"世界"本身。在这种视角下,卡维尔所理解的后期维特根斯坦与其前期思想的对立,就在于是否通过日常语言突破"不可说"的限制,使得世界重新成为被整体感知和把握的"我们的世界"。

本章将阐释卡维尔如何通过日常语言思想从"实证"的危机中恢复审美"共同感",同时也为理解卡维尔的电影本体论与莎士比亚戏剧研究提供相应的理论基础。在卡维尔自己的文艺批评著作中,他也不断地回溯到自己的基础性著作《理性的申明》和文集《言必所指?》的相关章节。因此,只有理解了卡维尔是如何在日常语言中恢复我们认识、审

---

[1] 洪谦:《论逻辑经验主义》,范岱年、梁存秀编,商务印书馆1999年版,第75—79页。

美乃至伦理上的"共通感",才能够理解其所选择的作品或者文本在何种层面上承担了这一恢复使命。

一 言必所指：日常语言的"在地性"与"必然性"

1. 日常语言的"直接性"基础：语言"在地性"原则

《言必所指?》(*Must We Mean What We Say?*)是卡维尔的第一部学术论文集,其中收录的同名论文也是卡维尔第一篇关于日常语言的论文,在文中他站在日常语言的立场对于逻辑实证主义的批判做出了针对性的回应。卡维尔选择了当时著名的逻辑实证主义者本森·梅茨作为商榷对象,后者不但是一般意义上的"逻辑实证主义"者,同时也致力于为逻辑实证主义提供历史性的支持,是少数将现代命题逻辑与斯多亚学派逻辑进行直接比较的学者之一。因此,在梅茨的视野里,逻辑尤其是"命题逻辑"有着丰厚的历史积累,从而形成了人类对于语言的一套一般性分析方式。"日常语言"可以被纳入这样一种逻辑实证的思考模式当中,而并不像"日常语言哲学家"所说的那样提供了有别于传统哲学的思考方式。

在《论日常语言的确证性》一文中,梅茨实际上在开篇就将"日常语言"纳入逻辑实证的确证性审查范畴当中,在对于以赖尔为代表的日常语言学派展开批判之前,他预先确立了自己的批评标准：

> 比如说,当我问一个关于日常语言的陈述是规范性的还是描述性的,或者它是分析的还是综合的,我并不是在问这些密切相关的术语彼此之间的边界在哪儿。相反,我只是希望知道这样一个陈述是以何种姿态给出的。比如说它是否只是一个引导,这样我能够提出的合适的问题就是"遵照这个建议我下面能得到什么？"还是说它被看作要求判定真假？如果是后者,那么说话者是想要依据其所涉及的词项的意义来断定真假吗？还是他认为自己给出了一个有"真值"的陈述,通过诉诸事实来判定真假？对于这样一些问题的回答

在根本上影响我们对于一个陈述的理解。而在我看来，它们也并没有与"规范性"或者"分析性"这样的哲学术语发生什么纠缠。[1]

梅茨的这段前置表述实际上表达了一个深刻的看法，即一个被特指的语言范畴，不论是哲学的、日常的还是文学的，它们都必须能够在自身的运作机制中给出自身所属范畴的有效性，而不仅是从一般性哲学范畴中以某种风格分割出去的某部分而已。梅茨对于"日常语言"的质疑实际上是对这一概念自身有效性的质疑，他实际上认为"日常语言"不过是"哲学语言"的一个种类而已。

梅茨针对赖尔在《心的概念》中对于"自愿"（voluntary）的解释提出了质疑。作为反理智主义（anti-intellectualism）的代表人物，赖尔在《心的概念》中依据讨论范畴的不同，区分了"事件"与"素"，以及更具体的表述"知道那个事实"和"知道怎样做"。"知道怎样做"在赖尔的日常语言观中等同于可以做某事的能力，这样的词通常被作为表示智力的形容词。在相关的章节，赖尔明确将"知道怎样做"解释为一种"能力"：

> 当人们用某个表示智力的形容词，如"精明的"或"笨傻的"、"慎重的"或"不慎重的"，来描述一个人时，这种描述并没有说他知道或不知道某个真理，而是说他有能力或没有能力做某些种类的事情。理论家们如此专注于研究各种理论的本性、来源和凭证，使得我们认为，他们中的大部分人忽视了"某某人知道怎样完成任务"是怎么回事这个问题。[2]

由此，"自愿"这样一个词就是一个典型的智力谓词，相近的谓词还有"负责"这样的词。比如在"打平结"这件事中："使我们信服的

---

[1] Benson Mates, "On the Verification of Statements about Ordinary Language." Inquiry 1.1-4 (1958): 162.

[2] [英] 吉尔伯特·赖尔：《心的概念》，徐大建译，商务印书馆1992年版，第22页。

东西并不是他在幕后确曾打了或打错了一个虚幻的平结，而是，假如他更加留意于自己所做的事，那么他本来能够用这根绳子并在那个时刻打了一个实在的平结。"[1]

梅茨强烈质疑持"日常语言"立场的人如何能够在"本可以不做"这样一个未经显露的"事实"基础上就能够给予"自愿"这样一个词以某种意义。并且，即使确有实例证明这样一种意指关系，也并不能就此充分确定这就是"自愿"这一词的"日常用法"。对于后一个质疑，梅茨通过日常语言学派中的内部矛盾来佐证自己的看法。比如同属日常语言学派的奥斯汀对于"自愿"就有另外的用法，他举出奥斯汀是在这样的句子中呈现"自愿"这个词的："我们可以'自愿'加入军队或馈赠礼物，而当我们打嗝或者做出一些小动作时候，我们是'非自愿'的。"由此梅茨质疑，既然对于同一个词的"日常用法"在日常语言学派内部都无法统一，那么何以能够有被独立识别的词语的"日常用法"呢？[2] 由此，梅茨认为日常语言学派只是找到了"自愿行为"和"本可以不做的自愿行为"各自外延的重合部分，而没有涉及任何关于意义内涵方面的考察。站在逻辑实证主义的角度看，"日常用法"和他们所反对的哲学语言用法一样，都要被放入不同的可确证的经验命题中加以考察。由此梅茨最后说道，在这样一种考察下，我们也一样可以发现，那些哲学上的晦涩用词确实没有他们可经验实证的"日常用法"。[3]

梅茨的批判体现了这一时期日常语言哲学所遭遇的关键性问题，即如果日常语言哲学仅仅被看作传统哲学的对立形式，那么它又要如何彻底摆脱逻辑经验主义的束缚而不沦为前者的一个特殊部分呢？梅茨在文章的开篇给出一套不涉及哲学术语的关于经验确证性的探究和提问的方式。同样卡维尔认为我们也应该考虑，日常语言作为一个独立的范畴也应当通过日常语言中的一般性表达方式来显现不同的基本类型。卡维

---

[1] ［英］吉尔伯特·赖尔：《心的概念》，徐大建译，第 73 页。
[2] Benson Mates, "On the Verification of Statements about Ordinary Language." 162.
[3] Benson Mates, "On the Verification of Statements about Ordinary Language." 170.

尔由此提供了两种日常语言的基本类型，用以区分奥斯汀与赖尔之间的分歧：

（1）有些陈述用以提供实例（instance），这些实例是关于在语言中我们在说"什么"：

"当我说了……我就不是说……""当我们问……我们就不是在问……"

（2）而有些时候，这些实例有阐释性的成分附加，当我们提供实例的时候，同时也提供对这一实例的阐释，而这样的陈述也会通过指涉类型（1）而被检验：

"当我说……我是指（暗示，说）……""我不会说……除非我是指……"

通过这两种类型，卡维尔分析了梅茨所举出的赖尔和奥斯汀在"自愿"这个词用法上不一致的根源何在。奥斯汀的说法"用'自愿'这个词……我们可以说……自愿馈赠（make a gift voluntarily）"可以转化为"就此，我们可以说'这是自愿馈赠'"。相应的，赖尔的用法则可以转化为："问一个孩子是否对打破窗户负责，这是有意义的；但是去问他是否为他按时完成作业负责，这是没有意义的。"卡维尔指出两者的区别实际上在于，赖尔并不是在用类型（1）排斥提出他的问题，即不是为了申明"我们就此说'那个孩子为打破窗户负责'"这样一个语言类型的可用性许可[1]，其中涉及对于"负责"的阐释性理解。因此，卡维尔指出某些词的"日常用法"可以被呈现在两种类型当中，而这并非"语义"层面的不统一。[2]

梅茨在自己的批判中认为，卡维尔所列出的类型（2）仍然可以被划归到对于确证性的诉求当中。比如"我不会说……除非我是指……"

---

[1] Stanley Cavell, *Must We Mean What We Say?: A Book of Essays*, Cambridge University Press, 1998, p.4.

[2] Stanley Cavell, *Must We Mean What We Say?: A Book of Essays*, p.6.

这样一个句型在寻求确证性的指向下，可以被看作"我知道，但是我可能错了"的一个变形。梅茨指出这种变形从"日常语言"的角度看也并不是错的或者无意义的，但它显现出"我"并没有足够的证据使得"我"有信心来下一个结论，因此仍然是受制于经验确证性的。由此，梅茨认为日常语言哲学忽略了"语义学"与"语用学"的区分，在两者混淆的层面上给出词语的"日常用法"。[1]

梅茨的批评之所以是有力的，在于他坚持语法在日常语言中体现为某种具体句式，这样的转化和抽象方法是一种普遍的方法，并非日常语言哲学所独有的。通过句式转化将日常语言置于某种更为合理的思维框架之下，这种方法实际上在罗素的思想中就已经出现了，在日常语言的相关问题中这种方法被再次继承。梅茨的批判实际上和罗素对于"主谓结构"的批判有相似之处：诸属性向主词的聚合并不能提供主词的现实主体性。同样，如果日常语言实际上只是关于外延重合的积累，那么它也就只是语用学的，而不能提供类似于语义学层面的独立界定，由此也就不能得出关于一个词的"日常用法"的一般性"意义"。

但是，一旦逻辑实证主义者开始使用这种转化方式，他同时也就进入日常语言可容纳的范畴中，这一点可以追溯到罗素的"假言转化"。罗素的转化之所以是普遍的转化，是由于这种转化将一切虚拟物在"if...then..."句式中被呈现为"已然物"。而在梅茨的转化中，这种转化仍然是在"真—假"的对立范畴中被构造的（"我知道，但是我也许错了"可以被理解为"我知道它可能是真的也可能是假的"），这一日常语言句式中所展现的主要是一种犹豫，而不是等待某种确证性的补足。从这个角度上说，梅茨并没有说清楚在何种层面上，这个句子是有意义或者无意义的。语言呈现方式的转化生成要伴随"已然"和"现实的意识"，一种经验上的"明见性"。这样一种"明见性"为我们提供了可供转化的可能性区域。

卡维尔正是在这一基础层面上指出，梅茨忽略的恰恰是日常语言

---

[1] Benson Mates, "On the Verification of Statements about Ordinary Language." 169.

中诸多问题介以提出的大背景，即一种母语，或者说一种"在地性"（native）语言："所有这些命题得以为真所需要的自然语言，就是母语持有者所说的那种在地性的语言。"[1] 日常语言各种句式类型的转化并不像梅茨所认为的可以被吸纳到对于经验确证性的框架之中，而是以日常语言自身的"在地性"为标准，亦即此间语言的"明见性"。一个语言实例如果存在能够被询问的含义（implications），那么这样一个实例以及它介以被询问的语言则必然是"在地性"语言，而这种实例及其相关问题的提出及理解，在语言"在地性"的范围内并不必然需要提供经验性证据。相反，一个不具有语言"在地性"的非母语持有者则不能提出关于日常语言相关内涵的问题，他们只能在语言实例的层面搜集，在语用或者语义混杂的层面上打转。在后一种情况下，我们需要关于语言的"物质化"记忆才能够"使用"语言，非母语持有者只能获得来自语言的特定信息；而在前一种情况中，也就是在语言的"在地性"中，信息并非依靠关于语言的"物质化"记忆才能被获得。卡维尔指出，我们有可能忘记或者记得我们具体说了什么语词，也可能忘记或者记得这些具体的语词在当时表述什么意思，但是在这一过程中，我们不必记起我们所使用的是哪种具体的语言。[2]

卡维尔指出，梅茨之所以没有在赖尔的例子中看到这种语言的"在地性"，也和赖尔的举例并没有直接显现这一点有关。在赖尔的表达中，我们说"这个孩子应当对自己打破窗户的行为负责"，而不说"这个孩子应当为自己按时完成作业负责"，这样的比较仍然属于卡维尔所列出的日常语言的第一种类型。而对于"孩子为打破窗户负责"这样一个例子的具体解释，赖尔又采取了第二种类型："当我说'这个孩子要为某些行为负责'，我是指那些行为是鲁莽的，他本可以避免做这件事情，因此那是他的过错。"卡维尔指出，赖尔的举例实际上将两个层面进行了综合或者说特殊的一般化（particular generalization），这一点迷惑了梅茨，同时又使得奥斯汀与赖尔的分析发生了冲突。

---

[1] Stanley Cavell, *Must We Mean What We Say?: A Book of Essays*, p.5.
[2] Stanley Cavell, *Must We Mean What We Say?: A Book of Essays*, p.5.

实际上必须注意的是，当"自愿"一词的意义被作为质询对象的时候，也就是说这个词在某些情景中被凸显了。比如，即使在奥斯汀的用法中，假设你在圣诞节赠送给邻居的不是一般的圣诞礼物，而是1000美元的支票；又比如你把你的财产赠送给了自己的猫；再比如你赠送给了自己的新朋友一样东西，而第二天又反悔去将它要回来……以上这些情境中，"自愿"究竟是何意是被极度凸显的质询对象。卡维尔指出，赖尔对于"自愿"或者"负责"的语言"在地性"来自一种"异常"情境，同样我们也可以将奥斯汀的语言类型带入这样一种情境中，因为"自愿"在所有"异常"的情境里都被凸显为"物质化"的类型实例。因此，问题并不在于赖尔和奥斯汀的类型是不相容的，而是在于赖尔所构建的情景对于词语可适用的"在地性"有其限制。赖尔对于"自愿"和"负责"的理解被限制在关于道德异常（morally fishy）的语言"在地性"范围中。[1] 但这一限制是至关重要的，无视这种语言的"在地性"生成，也就犯了赖尔所说的"范畴谬误"。实际上由"非在地性"向"在地性"的转化是我们在学习语言当中自然而然的倾向。在赖尔的例子中，如"孩子应当为自己按时完成作业负责"这样一个问题是不会被提出的，关于"自愿""满意"及"正确"这样的智力谓词也不会被凸显。正如卡维尔总结道："我们的满意、确证或者许可是否和自愿有关，这个问题在这里没有产生。但这是由于通常情况下这个问题就不会被拿出来质问，因此才没有什么可能出错的地方。"[2]

卡维尔日常语言观的基础在此已经清晰地显现出来，这样一种语言"在地性"观念的关键之处，就在于日常语言哲学并不是在拒绝逻辑实证主义或者传统哲学语言，而是拒绝无源之问，即拒绝"乞题"（avoid begging the question）。这种"无源之问"就是将所有在日常层面具有确定性的情形或事物进行不同程度的"去在地性"，并以此生产"哲学问题"。卡维尔指出，实际上对于日常语言两个层面之间的关系，我们应

---

[1] Stanley Cavell, *Must We Mean What We Say?: A Book of Essays*, pp.6-7.
[2] Stanley Cavell, *Must We Mean What We Say?: A Book of Essays*, p.7.

该提问的是:"我们如何能在探寻一个事实时(假设有这样一个事实),在 B(有些事情是,或者似乎是,对于 X 来说是异常)的情形下,指向 A('X 是自愿的'或'X 是自愿的吗?')。"哲学提问方式则是:如果我们说或者提问 A,而 B 没有发生,我们则误用了 A,或者歪曲了它的意义。而逻辑学的方式则反对哲学的这种提问方式,转而去质询 A 与 B 之间逻辑关系。前者的问题在于,没有看到 A 是在 B 的"在地性"之中生成的;而后者则忽视了一个陈述和它所身处的"世界"的关系。这个疑难,则更多地被交由语义学与语用学的二分来分阶段地处理。[1] 这就是我们在梅茨的批评中所看到的思路。

2. 日常语言的"必然性":超越"语义"与"语用"二分

对于日常语言的"在地性"的重申确实克服了哲学的提问方式,那么又如何摆脱语用学和语义学的二分法呢?实际上确如梅茨的批评所言,日常语言哲学存在着由过度语用学化导致的相对主义倾向,A.C. 格雷林对于后期维特根斯坦主义的发展就提出过这样的一种担忧。[2] 而像杰拉德·卡茨这样的语言哲学家也曾批评过,语言哲学发展中内涵与外延的绝对二分导致日常语言分析走向了"极端外延主义"的语用实证道路。[3] 日常语言中是否存在这种确定性的机制,能够避开逻辑实证主义视角下的责难,这是卡维尔所要讨论的另一个关键问题。

同样根据语言的"在地性"原则,卡维尔指出,除非我们能够在语言的"被给予"中识别出一种语义学和语用学二分,否则我们并不能意识到一个句子中存在两个分离的层面。比如说,当一个人对你说"你穿这套衣服是自愿的吗?"在这里就不会发生关于"自愿选择"的理解,而会被理解为对方是在说我穿的这件衣服是奇怪的。卡维尔指出,我们

---

[1] Stanley Cavell, *Must We Mean What We Say?: A Book of Essays*, p.9.

[2] [英] A. C. 格雷林:《维特根斯坦与哲学》,张金言译,译林出版社 2013 年版,第 118—121 页。

[3] Jerrold Katz, "Logic and Language: An Examination of Recent Criticism of Intentionalism." Keith Gunderson, ed. *Language, mind, and knowledge*, Vol. 7, University of Minnesota Press, 1975, p.40.

并不是单纯地在语用层面上理解这句话,它能够得到理解必定伴随着我们对于这个问题得以提出的必要性的认定。"他问你穿这件衣服是自愿的吗,是指你穿的衣服看上去奇怪",这一理解看上去没有传统意义上的逻辑必然性,但语言"在地性"让我们得到这样一个答案:"他'一定是在说'(must mean)我穿的衣服是奇怪的。"卡维尔指出,在这样一个回答中起作用的不是语用学或语义学两极之间的选择,而是我何以能够得到意义所指的"必然性"(must),即关于这一问题的回答,必然是在我们的语言"在地性"中已然"知道"的回答。[1]

由此卡维尔指出,日常语言并不是拒绝逻辑或者语法规则的纯语用学领域,日常语言之所以不必遵循严格的逻辑框架,是由于所有的"必然性"都可以被理解为具有逻辑性意味。由此一来,我们所有的语用都可以被视为"准逻辑性"(quasi-logical)的蕴涵,从而也就不必再将日常语言作为语用学与语义学二分之外的第三领域。[2] 对于日常语言来说,"在地性"保证了它不必受制于语用学和语义学的二分,也不必牵强地逃脱这一框架,而是要意识到对于语言含义的确认总是来源于我们所能够获得的"言必所指"。对于注定没有答案的问题,也就是无法被真正提出的问题。

由此可见,在卡维尔看来日常语言哲学并不是传统逻辑框架内"偶然"起效的"语用学",也不是要创造一种全新的逻辑方式,而是要切实澄清日常语言使用中我们获得蕴涵的机制是怎样的。逻辑实证主义的语言观并没有将逻辑语言把握为一种"母语","科学性"在此同时也就意味着它不是日常"在地性"的。正如梅茨自己的例子所示("我知道,但是我可能错了"),一旦将日常语言转化为某种只趋向于实证的句式,我们可能也就永远无法获得其所承诺的最终断言。卡维尔如此解释为什么梅茨的这个句式是无意义的:

---

[1] Jerrold Katz, "Logic and Language: An Examination of Recent Criticism of Intentionalism." pp.9-10.

[2] Stanley Cavell: *Must We Mean What We Say?: A Book of Essays*, p.11.

> 哲学家如果从日常语言中获得授权，而又没有进行具体的经验研究，那么根据我们的第二种语言类型，这样一个断言会被转化为："我不会说'我知道……'，除非我们说我已经获得了足够的信心……"[……]但是我并不认为这意味着哲学家真的被赋予了以日常语言来提问的方式，因为我看不到这样的断言具体是何种断言，我也看不到何时可以下这样的断言，由谁来下这样的断言，以及我们应该用这样的断言去做什么。[1]

也就是说在这样一种哲学断言里，"在地性"的缺失使得这样的问题根本无法被真的提出或者被识别。"'X是自愿的吗？'指X是怪异的"，这样一个句式对于该语言的"母语持有者"来说是有效的，可以在"在地性"中获得"必然性"。但是对于哲学断言，我们不知道如何赋予它"在地性"，也没有任何证据（evident）能够赋予它被理解的可能性：

> 说这样一个断言是有证据的，这才是具有误导性的[……]对它来说没有什么东西是必需的，也找不到任何证据（一般来说，就是如何去说才能让它有意义 [make sense]）：就这一问题自身得以提出的证据来说，它就是不切题的。[2]

卡维尔通过申明语言的"在地性"推翻了逻辑实证主义对于日常语言批评的基础，同时也显现出了逻辑实证主义在处理日常语言方面的羸弱。可以看到，卡维尔的日常语言观实际上吸纳了很多早期语言分析哲学的基本意识，尤其是来自罗素的"亲知"以及"假言转化"的方法。而较之于卡维尔，逻辑实证主义的语言观则明显更注重早期分析哲学在技术层面的构造，而忽视了"日常"在整个系统中所起到的奠基作用。梅茨对于日常语言的批评实际上反映了逻辑实证主义在面对日常语言时的奠基性颠倒，可实证的经验被作为确证语言有效性的最终环节，

---

[1] Stanley Cavell, *Must We Mean What We Say?: A Book of Essays*, p.12.
[2] Stanley Cavell, *Must We Mean What We Say?: A Book of Essays*, pp.13-14.

而不是奠基环节。在罗素的"亲知"中，经验确定性的条件伴随着反思提问的必然给出，最为关键的就是要预先通过经验的"在地性"来奠基"如何能够知道"这样一个日常基础，并先于"知道那一个"这样的实证基础。而更重要的是，卡维尔审慎地将自己限制在"在地性"的"不平衡"关系中。这表现为只有"我"将语言作为"我们的语言"，由此所提供的"必然性"才能够使得作为"充分条件"的提问成为有效的提问，这样的日常语言观没有走向外延主义的涣散，而是严格围绕着"我们"和"生活形式"展开理解。很直观的是，一个由对方指向提问方的指号"←"，其所表征的就是这一提问的逻辑表达上的"必要性"。日常语言的这一原则，才是哲学最本然的思辨状态：

> 我们总是感觉我们想要去提问，而总是忘记我们其实早就有答案了（也可以说我们拥有所有能够给出一个答案的要素）。苏格拉底告诫我们，在这样一种情形中，我们需要就一些东西提醒我们自己。所以，对于那些想要用日常语言来言说的哲学家来说，他们要知道的是：我们需要提醒我们自己的是，何时——我们应当——说什么。[1]

二 后期维特根斯坦哲学中的"规则观"与"唯我论"

1. 对于波尔"规则观"的驳斥："规则"的"非对象性"

在通过《言必所指？》为日常语言学派树立了语言"在地性"原则之后，以1962年发表的《维特根斯坦后期哲学的有效性》为标志，卡维尔开始将自己的注意力转向后期维特根斯坦的相关思想。与一般的维特根斯坦研究专家不同，卡维尔并没有将维特根斯坦作为一个特定的研究对象，他仍然围绕着《言必所指？》中所提出的语言"在地性"原则理解维氏的思想，并通过阅读维氏著作得到的教益来作为自己思考诸多

---

[1] Stanley Cavell, *Must We Mean What We Say?: A Book of Essays*, p.20.

日常问题的思想背景。

在《维特根斯坦后期哲学的有效性》一文中，卡维尔选择了戴维·波尔的《维特根斯坦的后期哲学》一书中关于"规则"的论述作为批评对象。波尔的这部阐释性著作出版于1958年，也就是在《哲学研究》出版仅七年之后，此时还没有形成系统性的"维学"研究，因此波尔书中所反映的对后期维氏思想的理解与误解更能反映一些本然问题。在波尔的解释中，"规则"（rules）这个词仍然被作为一个"对象"来对待：

> 一种语言［……］是由一系列复杂的程序构成的，但是仍然可以诉诸规则（appealed to as rules）。规范性观念——正确性、有效性（validity），也许我们还会加入真性——只有当标准（standards）[1] 存在的情况下才是重要的，我们可以诉诸这些标准或者唤起那些原则。但是在新的动作被首次采取的地方（where），一个新的进程就发生了，那么很明显在这里没有那样一种标准可被诉诸［……］维特根斯坦坚持说这样一个步骤是无法被以对或错来评价的，任何评估都是不可能发生的。[2]

在接下来的部分，波尔进一步显露了这种对"规则自身"与"诉诸规则"的二元化的理解：

> 我们总会设想语言中存在两个方面的因素：一方面是我们诉诸规则的特定实践和行为；另一方面则是那些规则本身［……］在没有规则可诉诸之处，我们能做的就只有做出决定（decide），而我想在这种情况下，我们所采取的那个原初的一步就是被称为决断

---

[1] 在本书后面的章节会谈到卡维尔对于"standard"与"criteria"的重要区分。实际上，根据卡维尔的区分，波尔在使用"standard"来解释维特根斯坦的相关思想时就已经走在了错误的道路上。

[2] David Pole, *The Later Philosophy of Wittgenstein*, Bloomsbury Publishing, 2013, p.56.

（decision）的行为。[1]

卡维尔认为不能说这种解读是"不正确"的，问题在于这种解读已经在具体的"使用"中赋予了维氏思想这样一种"解释"。卡维尔称这样的理解实际上是把"规则"理解为一种"摩尼教式"（Manichean）的概念。摩尼教的世界观建立在光明与黑暗的截然对立上，这种比喻被广泛运用于哲学当中，指绝对二元论的哲学观。这样的理解是将对于"规则"的理解放入"内部—外部"的理性空间之中，它确实可以作为反对"基础主义"的一种策略性解释，但是作为对于维氏思想的解释，它也错失了维氏锐利的批判意识。[2]

在卡维尔看来，二元对立、先行后续以及参照规则有无的"实际违反"都偏离了维特根斯坦的核心观点。波尔之所以会产生这样一种解读，一方面是由于对维氏思想的理解不够深入，另一方面也体现了在对后期维特根斯坦的引述中，无论是当时还是后来的一些研究者，都很难彻底摆脱这种逻辑实证所带来的"符合论"的思维惯性，后者也恰恰是后期维氏希望从日常语言中排除出去的"哲学残余"。虽然波尔的解读在现在看来似乎过于浅白，但他也很好地反映了在"规则符合论"的观念中语言及个人行为的运行机制是怎样的，也就是说这一解读更符合人们对于"符合论"的日常理解。

和在《言必所指？》中一样，卡维尔也对波尔的"规则观"也给出了一个清晰的整理：

> 1. 我们正确或者不正确地使用语言是由语言规则所决定的，而这种"决定"体现在两个方面：
> 　　规则形成了一个完备的系统，在这样一种观念下，任何一个语言之中的"动作"（move）都显然是对规则的遵守或者不遵守；
> 　　凡是有应用发生（does apply）的地方（where），都显然存在规

---

[1] David Pole, *The Later Philosophy of Wittgenstein*, p.61.
[2] Stanley Cavell, *Must We Mean What We Say?: A Book of Essays*, pp.47-48.

则是被遵守还是被违反的问题。

2.不存在应用（apply）的地方，你总是可以采用一个新规则（rule cover the case），但是这样一来显然就改变了游戏。[1]

由此，在波尔的理解中存在如下两个潜在预设：第一，他将语言规则理解为由"已构成完型"（constructed）的语言所形成的规则；第二，他认为我们似乎可以在某种"最简单的（simplest）规则"的"内部"来理解这种规则。卡维尔敏锐地指出，这种看法实际上正是早期维特根斯坦对于语言的看法，在《逻辑哲学论》中，这些问题表现为存在于字词、句子以及语言之间的关系问题。而与之相反，在《哲学研究》中，维特根斯坦对于语言"规则"的关注采取了完全不同的视角，这种研究是关于理解、指涉、交流等等全新的理解角度，而这些才属于所谓的"语法"的概念范畴。

对这一理解上的错失使得波尔对于维特根斯坦将语言类比于"游戏"的看法也存在着误解。波尔认为"游戏"主要在如下两个层面类比于日常语言：第一，游戏通常是一种社会活动形式，这主要表现在由不同玩家占据不同的角色和位置；第二，游戏都具有一个"可去遵守的规则"（observe rules）。[2]这种理解对后期维氏"语言游戏"和"生活形式"的理解来说显然存在偏差。由于波尔著作出版的时间仅在《哲学研究》出版七年后，彼时对于后期维特根斯坦的共识解释尚未形成，以至于他还能够直接表达这样一种解释倾向。实际上，即使在后来一些"标准解释"已经形成的时代，这也仍然是最容易被采取的理解：将维氏的"生活形式"理解为对于客观的"社会交往形式"的"入住"，而正是这种前在的预设，导致我们进而将"语法规则"视为客观存在的"公共规

---

[1] Stanley Cavell, *Must We Mean What We Say?: A Book of Essays*, p.48.

[2] David Pole, *The Later Philosophy of Wittgenstein*, p.29. "observe rule"也可以翻译为"遵守规则"，但这种"遵守"如"observe"的字面意义所示，是一种对于"可见规则"的"外部遵守"，实际上更准确的翻译是"对某一可见规则的遵守"。这种"对规则的遵守"与维特根斯坦所说的"follow rule"意义上的"遵守规则"这一整体行为本身有着本质差别。

则"。在卡维尔看来，之所以不能对这种程度上的"无误理解"轻易放过，是因为维氏的书写根本上就是对一种"诱惑"的澄清，即在我们最容易诉诸行为的地方来遏制我们向任何一种外部中介性基础的屈从。波尔的这种理解恰恰没有抵御这样的"诱惑"，没有认识到"生活形式"并不仅仅是参与客观的"社会交往形式"就能够获得。

卡维尔在反驳中并没有过多提到自己的主观理解，而是更多引用《哲学研究》中的段落来论证波尔理解上的错误，这多少会让想要直接从他这里得到解答的读者感到晦涩不明，但还是能够从中看出卡维尔对于这一问题的独特理解。

首先，他指出"遵守规则"（follow rule）本身包括那些我们认为是外在地施以规则的行为，比如服从（obeying）、秩序（orders）、采取（taking）、给出方向（giving）、重复已经做过的或已经说过的等等这些行为。但实际上由于这些行为是我们通过投入"规则"当中才能习得的东西，因此早期逻辑形式中所承诺的"真值条件"就永远无法完全具备，因此我们才不能说我们是否正确或者错误地"遵从"了规则。这些"行为"属于"规则"的一部分，而不是某种之于"规则"的外部介入或推动。用卡维尔自己的话来说："规则的概念无法勘尽（exhaust）正确性或者可判断性（justification）的概念。"[1]

其次，卡维尔引用维特根斯坦的说法，"玩一个游戏"这个行为是"我们（也就是说，我们人类）博物学（natural history）的一部分"（PI, 25）[2]，直到我们对整个人类的行为形式（form of activity）足够熟稔，否则以人类的姿态来"引（citing）一个规则"就不能意谓任何事情。不需要"预先"学习任何规则的基础公式（formulating），我们也能够学会一个新游戏，而我们的熟练与否都不影响我们获得"游戏"这个概念。在后面关于"语言习得"问题的阐明中我们将会看到，这也并不是说我们可以完全以一种空无的状态学会一个新游戏，但是如果说我确实"预

---

[1] Stanley Cavell, *Must We Mean What We Say? : A Book of Essays*, pp.49-50.

[2] Ludwig Wittgenstein, *Philosophical Investigations*, G.E.M Anscombe. trans., Basil Blackwell, 1986. 后文同书标识书名简写（*PI*）及对应节数。

先"学习了什么关于规则的"知识",这些知识也仅仅是关于我们如何能够对于游戏中的诸多情形做出反应,也就是说这些"知识"仅仅保证我能够"投入"到"游戏之中"。因此维氏是在类比于"游戏",不是要类比于"游戏规则",他要说明的是"语言没有本质(essence)可言"(PI, 66)。

最后,维特根斯坦说"遵守一个规则"也就是像"玩一个游戏"那样的"实践"(PI, 199)。由此,卡维尔问道:

> 那么,(遵守规则)这件事情本身的规则又是什么呢?"玩象棋"有其规则,但是"服从一个规则"这件事情则没有规则(除非有被特别事先制定的符码这样的一些规则或者算式供其参照);由此它也不能被正确或者不正确地做——也就是说"遵守规则"这件事情可能被执行,也可能不被执行。因此,它有没有被执行就不是关于规则本身的事情(同样,对于想法、感觉、愿望或者意向多是如此)。这件事情,如维特根斯坦所言,在《蓝皮书》中被称为"惯习"(conventions),而在《哲学研究》中则是"生活形式"(比如 23 节)。这才是维特根斯坦所最终诉诸的东西——不是规则,也不是决定。这就是最终的,当他说道:"如果我们勘尽了可判断性,我就触到了基石,那就是我铁锹转向的地方。那么我倾向于说:我说即我做。"[1]

"规则"之所以不能被说成"已被完型构成的"或者是有真值条件的,是由于如果我们把"规则"看作一个"客观"对象,那么我们就会遭遇一个悖论,即我们对于"规则"所做出的一系列行为也要被包含在另一个外部"规则"之中,如卡维尔所说的,我们不知道"服从规则"这件事情的"规则"是什么。在这里,卡维尔似乎有意将我们对于维特根斯坦语言观的理解拉回到类似于早期罗素反对"心理主义"的层面,

---

[1] Stanley Cavell, *Must We Mean What We Say? : A Book of Essays*, p.50.

即当我们将某种"聚合体"当作"现实对象"的时候，会难以避免地遭遇无穷倒退。

此外，波尔对于规则的对象化理解还包含一个何时何地跃出已有规则的问题，波尔将其称为一种"决定"，用波尔自己的话来说就是"做出新的第一步"。卡维尔指出，将"决定"作为维特根斯坦"规则"观的补充是不恰当的，因为这意味着我们已然对身在其中的规则做出了一个"完美的解释"，只有在这种"完美"的情况下，波尔的视角才是有效的。这样的视角，正如卡维尔所引述的，在维特根斯坦处被称为占卜者的"完美"解释。正是在此，卡维尔明确指出，这种视角毫无疑问是早期分析哲学思想的复燃，并且他尤其点明了这无疑参照了罗素所诉求的"一个命题的真之（也就是逻辑）形式"。此外，他还指出维氏在前期的《逻辑哲学论》中所采取的也是这样一种逻辑形式，而后期维氏则反对这一视角。关于维氏后期思想在这个问题上的不同表现，卡维尔也给出了自己的阐释。

第一，对于这样一个旨在获得"真之断定"的语法的解释，确实可以以"你如何能够证实它？"来提出，但是我们要在"何处"提出这样一个问题，并且用它去向什么提出这样一个询问呢？显然我们就仍然需要另外一个关于这个断言如何被认为已经得到确证的标准，而如此一来我们就不能获得任何关于意义的统一理论。此外，这也不是唯一的我们能够为语法提供解释的方式，比如我们还可以以这样的方式来解释语法："你怎么教会那个说法呢？""你如何能够暗示它是真的呢？"或者"怀疑其是否为真应该是何种情形的？"在这里我们再次看到了卡维尔如何将哲学式的问题蕴含在日常语言的"在地性"之中。

第二，卡维尔认为，早期维特根斯坦的问题是"为什么一个命题的逻辑形式就是它真正之所是呢？"而后期他已经做出了回答，即认为它不是。在后期思想中他所要继续追问的是，为什么我会认为这样一种形式是真的，而这也正是卡维尔在对波尔的批判中所要说明的问题。正如卡维尔所指出的，梅茨完全没有弄清日常语言问题介以提出的"在地性"基础，因此实际上一开始就没有提出一个有效的批判。同样，在关于"规则"的讨论中,卡维尔实际上也将波尔的理解视为一种可行但狭隘的"语言游戏",问题在于他要分析出,在这种普遍存在的"狭隘"的"语言游戏"中,究竟反映了哪些更为深层次的思想倾向。因此卡维尔实际上是将读者一步步引导向这一问题本身的"在地性",当然同时也包括卡维尔自身想法的"在地性"之中。

2. 隐含的路径:"规则""唯我论"与"现象主义"

卡维尔在论述中暗示了早期分析哲学中的某些被忽视的视角,而这些视角对于理解后期维特根斯坦来说绝非无关紧要的。虽然关于"语法"与"规则"的问题是后期维氏思想的重点,但其根源仍位于前期维氏对于早期分析哲学的批判当中。早期维氏对于弗雷格的批评主要集中在逻辑常项的必要性上:"没有'逻辑客体'或'逻辑常项'(弗雷格和罗素意义下的)这种东西。"(TPL,5.4)[1] 弗雷格认为,给出一个语句的含义也就是要提供关于这一语句的真值条件。换句话说,语言逻辑在他的思想中从目的上来说就是要研究"真"这样一个谓词。[2] 而根据"组合性原则",复合语句的意义就是由成分以及连接成分的"逻辑常项"所决定的,由此"逻辑常项"就成了具有逻辑本体论地位的符号。对于罗素来说,要克服早期"心理主义"产生"主谓结构"的"聚合原则",就必须将诸多对象之间存在的某种关系理解为实在的。后期维氏关于"规则"的思考仍然关涉这样一个基本问题:"规则"是以一种客观存在的"常项"形式被用于连接我们的诸多行为,还是我们在一种整体性的"显现"之中获得了对于"规则"的直观。更直接地说,我们对"规则"的掌握是通过对"规则"本身的描述得到的,还是通过观察规则在其中起作用的整体性活动得到的。而这一问题意识,可以说一定程度上打破了期维特根斯坦前后期之间的阻隔。

---

[1] [奥]维特根斯坦:《逻辑哲学论》,郭英译,商务印书馆1985年版,第65页。后文同书标识书名简写(TPL)及对应节数。

[2] [德]弗雷格:《弗雷格哲学论著选辑》,王路译,王炳文校,商务印书馆2006年版,第179页。

在这一问题上，唐纳德·哈沃德（Donald Harward）介由"可说"和"可显示"的区分来澄清前期维特根斯坦关于"可说"与"不可说"之间的区分，而后 P.R. 谢尔兹（P.R.Shields）在其著作《逻辑与罪》中进一步发展了这样的理解方向。虽然这种理解角度在解释维氏前后期思想的一贯性上是备受争议的，但它还是很好地显现出了前期维氏对于命题逻辑的态度。

哈沃德指出在《逻辑哲学论》4.1212 与 4.4461 中，维特根斯坦关于"可说"与"可显"之间的区分存在一个矛盾。在第一段中，维氏明确断定能够显示的不能说，而在第二段则又认为命题显示其所说。然而谢尔兹认为这里并不存在根本性的矛盾，而只是说明：

> 在能够断定图像所显示的可能性恰好在世界中实现这种意义上，才能说所显示之物。也只有在这种意义上，命题必定总是显示其所说。但这并不是允许命题的形式和意义可以成为反过来由命题所表征的事实。[1]

谢尔兹的这一论述实际上表达了对于命题之不可还原性的看法，即已经在世界中被构成的命题显现为事实本身，则不存在将其还原回"语言"的途径和可能性。罗素和弗雷格通过"逻辑常项"所建立的表达式在维氏看来就代表了一种还原企图，在他看来这无异于要建立一种独立且外在的"逻辑规则"，并且这种规则由于通过各自独立的"逻辑常项"对各个存在要素进行连接，它也就承诺了向这一逻辑形式还原的可能性。在维氏看来这不但是不必要的，甚至是危险的，因为这些"逻辑常项"本身并没有任何自身能够在世界中被言说切中的可能性，这使得我们不得不对这些"规则"进行外在于事实的定义。维氏将这个不必要的风险归罪于罗素的"类型论"："可以看到罗素必定是错的，因为为了建立记号规则，他不得不提及记号的意义。"（TPL, 3.330—3.331）[2] 正是这

---

[1] [美] 谢尔兹：《逻辑与罪》，黄敏译，华东师范大学出版社 2007 年版，第 23 页。
[2] [美] 谢尔兹：《逻辑与罪》，黄敏译，第 25 页。

个问题意识使得谢尔兹认为"可说"和"可显"的区分是维氏前后期所要解决的共性问题。但仅从命题逻辑本身来说,正如哈克所指出的,维氏无论前后期都从未接受过命题作为"实在"的看法,他认为命题作为"规则",只是一种命题性的记号(propositional-sign),它不可能是"真值",而只能是一种对于可能事态的描述。[1]

以波尔为代表的对于语言规则的对象化理解同样可以被归于同一问题,同时也佐证了前期维特根斯坦的担忧不无道理。对于我们的日常语言来说,"规则"的独立性和还原性的诱惑是紧密相连的,而关键在于无论我们是否认为自己能在某处或者某时跃出"规则",这种还原论的诱惑都依然存在,从而这样一种向并不实存于世界之中的"形式规则"的返还实际上也成了广义上符合论的一种形式。而以传统的日常语言分析视角来看,前期维特根斯坦对于罗素与弗雷格在这一问题上的批判,也不过是符合论的内部斗争。

这样的视角就引出了《逻辑哲学论》中的一个隐含问题:"唯我论"问题。如果"逻辑常项"或者"逻辑规则"不能在世界中被发现的话,那么一样不能被发现的就是那个被设想为恒定观察与言说主体的"经验自我"。哈克指出在《逻辑哲学论》中,维特根斯坦试图采取和休谟类似的方法来看待世界中的"自我",即认识的"自我"绝对不可能在经验中被明确地找到。但在具体方法上,休谟是通过不断地反省经验从而在某种最低的程度上得以谈论这个"自我",而维特根斯坦则试图彻底驱逐"唯我论"疑难。哈克通过在维氏的絮语记录中找出的证据来说明驱逐"唯我论"是贯穿于其前后期思想中的一个长期计划。比如说在《褐皮书》中,维特根斯坦记录道:

> 那个我(The I)不是一个物体。我客观地面对所有的客体,但是不包括那个我。因此一定有某种真实存在的方式能够在哲学中在

---

[1] Peter Hacker, *Insight and Illusion: Themes in the Philosophy of Wittgenstein*, Clarendon Press, 1986, p.32.

一种非心理学的意义上提及这个我。[1]

这样一种"自我的非遭遇（non-encounterability）"在此被看作一个根本性的问题，而不是某种经验中姿态的不恒定闪现。对此，休谟式的处理实际上极其相近于罗素和摩尔对于原初经验的处理方式。哈克在这里也提到了罗素在《迈农的复合物与假设物》一文中的观点，即认为"相信"（belief）作为一种精神态度也指向关于存在物的命题，即我们可以就此说我们是否相信那个对象存在。[2] 而正是在这种观念下，在罗素的早期思想中，"我"（me）仍然作为一个客观项在命题中与其他部分通过"逻辑常项"相连接。[3]

因此，谢尔兹所说的罗素由于"类型论"的问题不得不承诺基于"逻辑常项"的还原论，这实际上深刻地表现在"唯我论"中的"我"与经验世界之间的关系，即"我"无法被完全归结到是世界中的存在一类，还是非存在一类；是经验一类，还是超验一类。从这个角度说，"逻辑常项"所构成的"逻辑规则"最终是为了潜在地解决认识主体在世界中的位置问题，使"我"得以在客观的形式中被作为客观物对待。而维特根斯坦的看法则在于，"我"的某种精神指向，比如相信和判断，都不能是"我"内在的精神指向，而必须被呈现在世界之中。这就是为什么他把"A believes that p"的真正形式转化为"'p' says p"："这里我们所处理的并不是事实和客体的同格，而是依据其客体的同格的诸事实的同格。"（TPL，5.542）同样的问题在图根德哈特关于"命题语言与说'我'者"问题的论述中有着更直接的阐发，他试图运用维氏在《逻辑哲学论》5.542 中的这个基本形式来解释为什么学会说"我"对于人类掌握语言和世界的关系有着根本性的意义。[4]

---

[1] Cf. Peter Hacker, *Insight and Illusion: Themes in the Philosophy of Wittgenstein*, p.82.

[2] Peter Hacker, *Insight and Illusion: Themes in the Philosophy of Wittgenstein*, p.82.

[3] Bertrand Russell, *Philosophical Essays*, Routledge, 1994. p.155.

[4] ［德］图根德哈特：《自我中心性与神秘主义：一项人类学研究》，郑辟瑞译，上海译文出版社 2007 年版，第 16 页。

卡维尔的挚友伯纳德·威廉斯在《维特根斯坦与唯心论》一文中关注到了这个问题。威廉斯也注意到了维特根斯坦驱除"唯我论"的长期计划。在《哲学研究》中，维氏非常强调语言是身体性的、具体的社会活动，这表现了由"我"向"我们"的移动。但这是否意味着这种对于"世界中不可存在的'我'"的祛除，就仅仅表现为用社会意义上的"我们"替代超验的"我"？或者进一步问，向某种"规则"的还原为何会伴随着对于社会性的服从诱惑？

这一问题实际上需要我们重审早期分析哲学的问题意识。有一种观点认为，将弗雷格泛化地理解为对于"唯心论"的拒斥会错失其很多关键的面相。更准确的定位应当是对于笛卡尔主义的拒斥，后者在我们目前所讨论的这个问题上主要表现为将心灵作为世界中的某种实体性的存在，从而带来了维特根斯坦所发现的关于"我"之遭遇与否的问题。[1] 替代这种实体性心灵存在观念的方法，就是改变我们对于经验的参照点，从先验（Transcendental）的角度提供经验得以可能的先决条件，而不是从经验的角度来理解个体与世界的关系。这就是我们在康德那里看到的思考方式。

因此，正如国内学者钱立卿指出的，一旦我们能够把由"逻辑常项"构成的公式理解为从经验之中"抽象出"的先验形式，那么我们就可以不接受维氏的批判。因为这样一种公式本身也同样是向经验开放的，早期分析哲学家那里也并没有承诺离开了经验介入的逻辑公式有任何独立的意义。[2] 比如，"新维特根斯坦"的代表人物克拉·戴蒙德就曾指出，认为弗雷格的方法会导致维氏所说的"无意义"，这样的看法忽略了一个前提，即弗雷格实际上并不认为日常语言就一定是某种逻辑上 (ill-logical) 有问题甚至形式上也有问题（ill-formed）的语言，而是认为日常语言中各个要素都有其应该处于的逻辑角色位置（role），而这样一些逻

---

[1] 关于弗雷格思想的问题意识背景，详见［美］汉斯·D.斯鲁格：《弗雷格》，江怡译，中国社会科学出版社 1989 版，第 25—34 页。
[2] 钱立卿：《维特根斯坦为何要否定逻辑常项》，《西部学刊》，2014 年第 1 期，第 18 页。

辑角色位置是否被排布正确，需要放到逻辑形式中加以检验："事实是，弗雷格确实认为日常语言中存在着大量形式错误，但是并不能就此得出他认为日常语言中存在范畴谬误（violated category）这样的问题。"[1] 实际上，这说明我们往往容易忽略的反倒是"检验"这一行为的日常用法：我们仅仅是对容易出错的位置进行"检验"，而不是对一个整体上被判定为"错误"的东西进行检验，后者某种程度上来说只是"欲加之罪"的检验行为。

实际上，在卡维尔、哈克与威廉斯的论述出现之前，后期维特根斯坦的"规则"在大多数人的理解中更多地只抵达这一层面，而一旦关于"自我"的问题被凸显，对于"规则"问题的探究就有了一个更深广也更加日常的层面。这个层面是由卡维尔所指出的语言"在地性"原则所开启的，这就涉及另外一个与上述视角不完全相同的反笛卡尔主义的思路，即威廉斯主要讨论的"现象主义"问题。

如威廉斯所指出的，"现象主义"的代表人物是英国哲学家贝克莱。同样，在《理性的申明》中，卡维尔也提及了贝克莱的思想可以作为语言学习问题的重要参照。[2] 虽然同样也是为了反对笛卡尔主义，但贝克莱与康德的方式非常不同。正如极端的反基础主义的日常语言观所显示的那样，贝克莱不承认任何先验形式的作用。在这种意义上也就不存在"我"是否作为一个经验实体的矛盾，但是如此一来，现实世界也就成了个人的一种观念。[3] 基于"现象主义"对认识对象的理解实际上存在着两种表面上看起来截然相反，但实则殊途同归的道路，它们的实质都在于不区分"物自身"和"表象"：首先，"现象主义"视野下的"对象"可以被理解为对繁杂的"第二属性"的认识，世界不是有物存在的，而是有"感觉质料"存在的，这种对象的存在方式是极其不稳定且稍纵即逝的；其次，以康德本人对于贝克莱的批判来看，"现象主义"的对象

---

[1] Cora Diamond, *The Realistic Spirit: Wittgenstein, Philosophy, and the Mind*, MIT Press, 1995, p.77.

[2] Stanley Cavell, *The Claim of Reason: Wittgenstein, Skepticism, Morality, and Tragedy*, p.188.

[3] 梁议众：《康德反驳唯心论问题研究》，中国社会科学出版社 2014 年版，第 186 页。

是被理解为将时间与空间这样的"先验条件"包含于对象自身之中的，而不是作为"先验"的认识条件，这导致了对象自身的存在与变化方式完全不依赖人的认识主体所提供的稳定性条件。这两种理解表面上看似乎一个是接受了对象自身存在的涣散，一个则赋予了对象自身以极大的密度和质量，但正如康德所指出的，两者都会导致"先验实在论"，表面上的不同路径并不会改变这一点。正如著名康德研究专家亨利·阿利森所说：

> 必须承认，这种看法也许是极端的悖论，因为按照康德的框架，贝克莱的观念是在经验的意义上在我们之内的（in uns）。但如果我们记得，先验意义上的在我们之外（ausser uns），其意思正好就是说，独立于人类感性条件而存在，那么这种悖论就会消失了[……]贝克莱的观念论颠倒了事物的真正秩序，因为它把这种地位给予了外在（outer）现象。[1]

"现象主义"这一问题之所以在当代再次被凸显，日常语言视角的介入是最为关键的因素。正如 C.I. 刘易斯所指出的，语言的事实介入使得"现象主义"相关问题不再完全处在康德对其批判的阴影之下。[2] 在语言的介入下，问题实际上就变成了：一旦我仅仅是因为存在某种还原论的风险而不预先采用"材料"与"形式"二分基础上的先验架构，那么就只存在纯粹的"所予"关系，而这种"现象主义"的关系又如何能够被"转译"为"我"的语言。实际上前期维特根斯坦对于"唯我论"问题的祛除不仅仅是在逻辑形式上的，而是试图从"所予"的视角中理解世界之中的存在。而正如"A believe that p"被视为"'p' says p"这个形式转化所表达的那样，我能够言说的永远都只是我身处其中的关系性

---

[1] [美]亨利·E.阿利森：《康德的先验观念论：一种解读与辩护》，丁三东、陈虎平译，商务印书馆 2014 年版，第 47 页。

[2] Clarence Irving Lewis, "Realism or Phenomenalism?" *The Philosophical Review* 64.2 (1955): 234.

事实。而也正是如此，我的语言不是用来断言世界中的诸多对象，而是表达我自身所处的关系的"外延"。问题的关键在于，我们不应当试图借助任何外部的"规则"——无论是"逻辑形式"还是"定义"——来试图摆脱这种困境。

对于"现象主义"语言的彻底转译虽然是不可能的，但是这也并不代表这种转译过程本身是完全无用的，这是卡维尔在语言"在地性"问题中所看到的日常语言所必须确立的问题指向。我们能够通过研究日常语言而最终发现一种类似于康德的"材料"与"形式"的先验框架，并且一定程度上帮我们澄清对于康德的某些可能的误解：并不是"材料"和某种"先验形式"之间的关系，而是处于我们认识之中的对象是否处于这样一种"材料—形式"的"先验关系"之中。在卡维尔看来，这就是维特根斯坦所谓的"生活形式"（forms of life）和"遵守规则"所要阐明的根本问题。事实上，从最直白的层面上来说，这可能才是反映在卡维尔的叙述中维氏前后期思想的根本性不同。而从这个角度上来说，在这个问题上维氏前后期思想的分别也可以被理解为对于"现象主义疑难"的"转念"：走向"先验实在论"还是对其进行"归谬"，两种可能性实际上处于同一生成路径当中。我们无法"哲学"地解决"悖论"，但是我们能够在对于理性盲点的勘尽处选择维特根斯坦所说的"铁锹的转向"。这个问题可以被表达如下：我们应该接受现象主义的沉沦，还是通过日常语言，也就是属于"我"或者"我们"的语言分析彻底摆脱形而上学的负累？在日常语言哲学的视域下，"现象主义"的声名狼藉或者说其自身的"怀疑主义"之中或许就含有自我救赎的可能。玛格丽特·威尔森就提到我们应当在贝克莱自己的文字中读出这样一种可能：

> 这些引文显示了贝克莱所感兴趣的不仅仅是如何确认感觉的表现和质的真实性，以此为途径在这样或那样的形式中发现身体的真实性。更准确地说，将经验世界的真实性作为一种被经验到的事实，贝克莱在此所关心的是如何建立的问题。虽然笛卡尔式的"广

延之物"(res extensa),或者洛克式的(在认识论上含糊不清的)基本物质的真实本质已经能够超出怀疑论的挑战之上,现实中还有太多我们所感知和经验到的东西,在我们的日常生活中,它们必须被以一种"不可靠的虚炫"(false imaginary glare)来建构。[1]

对于卡维尔来说,这样一种摆脱"唯我论"和消极的"现象主义"的困境,并不在于如何解决传统哲学所提出的问题,而在于在日常语言的"在地性"中重新确立明确的自我意识。这不仅仅是为了说明还原论所带来的困扰不在日常语言的"在地性"之内,同时也说明一种全然外部的"社会性"对于日常语言中的个体来说永远都不是被动施加的,共同体总是处于个体自发的识别活动之中。我们将在后面看到,这一点在卡维尔看来也就是文学语言的根本所在,在这一个层面上,文学可以让我们表达出笛卡尔主义的那种作为实体存在的"我"。[2] 而在日常语言中,则正如威廉斯对于"语言的界限就是世界的界限"所提供的一种解释:

> 当我们试图采取一个"摆脱困境"的观点来看待事物时,不管那个观点是什么,我们发现用那个观点来看待的事物变得越来越不可理解。在进行这种反思的时候,我们就会逐渐意识到"我们如何继续下去"这个问题。我们如何继续生活下去取决于我们如何思考,如何说话,如何在社会上有意地引导我们自己——也就是说,取决于我们的经验。[3]

---

[1] Margaret Wilson, *Ideas and Mechanism: Essays on Early Modern Philosophy*, Princeton University Press, 1999, p.297.

[2] Stanley Cavell, *In Quest of the Ordinary: Lines of Skepticism and Romanticism*, University of Chicago Press, 1994, p.107.

[3] [英]伯纳德·威廉斯:《道德运气》,徐向东译,上海译文出版社2007年版,第216页。

三 "实指定义(解释)"与伦理的"在地性"奠基

1. 关于"意义用法论"的争议:"意义"与"词语的意义"

卡维尔在《维特根斯坦后期哲学的有效性》中最后回答了这样两个问题。首先,在何种意义上诉诸"我们日用"(our everyday use)之表达能够对哲学语境的表达构成一种批评?其次,在"我们的日常用法"中,我们所拥有的或者说可以申明(claim)的知识究竟是何种知识?这两个问题将最终描绘出在卡维尔心中维特根斯坦的智识形象究竟是怎样的。

根据当时主流的看法,对于后期维特根斯坦整体性的理解重点主要就集中于对"意义用法论"(use-theory of meaning)的理解。这一著名的观点出自《哲学研究》第 43 节:

> 在我们使用"意义"这个词的这一大类情况下——尽管不是全部——可以这样定义(define)"意义":一个词的意义就是它在语言中的用法。[1]

虽然"意义即用法"在流行的维特根斯坦的理解中已经成为招牌一样的口号,但是对于这句口号的理解还存在着很多细致而关键的疑难。首先,这是否说明"词语的意义"和"词语的用法"是完全等同的关系?在这样一种理解下,词语的"意义"就不是客观存在的,在各种具体的用法中也无所谓扭曲或者误用,而仅仅就是其用法。这种理解将会导致对于"意义用法论"的理解直接导向语用学。其次,由于"意义用法论"的地位过于显眼,使得读者往往忽视了第 43 节后一段的内容。在第 43 节的第二段,维氏为第一段里所说的"虽然不都是如此"添加

---

[1] Ludwig Wittgenstein, Philosophical Investigations, G. E. M. Anscombe trans., Blackwell, 1986. 这一英译本中使用了"define"这个词,该词在陈嘉映的译本中被译为"解释",这种翻译实际上避开了关于这一节的某些争议,但根据后面要讨论的问题,此处仍然沿用"定义"这个翻译。

了一个"例外":

> 而(and)名字的意义(meaning)有时则通过指向它的承担者而得到解释(explained)。

后者似乎又为"实指定义"留下了空间。因此,如果亲自阅读第43节而不盲目接受这一口号,我们就会发现"意义用法论"实际上并不如人们所设想的那么简单直接。

实际上,大量的研究者把第43节看作理解维特根斯坦后期思想的关键之匙。乔治·皮切尔在其著作《维特根斯坦的哲学》中所提出的理解代表了一种完全倾向于语用学的理解,他认为关于疑似为"实指定义"保留空间的部分可以忽略,而只考虑第一部分。皮切尔给出了正反两个角度的解释。第一,人们也许可以知道一个非母语词在母语中的对应意义,但是却不知道应该何时以及如何使用它,那么我们实际上等于不知道它的"意义"究竟(on earth)是什么,或者这种意义的对应关系到底是不是成立的。第二,在日常语言中,我们有时候长期使用一个词,但是却并不知道这个词的意义是什么,比如说在宗教语言中,"阿门"的意思实际上是"已经得到信实的东西",但是实际上很少有人真的知道这一点。[1] 在皮切尔的解释中,"意义即用法"实际上宣告了对于词语客观意义追述的不可能,词语完全沉沦在用法之中。

皮切尔的这一解释遭到了唐纳德·古斯塔夫森的反对。后者认为第43节要表达的关键对象并非"词语的意义"(the meaning of words),而是在于"意义"本身,或者说"意义"是如何在语言中得以呈现的。因此我们不能忽略第43节的第二段,因为这两段一起标识了"意义"的两种呈现方式,虽然在大多数情况下是以第一种方式来呈现的。古斯塔夫森在批评皮切尔的文章中指出,第43节的第一段是要表达,在大多

---

[1] George Pitcher, *The Philosophy of Wittgenstein*, Prentice Hall, Inc., 1964, p.252.

数情况下，日常语言中的"意义"是通过具体的用法而被呈现的，因此当我们用"what"这个词做出各种关于"meaning"的询问时，这样的询问可以被视为对于"mean to"的提问，而且也只有在这种理解下，我们才能提出有意义的问题。古斯塔夫森指出，实际上根据维特根斯坦的观点，"一个词语的意义是什么？"（What is the meaning of a word？）并没有提出任何真正的问题；而"一个房子的房顶是什么？"这个表述就提出了一个问题；"这个（this）词语的意义是什么？"（并指向那个对应事物）则是在"实指"的层面上提出问题的普遍性形式；此外古斯塔夫森还指出，当这两个层面混杂的时候，比如我们问"这个房子的房顶是什么？"（指向那个房子），那么这个问题是否真的被有意义地提出就受制于眼前事物的具体形态，比如当所指的房子是一种特殊的设计形态，那么这个问题意味着我们没有分辨出哪里是屋顶。[1] 实际上，在最后这个例子中，古斯塔夫森暗示了但是并没有说明的最关键一层意思是：在这种情况下，我们之所以不能确定问题是否被正确地提出，是由于这个问题并没有真正地被追问到底。

卡罗琳·布莱克撰文批判古斯塔夫森的理解。她认为古斯塔夫森很显然将维特根斯坦的观点形而上学化了。某种程度上布莱克支持皮切尔的看法，她认为由于从整个《哲学研究》的主旨来看，不可能有形而上学层面上的"意义"被给出，因此第 43 节就如字面所示仅仅区分出一种例外的情况。这种情况维氏在著作开篇讨论"奥古斯丁图像"的时候实际上给出了一种语境，即在语言学习者投入非本国语境的时候，实指定义是非常重要的。布莱克认为，当维氏说"语言没有本质基础"时，他是在说我们无法在所有不同的语言中找到共同基础以便我们能通过它来理解所有语言。[2]

---

[1] Donald Gustafson, "On Pitcher's Account of Investigations § 43." *Philosophy and Phenomenological Research* 28.2 (1967): 253-254.

[2] Carolyn Black, "Philosophical Investigations Remark 43 Revisited", *Mind*, New Series, Vol. 83, No. 332 (Oct., 1974): 597.

虽然在这一时期关于第 43 节的争论纷繁复杂，层面深浅各异，但是很显然这些争论都来自"实指定义"与"实指解释"之间所产生的混淆。在很多对于"意义用法论"的解释中，第 43 节的第二段都倾向于被忽视或者被一带而过，包括贝克和哈克也更多地将其仅仅作为口号来看待。[1] 詹姆斯·柯南特在一些论及"意义用法论"的论文中，所引文段中则干脆就不含有第 43 节第二段的内容。[2] 按照通常的理解，后期维特根斯坦的另一个基本原则在于否认"实指定义"或者"实指解释"在语言学习中的基础作用，这反映在他开篇对于"奥古斯丁图像"的批判之中。但正如布莱克指出的，维氏并没有否认"奥古斯丁图像"的有效性[3]，而是说那并不是我们大部分语言之中的通常状况。所以，某种程度上看布莱克是正确的。第 43 节第二段显然说明了这样一个问题，即维氏的意思并不是说"实指"这一行为在语言学习中有绝对误导性，认为应该予以彻底拒绝。但这个问题的进一步解答却并不来自布莱克的论据，即似乎由于维氏后期哲学的"反形而上学"倾向而决定了不可能存在将两个层次融贯在一起的解读。实际上古斯塔夫森显然也并不是要将这个问题引向形而上学层面上的"意义"，而是说"实指"这一行为在意义的获取上具有一种特殊的功能。虽然正如他所说，在日常语言的大多数情况下我们也许并不会遭遇"实指定义"或者"实指解释"出现的语境，但是也绝对不能像皮切尔所认为那样，认为它是不重要且不需要特别讨论的。

---

[1] Gordon Baker and Peter Hacker, *Wittgenstein: Understanding and Meaning: Volume 1 of An Analytical Commentary on the Philosophical Investigations, Part I: Essays*, Vol. 1. Blackwell, 2005, p.251.

[2] James Conant, "Stanley Cavell's Wittgenstein." *The Harvard Review of Philosophy* 13.1 (2005): 51.

[3] 实际上如果翻阅维特根斯坦此处所指向的《忏悔录》中的相关章节，会发现奥古斯丁几乎没有当今一般研究者所认为的支持"实指定义"的倾向。因此，我们只能理解为维特根斯坦认为奥古斯丁的表述中暗含了这样一种定义行为的可能，奥古斯丁本人并没有秉持这一立场。

2. "实指定义（解释）"与语言习得：日常语言的"意义"

在《关于维特根斯坦的补述》中，卡维尔提醒读者，维特根斯坦对奥古斯丁的批判并非直接针对"实指定义"，而是说后者所设想的原始语境是关于一个已然掌握了一种语言的成人进入一个语言不通的别国，这和孩子学习语言的情况是不同的。"实指定义"问题在于把孩子错当了成人。因此，维特根斯坦批判的并不是"实指"这个行为本身，而是我们往往在自己并不清楚的情况下就认为这一行为是语言学习的基础，造成了"实指定义"与"实指解释"之间的混淆。[1] 与此同时，"实指"这个行为在具体的儿童语言学习中究竟扮演了什么角色，这个问题在这样的混淆中也就被忽略掉了。

卡维尔试图带领读者重新进入语言学习的在地场景。他指出，实际上在儿童语言的学习场景中，我们并不比儿童知道得更多。卡维尔设想了这样一个场景：一个 15 个月大的孩子，我通过指向一只小猫并说"小猫"这个词，孩子跟着我重复了这个词，我们应该如何理解这个行为？在整个这个场景中，我所希望的是将那只小猫和"小猫"这个词建立对应关系，但是这一场景中还有很多其他的因素，比如说我的微笑、抱着她、我鼓励她的语气等等。就我设想的教学目的来说，我不禁担心她是否从所有这些要素中学到了我想要教的东西。直到有一天一只猫经过眼前，孩子又一次说"小猫"这个词，此时我似乎确定她至少成功地学到了我所教授的东西。

但是几个星期之后，她微笑着看着一块毛皮说："小猫。"我才发现她并没有真正学会我所要教的东西。但是卡维尔说道，此刻他感到异常的欣喜：她能够用"小猫"来指我所指的"毛皮"，或者是我所指的"柔软"，甚至是我所指的"好的触感"，又或者她根本就不是在"那是一个 X"这个句法之下来使用语言的：

---

[1] Stanley Cavell, *The Claim of Reason: Wittgenstein, Skepticism, Morality, and Tragedy*, p.176.

无论如何这都说明，当她看到一个真实的猫咪，她并没有仅仅把她理解为一个"音位"上的"小猫"，她一边一遍又一遍地呼喊这个词，附身接近，向它伸出双臂，指间张合，抿动嘴唇，眼角露出愉悦的神情。她对毛皮也做所有这些行为，微笑，说着"小猫"这个词，并触摸它。可能这里发生的句法应该被转译成："这个就像小猫一样""看这只好玩的小猫""柔软的事物总是好的不是吗？""看啊，我还记得当我说'小猫'这个词的时候你那么高兴"又或者是"我喜欢被爱抚"。我们能够断定是其中的哪一个吗？这些对她来说都是选项吗？当她面对每个事例的时候，对于一个物体的尺寸、形状和重量的表述用词都来自柔软、温暖和毛茸茸。[1]

卡维尔对于语言学习原初困境的描述仍会使我们重新回到"心理主义"批判的相关问题。总的来说，"心理主义"的关键就在于在如其所述的那种"规则"下，没有任何依据能够让我们完成那"关键一跃"，从而成为一个现实的承担者，除非以命题为呈现媒介。罗素对于"心理主义"的解决就是如何通过"亲知""关系实在论"和"摹状词"等种种手段使得"未知"之物的呈现在命题中得以可能。在语言学习的情境中，这个问题就变成了我们如何在语言中锚定这样一些"聚集项"，从而能够在语言当中呈现"现实物"。某种程度上说，日常语言的"语法规则"占据了这样一个相当于命题的位置。换句话说，在语言学习中真正的问题实际上在于语言的教授方，我们总是想要在"我的"语言中实现"实指定义"的目的，却没有意识到语言学习的目标是共同构造"我们的"语言。

卡维尔实际上表述了维特根斯坦对这一问题的直接解决方案，既然事实上我们不必借助摹状词、概念文字、逻辑实证主义句法学、可说与不可说的划分等"哲学方法"也可以脱离"心理主义"阶段，那么也就是说没有什么"语言之外"的"规则"是我们必须求诸的。其实仅仅就

---

[1] Stanley Cavell, *The Claim of Reason: Wittgenstein, Skepticism, Morality, and Tragedy*, p.172.

因为如此，我们就可以回应波尔对于"规则"问题的误解了。那么这样一个过程是如何自然发生的？解释这样的过程，也就解释了什么是"自然语言"之为"自然"的根本原因所在。

同样是在《哲学研究》第43节中，关于"名字"的"意义承担者"的表述实际上不仅仅指向《逻辑研究》之内的内容，它的根源在于早期分析哲学中对于"专名"的理解。在罗素的摹状理论中，有意义的专名是能够直接命名的殊相，在逻辑上就表现为这种专名的逻辑符号。为了避免日常语言中由"心理主义"造成的含混，这样的逻辑符号不能作为专名，而是被作为"摹状词"来理解。而日常语言中能够充当专名的，只有"这个"或者"那个"这样的指示词。因此，所谓"实指"实际上并不是指向命名关系，它并不发生在对象和语词之间。真正有其承担者的，是"这个"或者"那个"。无论是罗素保留其作为专名，还是维特根斯坦否认其作为真正的名称（PI, 45），两者在这个问题上是有共识的。

因此，"实指定义"所带来的误解在于，我们倾向于认为，日常语言中似乎含有一个最为基本的学习语言的起点，那就是对于对象的命名。反过来说，也就是认为存在着只能命名而不能被描述的、不能被语言所"刺透"的对象。在第43节中，维特根斯坦承认自己在《逻辑哲学论》中确实认为存在着这样的原初元素，在其早期思想中，"实指定义"作为语言和世界的边界而起到划分"可说"与"不可说"的作用。因此，维氏所要拒绝的是"名称"与"命题"的二分法；所谓"语言游戏"之为"游戏"，就在于一个词语是被用作"名称"还是"命题"，这并不取决于其自身，而取决于我们身处怎样的"语言游戏"当中。但是维氏并没有说命名活动是不应存在的或者不必要的，在第49节中他说道，"命名为描述做准备"，也就是说他并不认为"命名"在语言中的地位可能完全被"用法"或者"语言规则"所取代，"命名"也许此时还没有我们所错误地期望的那种客观意义，但是我们无法完全越过而不使用这样一个"功能"。

但似乎"命名"功能与"意义"功能之间的关系在维特根斯坦这里

仍显得不够直接，从而导致了皮切尔这样将"用法"与"词语的意义"等同的理解。这个问题的出现可能是由于在第 43 节中，维氏将自己早年提出的"对象"和罗素所提到的"个体"（殊相）视为同一类基本元素，而一起作为反例拒斥掉了。但事实上，正如我们在罗素的"亲知"中所看到的，这种作为原初"经验"的殊相并不是不能被继续描述的，它的"功能"在于能够激起一系列"追问"。而维氏在《哲学研究》第 6 节中明确写道，当我们用指物说词的方式进行教学的时候，并非"实指定义"或者"实指解释"无效，而是我们根本就不应该称之为"实指定义"或者"实指解释"："我们不把这称为'实指解释'或者'定义'，因为这个小孩的确还不能追问名称。"（PI，6）

因此，我们有理由推测，维特根斯坦对于早期罗素语言策略有这样的误解，可能是由于没有看到或者忽略了罗素对于"亲知"问题的论述。实际上在这一问题上，两者的看法没有实质性差别。就作为预备功能的"命名"和"意义"之间的关联这一问题，我们重新回顾一下罗素谈论"独角兽"这样一个虚拟物如何能够"有意义"的重要段落：

> 在命题中，"我遇见一只独角兽"，这所有的四个单词构成了一个有意义（significant）的命题，而"独角兽"这个单词本身也有意义（significant），其意义同于（in just the same sense as）我们说的"人"。但是"一只独角兽"这两个单词放在一起却不能。所以一旦我们错误地向这样的（不定冠词 + 虚拟名词）词组派定意义（meaning），我们会为"一只独角兽"所困，于是会遇到一个问题，在一个没有独角兽的世界上如何可能有这样的一个东西。"一只独角兽"于是就是一个不明确的描述，它描述了无一物（nothing）[1]

这里之所以在每个"意义"后面都加上英文原文，是由于在通行的中译本中，这些不同的单词都被不加区分地翻译成了"意义"，这很大程

---

[1] Bertrand Russell, *Introduction to Mathematical Philosophy*, Courier Corporation, 1993, p.170.

度上掩盖了罗素对于这一问题中的细致分析。[1] 实际上这样的混淆并不仅仅反映在中译本里，日常语言哲学领域的西方学者也往往有意或无意地忽略这些区别。比如塞尔就在对摹状理论的论述中使用了"sense（meaning）"这样的表述。[2] 从这篇论文的意图来看，塞尔将罗素的思想在相当大的程度上参照于弗雷格，故而有意突出"sense"这个词，但是在注释中他却表示他对"sense"的使用仅仅是对于"meaning"的一个"现代译法"。而在罗素的文本中使用"meaning"这个词的时候，中译本甚至没有完整翻译出这段话，遵从字面的翻译应为："单就'一只独角兽'这两个单词本身不能以其拥有的自身意义（meaning of its own）而形成一个下属的组（subordinate group）。"在这一翻译中，我们就能很清楚地看出罗素确实是将"meaning"看作一个相对独立的层次的。

从罗素自己的理论来看，这个问题是清楚的，"一只独角兽"是一个"非限定摹状词"。在《数理哲学导论》中，罗素解释道，"非限定摹状词是一个'a so-and-so'形式的短语"[3]，也就是说，它是一个能够"如此这般"具有可能性的"摹状词"，但是它总还是围绕着那样的一个"名称"而展开的。从卡维尔所描述的语言学习情境来看，儿童在最初所获得的就是这样一种"非限定摹状词"，她尚没有建立起这一"非限定摹状词"与世界的联系，在各种可能的"摹状"之中打转。根据罗素的看法，一旦我们赋予它一个"意义"（meaning），在一个并不存在这样一类东西的世界里，我们就会产生困惑。但是，他在这里也暗示了"意义"是这样一种功能而非一个具体目标，它使得"可能性"被锚定在与世界的现实关系当中。

因此，教授者对于自己"实指教学"所达成的效果的困惑在于，孩子在相当长的一段时间里只是展现出一些围绕着那个事物"如此这般"的现象聚合。可是一旦我们接受"用法"能够直接锚定"词语的意义"，

---

[1] ［英］罗素：《数理哲学导论》，晏成书译，商务印书馆1982年版，第160页。

[2] John Searle, "Russell's Objections to Frege's Theory of Sense and Reference." *Analysis* 18.6 (1958): 140.

[3] Bertrand Russell, *Introduction to mathematical philosophy*, p.167.

进而认为可以越过这种由"实指行为"所激起的"非限定摹状词"阶段，实际上我们就遭遇了"迈农主义"的疑难。因此，皮切尔的解释实际上只在孤立的层面上是有效的，即我们孤立地理解第43节，将其看作成人语言中"词语的意义"的呈现情况。但这远远无法涵盖作为"意义用法论"之于整个后期维特根斯坦日常语言观的深远意义。在卡维尔看来，维氏的意图并不在于提供"词语的意义"的确定方式，而是在于研究日常语言中诸多可能性。在《哲学研究》第90节他说道："我们的研究［……］虽然不是直接指向现象的，但是毋宁说，是指向现象之'可能性'的［……］因此，我们的研究才是语法上的。"（PI, 90）在《维特根斯坦后期哲学的有效性》中，卡维尔最后指出，之所以会产生波尔对于"规则"的这类误解，原因在于我们倾向于认为，对于"规则"来说只存在"经验"或者"先天"（a priori）层面上的知识。但他认为维特根斯坦研究中的"语法知识"实际上就相当于康德意义上的"先验知识"（transcendental），在此处，他引用了康德在《纯粹理性批判》中将"先验知识"界定为知识的先验可能性的观点。[1] 这一视角无论在当时还是现在，在主流日常语言哲学的理解中无疑都是罕见的。但卡维尔充分地表达了日常语言哲学需要在与观念论哲学的互通中，才能揭示自身的真理性问题。

因此，是语言的"意义"而非狭义的"词语的意义"才是"实指"所真实指向的东西。认为孩子的回应有其"意义"，这就意味着我们认为它接受了通过"实指"进入我们"在地性"的邀请。在卡维尔看来，自然语言之所以是自然的，在于它的获得方式是"自然"的。我们并不辨别语言学习是从词义开始的还是从事物开始的，教学的实质在于我们亲近学习者，让我们之间相关的"生活形式"在语言、事物和人之间流转起来。而为了这种可能性，教授者就必须以身作则，从而让学习者能够跟从我们，这就是由"实指"所激发的语言的"意义"："'教'在这里意味着'向他们显示我们是如何说的和如何做的'，并且'接受他

---

[1] Stanley Cavell, *Must We Mean What We Say? : A Book of Essays*, p.65.

们是如何说和如何做的'等等,这远比我们知道什么和我们能说什么要重要得多。"[1]

日常语言的相关性实际上在于我们如何建立起一种日常信念,在于我们知道我们会对"彼此"的语言和行动负责。当我做出一个"实指"动作,它意味着我会对对方的"未定状态"做出回应,使之能够"必然"(Must)地有所意谓:

> 当你说"明天我来接你,我保证",那么孩子就开始学会什么叫持续一段时间,以及什么叫作信任,而你所做的将显示这种信任是值得的。当你说"穿上你的毛衣",则孩子就学会了命令及权威是什么,而如果颐指气使让你感到焦虑,那么权威者就是有所焦虑的,权威本身即是不安的。[2]

日常语言学习的成败更多的在于语言学习中每个人如何看待自己的角色和责任。我们当然有可能说错或做错,但这并不意味着这样的错误可以被某种更好的位置或者更好的对于对象的熟练把握所纠正。卡维尔所要求的是,我们要重新看待自己在这一活动中的感受和做法。从这个层面看,儿童语言学习的情境实际上告诉我们,这样的学习是双向的,是对一个"在地性"的共同构建,而不是把一个权威性的东西施加给学习者。这是卡维尔认为维特根斯坦在《哲学研究》中真正讨论的事情:

> 维特根斯坦确实在关于意义、理解、指号、交流以及词句的恰当运用上下了大气力,这些都是语言哲学的对象,无论如何都是必须讨论的。但是他对于其他问题的兴趣也并不亚于此,这就包括意向、意志、思想、信念、私人性、怀疑、教授、疼痛、怜悯、笃

---

[1] Stanley Cavell, *The Claim of Reason: Wittgenstein, Skepticism, Morality, and Tragedy*, p.178.

[2] Stanley Cavell, *The Claim of Reason: Wittgenstein, Skepticism, Morality, and Tragedy*, p.21.

信、确定性。这些主题关乎灵魂并呈现自身,因此也就是灵魂自身的研究,无论个人还是他者都难以避免地要探究和关心这些主题,涉足那些在日常中呈现它们的区域。[1]

我们可以看到,在卡维尔所描述的语言学习的原初情境中,我们实际上或多或少还是处于早期维特根斯坦所描绘的那种"现象主义"的语境之下,只是语言学习的事实情况证明,我们在很大程度上还是能够逃脱这样一个情境的,在不出意外的情况下,孩子终究还是会长大成人。由此,我们在某种程度上可以说,从"现象主义"的"转念"视角来理解维氏前后期思想的某种一致性是可能的。同样,消除"可说"与"不可说",或者如谢尔兹所说的"可说"与"可显"的划界问题的同时,继续哈克所说的"消除唯我论"的长期计划也是可能的。

相较于前期所说的"世界是我们语言的界限",后期维氏想要说明的是"规则是我们语言的界限",而这种界限是由"在地性"所提供的。但与前期的界限(至少在表述上)不同,这样一种界限是可以被超出的,在每一个语言教学的场景中,教授者作为已经处于某种规则之中的熟练掌握语言者,实际上都被返还回一个跃出旧规则的状态,这是我们在日常语言中超出旧规则的方式。实际上,语言自身的发展史已经表明语言不但不是一成不变的,甚至有可能发生彻底的革新与消亡。从根本动因上来说,这是因为"语言教学"的原初场景总是在人类社会中被不断地重复。卡维尔对于语言学习原初语境的揭示赋予了维氏一种激进的姿态,这种"超出"源于我们不断地回到最原初的情境:不是对规则的"违反",而是不断投入新的"语言游戏"当中,甚至在后者之中建立新的"在地性"。我们在讨论卡维尔关于"怀疑主义"与"标准"(Criteria)的论述时可以更清晰地看到这一点。这样一种建立,正如我们在"现象主义"那里所看到的,是预先将自我投入其中的建立,而不是建立完型之后的"入住"。从"在地性"与意义获得的主观必然性角度来看,

---

[1] Stanley Cavell, *The Claim of Reason: Wittgenstein, Skepticism, Morality, and Tragedy*, p.15.

我们在多大程度上能够跃出规则的边界，取决于我们"在地性"中对于"必然"之"我"的理性与经验的积累。

卡维尔尤其要提醒我们的是，在每一次"言必所指"发生的情形下，都是一个使我们能够发现这种理性积累的契机。而如何解释皮切尔所说的，比如"阿门"这个词在大多数人不知道其"意义"的情况下仍然能够被持续使用呢？因为这样一个关于"信实"的词语，本身就已经具有信仰语言全部的"意义"了。

第二章　作为"共同感"的艺术：卡维尔的"电影本体论"

导言　两种"现实主义"：爱森斯坦与巴赞之间的卡维尔

通过卡维尔日常语言思想的奠基，我们才能更好地理解他在电影艺术上所寄托的美学理想。卡维尔所着重关注的文学与艺术类别，包括喜剧（电影为主）、悲剧（莎士比亚悲剧为主）以及文学（爱默生、梭罗和华兹华斯为主），它们都承担了日常的"审美世界建构"的诸多方面。就电影来说，在卡维尔的视野下它所展现的是世界作为一个"整体"的原初可能性。在当时的主要哲学家中，卡维尔是少数将电影纳入自己的哲学思想并使其占据重要地位的人。对于当时的哲学界来说，卡维尔关于电影的写作是令他们费解的；而对于电影研究界来说，其中的哲学性又往往是不能轻易被接受的。[1]这一方面是由于，卡维尔的电影批评实际上是前文所述的其日常语言思想的一个自然而然的发生领域，之所以说他的电影批评将电影与哲学结合了起来，并不是说他在电影批评中运用了某种哲学方法论，而是他希望指出电影何以与我们的日常语言以及日常生活形式是同根同源的。《看见的世界——关于电影本体论的思考》（下文简称《看见的世界》）一书紧接着《言必所指？》出版，这也一定程度上说明了两者之间的关联性。如威廉姆·罗斯曼

---

[1] Stanley Cavell, *The World Viewed: Reflections on the Ontology of Film*, Harvard University Press, 1979, p.162. 本章中对该书引文的翻译部分参考了本书中译，[美]斯坦利·卡维尔：《看见的世界——关于电影本体论的思考》，齐宇、利芸译，齐宙校，中国电影出版社1990年版。

所说：

> 《看见的世界》兼容并包，包括电影的本源、历史发展、风格种属、这些种属所围绕的人类诸多类型的神话，被自然而然的应用到传统技术中的媒介能力是如何自然而然地激发了媒介的力量，如此等等。虽然在更具哲学意味的《言必所指？》中这些标记并不多见，但是在卡维尔这部关于电影的著作里，也绝不缺少哲学意味。《看见的世界》告诉我们，我们无法脱离开哲学还能够严肃地思考电影，同样哲学也不能回避电影这一主题。[1]

另一方面，卡维尔电影理论产生的这一时期，也是电影理论界本身开始发生内部革新的时期。在著名电影理论家大卫·波德维尔的论述中，20世纪70年代英语学界的电影研究还处于一个规模甚小且名声不佳的时期，"所有重要的英文电影书籍只要用一个假期就可以都看完了"。而电影批评中的"电影语言"也只是集中在对于重点情节、角色和主题的说明和评断，而远不能称为对于电影的"文本分析"。当时经典的电影理论仍然限于阿恩海姆和爱森斯坦的旧理论中，而对电影理论的发展产生重要影响的安德鲁·巴赞的相关文章到了20世纪60年代末才刚刚被译介过来。[2] 而与美国的情况相反，在欧洲电影界，电影理论的焦点早已转移到了一种"个人表达的美学"，由此带来的就是"电影作者论"的电影理念。这种强调导演个人风格的观念推动了法国"新浪潮"电影的发展。但是随着这一理念逐渐占据主流，并且影响到了电影的批评话语自身，"作者论"的电影理论开始陷入个人风格崇拜的危机当中。原本是这一观念首倡者之一的巴赞也于1957年撰写了《论作者策略》一文，在文中他警示了高举导演个人风格的批评观念有可能形成一种"个

---

[1] William Rothman, "Cavell on Film, Television, and Opera." Richard Eldridge ed., *Stanley Cavell*, Cambridge University Press, 2003, pp.206-207.

[2] David Bordwell, "Contemporary Film Studies and the Vicissitudes of Grand Theory", David Bordwell and Carroll Noet eds., *Post-Theory: Reconstructing Film Studies*, University of Wisconsin Press, 1996, p.4.

人美学崇拜"（aesthetic personality cult）。[1] 而在这篇文章中，巴赞恰恰以美国好莱坞电影作为极端的"作者理论"的对立面：

> 如果不介意这样一种老生常谈，那么我要说电影作为一门艺术，既是流行的也是工业化的。这些条件对于它的存在来说是必要的，不像在建筑中那样，这种条件中的阻碍是无法被建构成集的，它们必须被视为一种整体性的肯定或者否定的语境。这就是美国电影的特别之处，也是持"作者论"的人所钟爱的东西。好莱坞之所以能够领先世界，并不仅仅在于导演的质量，而更多地在于这种优良传统在确切的观念中始终活跃。好莱坞的优势不仅在于技术方面，它更多地依赖于美国电影的天性，一种需要社会学式的方法才能够被分析而非被定义的东西。[2]

由于巴赞在 20 世纪 50 年代末对于"作者论"某种程度上的反省，当"作者论"被正式介绍到美国时，其内涵已经发生了很大的变化。在《1962 年作者论笔记》中，安德鲁·萨里斯对于"作者论"的理解已经变为一种层次分明的"意义"实现程序。他指出"作者论"是由三个"同心圈"（concentric circles）构成的：外圈关于技术，中间是导演的个人风格，内圈是所谓"内部意义"，一种来源于"导演个人与其物质"之间张力中的意义生产："它不是导演视角的投射，也不是对于生活的态度。它必定是在任何字面意义上都无法被把握的，因为它的一部分总是被嵌入电影之中。如果不依靠电影，其意义就无法被描绘。"[3]

因此，虽然在卡维尔所处的时代，美国电影界在理论上和导演个性地位的彰显上较之欧洲都要落后，但也正由于这一迟滞而没有过多受到

---

[1] Andre Bazin, "On the Politique des auterus." Jim Hillier(ed.), *Cahiers Du Cinéma, the 1950s: Neo-realism, Hollywood, New Wave*. Vol. 1. Harvard University Press, 1985, p.257.

[2] Andre Bazin, "On the Politique des auterus." Hillier, Jim, ed. *Cahiers Du Cinéma, the 1950s: Neo-realism, Hollywood, New Wave*. Vol. 1, 1985. p.251.

[3] Andrew Sarris, "Notes on The Auteur Theory in 1962." http://alexwinter.com/media/pdfs/andrew_sarris_notes_on_the-auteur_theory_in_1962.pdf, qtd. on 2018-01-20.

过度个人化电影观的影响。这就是为什么卡维尔可以通过日常语言思想直接窥探到电影作为"整体世界"的面相，而非"个人"或"物质对象"的孤立场域。换句话说，卡维尔时代的美国电影理论在很大程度上越过了所谓"个人化"的"艺术电影"的阶段，其所呈现的理论问题是在巴赞所说的"美国社会学式传统"的意识中展开的。正如波德维尔所说，从苏联蒙太奇向巴赞"现实主义"的"跳跃"反而对于美国电影理论来说是连贯的，它符合卡维尔所代表的朴素日常理性，即现实、物质、影像以及世界关系等更为直接和一般化的审美主题。在这样的背景下，呈现在一种可能的"美国电影哲学"面前的问题史范畴也就异常朴实。其问题史很大程度上越过了"作者"问题，而更直接地面对何为"现实主义"的问题，这使得电影作为前沿技术的制成品，也同样得以落入卡维尔所针对的美学"实证主义"危机的问题域之中。我们将在下文看到，卡维尔是如何极力突出巴赞"现实主义"的"实证化"面相，进而反衬出自己以"日常世界"奠基电影本体论的观点的。

在正式进入卡维尔的相关论述之前，我们需要理解巴赞和爱森斯坦两种"现实主义"的分别是什么，以及为什么这两种"现实主义"之间的张力激发了日常语言介入电影理论的可能。更确切地说，蒙太奇和长镜头两种拍摄技术分辨蕴藏的"现实"观念究竟表现了什么。

爱森斯坦的蒙太奇理论的核心在于辩证的观念。在《电影形式的辩证方法》一文中，爱森斯坦就开篇立意地写道："根据马克思和恩格斯，辩证的系统就仅仅是外部世界的辩证过程（内容）在意识中的再生产。"[1] 接下来，爱森斯坦明确点明了"哲学"和"艺术"之间的区别。两者都是"物的辩证系统的投射"，所不同的是，哲学的投射发生在"脑中、抽象的创造中、思维进程中"，而又屈从于"思维的辩证法、辩证唯物主义"；而艺术的投射则伴随着（while）"具体的创造、形式的给出"。因此，电影作为艺术在爱森斯坦看来就是哲学中关于"物"的概念的动态把握：

---

[1] Sergei Eisenstein, *Film Form: Essays in Film Theory*, Houghton Mifflin Harcourt, 2014, p.45.

对于事物的动态把握基于同样的程度，一种确切的对于艺术和艺术形式的理解就是如此。在艺术领域中，这种动态的辩证原则深化于"冲突"之中，这是每一种艺术品和艺术形式存在的基本原则。[1]

因此，在以爱森斯坦为代表的苏联蒙太奇理论中，他们已经开始意识到电影能够区分哲学与艺术的不同特质。在爱森斯坦看来，辩证的概念不仅是思维方式，它不仅要给出世界真实运作进程的相似性呈现，甚至要对这一真实进程进行"再生产"。换句话说，"真实"本身就应该是辩证的，相对应的能够抓住这种真实的方法也就是辩证的方法。因此，"蒙太奇本身就是冲突，是一切艺术冲突的根本所在"[2]。艺术之所以是辩证的，其最终的理由就在于艺术的一切对象本身都是辩证的。

虽然爱森斯坦的看法来自唯物主义的辩证法思维，但它与前文所述的卡维尔日常语言思想中对待认识"对象"的看法异曲同工。"对象"自身处于冲突当中，这就意味着对于"艺术对象"的呈现总是要伴随着一个"空间"的生成，这个"空间"并不是我们通过某种"特设"而为对象"提供"的，而是在我们指向"对象"的过程中所自然激发的。赫曼·卡普霍夫在解释爱森斯坦蒙太奇思想的动因时，就指出了蒙太奇对于日常空间的激发作用：

很大程度上说，这样的电影分析概念暗示了一个空间的预先建立，如此就提供了运动得以发生的外部条件。在这种设想中，电影摄像术就被紧密地限制于我们日常感知的真实领域中［……］预先给出的空间是能够被理解的，这是电影摄像术作为视觉空间的第一尺度。[3]

---

[1] Sergei Eisenstein, *Film Form: Essays in Film Theory*, p.46.
[2] Sergei Eisenstein, *Film Form: Essays in Film Theory*, p.38.
[3] Hermann Kappelhoff, *The Politics and Poetics of Cinematic Realism*, Columbia University Press, 2015, p.28.

因此，对于爱森斯坦来说蒙太奇之所以是"真实"的，并不在于他所给出的"对象"是真实的。或者正如我们在卡维尔那里看到的，我们不是在通过某种"规则"给出一个词的"意义"。在电影中，相应的蒙太奇制作者也不是通过画面本身所再现的"现实"给出"实指"层面的对象性意义。在1925年的《罢工》中，爱森斯坦就用"士兵射击"和"屠宰场宰杀牛"的著名蒙太奇片段呈现了"屠杀"的意义，而这个意义是通过"联想关系"而被呈现的。[1]

相反，巴赞的"现实主义"则在很大程度上就是建立在对这种蒙太奇手法的批判之上的。在《电影语言的演进》一文中，巴赞做出了"一派导演相信画面，另一派导演相信真实"的区分，并且把"画面"（image）泛指为"被拍摄的事物再现于银幕时一切新增的东西"，而其中最突出的一个类型自然就是蒙太奇。巴赞将爱森斯坦的蒙太奇手法称为"杂耍蒙太奇"，"即一幅画面通过与另一幅不必与同一事件有关的画面相衔接来增强含义"[2]。巴赞在这里给蒙太奇下了一个定义，这个定义放在前文卡维尔对于梅茨的批判语境里就颇具"实证主义"的意味，他批判了蒙太奇手法中"蕴义"的不可确证性：

> 尽管组合方式千变万化，我们总可以抓住它们共同的特点作为蒙太奇的定义：仅从各画面的联系中创造出画面本身并未含有的意义。[……]库里肖夫的蒙太奇、爱森斯坦的蒙太奇或阿贝尔·冈斯的蒙太奇都不是展现事件：它们都是暗示事件。无疑，他们的蒙太奇构成元素至少有大部分是从他们力求描述的现实中取得的。但影片的最终含义更多地取决于这些元素的组织安排，而不是取决于这些元素本身的客观内容[……]它是一个抽象的结果，而任何一个具体元素都并未预先包含这些新意。同样可以想象，一些年轻姑娘加鲜花盛开的苹果树是表示希望。[3]

---

[1] Sergei Eisenstein, *Film Form: Essays in Film Theory*, p.57.
[2] ［法］安德烈·巴赞：《电影是什么?》，崔君衍译，中国电影出版社1987年版，第65页。
[3] ［法］安德烈·巴赞：《电影是什么?》，崔君衍译，第66页。

很显然在巴赞看来，蒙太奇作为"预先指定的关系"（pre-existing relations），其只是被操作者附加于现实之上的东西，而并非真的现实存在，并且是强加于观众的美学"变压器"："含义不在画面之中，而是犹如画面的投影，通过蒙太奇射入观众的意识。"[1] 甚至巴赞还认为，蒙太奇之所以在其所处的时代能够成为主流，很大程度上还是由于技术受限的原因。而技术革新使得巴赞所推崇的"景深"镜头——一种由近及远都能够很清晰平稳地拍摄对象的方法——能够轻易地实现[2]，这使得巴赞认为电影摄像术已经可以不仰仗于语言"暗示"这样的附加物就能够直接呈现"真实"。

巴赞这种颇具"实证"意味的"真实"观更清晰地表现在他对于分镜头的理解上。他认为不论何种分镜头的组合方式都会有两个共同点：其一是空间的真实性，"在这个空间中，人物的位置总是确定的，甚至当特写镜头排除了布景时也是如此"；其二是"分镜头的意图与效果完全出于对戏剧性或心理方面的考虑"。[3] 巴赞接着将自己的"真实"观引向了更为"实证"化的表达之中：

> 换言之，在舞台上演出和从池座上看到的这场戏，意义大概是完全一样的，事件始终是客观地存在着。摄影角度的变化并没有增添任何内容。它们只是更有效地展示现实。这样做首先是使观众看得更清楚，其次是强调应该突出的内容。
>
> 诚然，电影导演与戏剧导演一样，在处理上有一定的回旋余地，以改变动作含义。但这不过是一定的余地而已，它不会改变事件的逻辑发展形态。[4]

在这里，巴赞显然强调了基于公共意义上的"同义"。但是在他的

---

[1] ［法］安德烈·巴赞：《电影是什么?》，崔君衍译，第66页。
[2] ［法］安德烈·巴赞：《电影是什么?》，崔君衍译，第72页。
[3] ［法］安德烈·巴赞：《电影是什么?》，崔君衍译，第73页。
[4] ［法］安德烈·巴赞：《电影是什么?》，崔君衍译，第73—74页。

其他文章中，尤其在《事实美学》一文中，巴赞又往往显现出自己并没有以这种视角综合之下的公共"同义"作为"现实主义"的检测标准，或者说他在这里所说的"同义"仅仅是画面"字面意义上"的同义。在《事实美学》中，他强调罗西里尼电影手法中"事件"串联的重要性：

> 罗西里尼的叙事技巧确实也还可以让人明白事件的连贯性，但是，它们并不象[像]链轮上的链条那样环环相衔，我们的思路必须从一件事跳到另一件事，就仿佛人们为了跨过小河，从一块礁石跳至另一块礁石。有时，脚下有两块礁石，你会犹豫不决，不知踩哪一块好，或许，你会一脚踩空，或许，没踩住滑了一下。我们的思路就象[像]这样。因为礁石的本质不在于让旅人过河不湿脚，瓜筋的本质也不在于使"一家之主"分瓜均匀。事实就是事实，我们的想象可以利用事实，然而事实并不是注定要为想象服务。[1]

从某种程度上说，如果把巴赞的"事实美学"看作卡维尔所处的美学"实证危机"的一个重要表征，那么巴赞理论中某些不统一在卡维尔式的日常语言批判下就得以显露。卡维尔独特的"电影本体论"通常被视为对于巴赞同题理论的潜在批评，但由于大多数研究者没有补充卡维尔日常语言思想中的相关背景，因此也就很难抓住卡维尔电影思想真正深邃的地方，导致《看见的世界》在很长时间内被认为是无法理解的。

正如我们在前文所看到的，"实证主义"或者某种仍然在日常语言中寻找词义确定性的学者，都潜在地想要给出这样的一个承诺，即"现实"或"实证"意义上的认识或者美学追求都要服务于意义的"公共性"，这对于电影这样的"观看艺术"来说似乎是一种本质属性。但正如巴赞自己所言，在"实证"事件的"串联"或者"衔接"中，在一种被认为由"事实"或者"实证意义"所组成的表达中，没有什么能够保

---

[1] [法]安德烈·巴赞：《电影是什么?》，崔君衍译，第295—296页。

证我们达成最终的一致性理解。正如巴赞所最终承认的，不是事实为想象力服务，而是想象力可以利用事实。但是想象力何以能够自发地利用事实，电影何以能够激发我们理解的"必然性"？正如我们之前所见，这也是卡维尔在其日常语言思想中所要解决的问题。

因此，一方面以切近于卡维尔思想的蒙太奇手法作为参照，另一方面以巴赞作为某种"实证美学"在电影艺术上的充分表达，在这样的背景中，我们就能够理解卡维尔介入电影批评的原初动机。卡维尔可以说处于两种"现实主义"之间。应该说，作为一种带有"实证主义"色彩的思想，巴赞的"现实主义"电影观从一个恰当的扭结处为卡维尔基于日常语言的"共通感"恢复工程开辟了一个可以具现的"美学世界"，这也就是为什么卡维尔意识到，只有在电影中建构"共通性"的美学本体论，才能将"共通感"的可能性通过直观的方式展现给世人。因此，不难理解在《看见的世界》前言中卡维尔如此写道："最终的，或者说最直接地刺激我开始不断写作的，是因为在1968年我读到了安德鲁·巴赞的这部文集。"[1]

一 《看见的世界》中的艺术媒介论与审美共通感

1. 电影作为"媒介语法"：媒介中的日常语言思想

如果以美国电影界当时所处的时代背景来审视卡维尔的《看见的世界》，那么显然他要从巴赞式的电影"本体论"中剥离或者说改造的一个视角，就是与"技术论"息息相关的艺术本体论视角。虽然我们并不能简单地将巴赞的视角称为"技术决定论"的，但在巴赞对电影的理解中确实具有这一潜在视角："现实主义"之所以能够比以往的再现形式以及苏联蒙太奇更好地提供"实证"影像，有赖于技术自身发展的实现。如此一来，在巴赞思想的影响下，一定程度上脱离了"作者中心论"的电影话语就被转化为了基于技术话语的谈论。谈论电影中的现实

---

[1] Stanley Cavell, *The World Viewed: Reflections on the Ontology of Film*, p. XXIII.

经验，也就是谈论呈现这种经验的技术手段。

事实上，正如卡维尔在《看见的世界》开篇所说，这确实是触发他想要提供一种新的"电影本体论"的重要诱因之一。他谈论了自己所组织的电影讨论课的失败经历。首先，他发现几乎所有描述影片相关情节的文字都是不准确的，这一方面是由于文字往往遗漏了一些情节，而另一方面则是由于复述会过多给出对象的"意义"或者"身份"："比如，'汽车跟着她到了旅馆'。但是在观看的时候，我们是在后来才知道那是旅馆。"[1] 因此，通过文字的"复述"来谈论电影的企图就失败了。而另一个失败的方面，则是由技术话语所引发的：

> 一旦开始议论技术，大概也就是说我们的讨论走进死胡同了：仰拍、滤镜、速度、机位数，最后到景深镜头和快速剪接，所有的讨论全都开始围绕这些打转。但是所有这一切随之也变得没有意义。一方面，关于电影技术方面的信息和种数是远超出我们所知的；另一方面，在电影中这些技术所呈现的东西就已经被明摆在那里了，它们只是关涉特定电影的经验，而这就是你能获得的全部。你能够看到镜头的开始和终结，看出远、中、近景；你知道摄像机在后退、前进、平移，是人物走进镜头还是镜头转向人物。你也许不知道希区柯克是怎么在《晕眩》中让楼梯呈现出某种特殊的扭曲形态的，但是假如为我们提供这些经验的总是背后那些我们所不知道的技术性的东西，那么其中真实的东西究竟是什么呢？[2]

卡维尔在这里暗示了这样两个问题：首先，电影本身不能被语言于"确证性"层面转译，因为观看电影这一行为本身不是希求对于电影情节"意义"的确认，这种确认总是会丢失一些东西。电影似乎是自发地在拒绝这种复述，因为很多身份或者动机的显露在电影中都存在着一个无

---

[1] Stanley Cavell, *The World Viewed: Reflections on the Ontology of Film*, p. XX.

[2] Stanley Cavell, *The World Viewed: Reflections on the Ontology of Film*, p. XXII.

法被磨灭的浮现过程，复述无法体现我们实际上所要进行的猜测和理解。其次，学生之所以会导向对于技术问题的谈论，恰恰是由于这种复述的不可能，对于电影的评论才会转向技术层面的诱惑，这些层面被评论者视为"知识"，它们似乎能够被"确证"。如同梅茨这样的"逻辑实证主义"者所认为的那样，语言"公共意义"的获得一样会难以避免地导向语言的"技术形式"。但卡维尔则暗示，这些"技术层面"的东西是"电影经验"背后的东西，我们之所以能够谈论这些"知识"是由于我们已经看见了我们所看见的东西，我们并不能去直接谈论"不知道的技术"，它在我们的经验中并不"在场"，或者已经溶解于其中。

因此，电影之所以对于日常来说是重要的，就在于它自身总是无法在"实证"层面被确证的，电影并没有自身的"物质根基"。任何对于电影"实证"意义上的谈论都会引发一种"怀疑主义"的语言。依据在讨论课上发生的情况，卡维尔实际上是在告诉我们，对于"看"这个动作来说，"知识"的确证性表达是永远无法完全达到的。从这个角度看，巴赞式的电影"本体论"批评话语始终在对于"观看经验"的不信任上打转。正如理查德·阿尔德里奇所说，在巴赞的电影"本体论"中，"电影是以一种生产和问题解决工具的形象出现的，他所要满足的是我们对于电影心理经验的两个基点，首先是机器的再生产（继而是摄影师的决定）加上捕捉运动疑难的解决，其次随之而来的结果就是电影'彻底满足了我们对于幻觉的欲求'"[1]。相反，卡维尔的起点则全然不同，正如在前言中他问道："是什么破坏了我和电影之间的自然关系？这种遗失的需要被修复和铭记的关系究竟是什么？"[2]

卡维尔从一个非常切身的角度展开这个问题，那就是无论我们对于电影有什么样的疑惑，当我们"看"电影的时候，我们总是随意而轻松的。就像卡维尔为日常语言所做的辩护中提到的，我们能够在日常语言的"在地性"中"轻易"而"直接"地理解一些严肃的道德境遇，获

---

[1] Richard Eldridge, "How Movies Think: Cavell on Film as a Medium of Art." *Estetika: The Central European Journal of Aesthetics* 51.1 (2014): 5.

[2] Stanley Cavell, *The World Viewed: Reflections on the Ontology of Film*, p. XVI Ⅲ.

得它、经验它并进而保有"道德感",却不必将自己暴露在这种"极端境遇"之中,真实地去面对残酷的"道德责任"。卡维尔在这一辩护中所给出的深意在于,任何一种媒介之所以能够成为"本体论"的,就在于没有任何先于"理解"而阻碍人们进入其"在地性"的客观障碍或者准入权威。这并不是说某种艺术或者日常媒介能够让我们逃避道德,而是说电影作为一种"观看媒介",由于它自身所具有的"在地性"而非仅是"对象性"和"知识性",它才成为一个可以随时进入的"世界"而与我的"世界"发生交际。由技术论所带来的"电影语言"不应被转译成纯粹的"技术性语言",后者在我们的审美经验中并不切题,并且蕴含了对电影媒介的不信任。一种"电影本体论"的起始不在于转换我们世界中的批评话语类型,而是通过理解自己的位置来克服对于影像的"怀疑主义"视角。而这一点,恰恰是由日常的"伦理性"所奠基的:

> 我第一次读卢梭的《和达朗贝先生论观赏的信》。这部表达精准的作品往往被视为卢梭的妄想,但是它帮我克服了某种对于电影以及个人兴趣上的不信任——就像当我思考电影时已经忘记任何艺术的运用都会担负着某种不信任。更具体地说:卢梭不动声色地专门谈"看"(并且都是关于"场景"的)——谈到我们到戏院即是为了被看见,同时也是为了不被看见,用我们的泪水来宽恕自己在戏院外的世界中面对同样情境时的视而不见或冷漠无情,他对良善之城中真实场景的视觉呈现让我们能够在被看见时不感到羞耻——这些都引导着我,也让我确认了我的看法,那就是在我投入或者将自己抽离于观众的时候我是如何观看的。[1]

在另一个段落中,卡维尔将这种随时的"可进入性"落实到了具体的观影行为上。卡维尔提到自己越来越难于去观看新电影,一个主要的

---

[1] Stanley Cavell, *The World Viewed: Reflections on the Ontology of Film*, pp. XII-XIII.

原因在于他所认为的"新观众"让他感到焦虑:"(他们不一定是新人,但是却为了新的原因去看电影),而身处他们之间我没有伙伴和我一起,我无法确定什么,或者保留什么。我觉得这一点比对于电影本身的'临床兴趣'(clinical interest)要重要得多。"卡维尔指出了电影"可进入性"丧失是由于新电影产生了同时到来和离开的"正规观众":

> 过去进电影院是偶然的,任何一个点我们都可以进去(播放新闻、短片或者正片的任何时候——享受你自己即刻投入的认识当中,可以补看之前错过的,可以自由决定何时离开,或者重温自己喜欢的片段),我们可以带着自己的幻想和伙伴藏于其中,离开时也不受干扰。现在有了正规观众,我似乎就必须申明我观影的私人性[……]这使人感到,如果说过去我们是偶然地"去电影院"(moviegoing),现在就是偶然地被电影"绑定观看"(movie-viewing),我把这种情况解释为对容忍自己幻想的无能。[1]

实际上在对卡维尔"电影本体论"的理解中,这种同样出现在他日常语言思想中的"伦理"奠基常常被忽略了,而他恰恰将其视为"克服对电影不信任"而投入电影理论写作中的决定性一步。在另一部著作中,卡维尔曾明确表达了"伦理"对于"世界"的奠基意义:"道德原因的自行设计(designed)在我所能够指望的探索世界的活动中驱使我从混沌走向清晰。"[2]正如我们在上一章所看到的,这种伦理或者道德境遇并不是某种客观的"道德律令"或者"伦理规则",而是日常语言所表征的"生活形式"的奠基因素。而实证主义或者"技术规则"潜在辖制下的"实例"层面则总是未进入"生活形式"之"在地性"的模仿和重复。电影作为"艺术本体",其所伴随的观看者行为在卡维尔看来应该是"去电影院"(moviegoing),也就是以自己的"生活世界"(个人

---

[1] Stanley Cavell, *The World Viewed: Reflections on the Ontology of Film*, p.11.
[2] Stanley Cavell, *Cities of Words: Pedagogical Letters on a Register of the Moral Life*, Harvard University Press, 2005, p.32.

的幻想、自己的伙伴）遭遇另一个"世界"的交往行为。而对于"正规观众"来说，"被绑定的观看"则是一种既定的"游戏规则"。在这样的视角下，电影如此一来就不是"本体的"，而是"对象化的"。正如卡维尔在其日常语言思想中所论述的"我能够记住你说了什么，但是却未必记住你说了哪一种语言"一样，对于电影他说道：

> 回忆的重要性不仅在于存储知识。它的重要性还在于人们用什么方式记住或者记错影片［……］我对影片的研究大部分几乎都是通过回忆［……］除了回忆之外，还有其他重温影片的方式［……］我的任务就是如其所是地想清楚我对于电影的意识何以如此。[1]

因此，通过这种日常语言同构的奠基方式，卡维尔实际上在一开始就否定了前面所提到的巴赞"现实主义"的一个原则，即对于不同的观众，画面都具有相当程度的"同义性"，并且不受制于个人的想象力。这个问题正是卡维尔对巴赞展开正面批判的地方。和巴赞的看法不同，卡维尔认为所谓的"真实"并不是在"相似性"（likenesses）的概念上来被判定的。[2] 电影的荧幕真实在于，电影中呈现的人或者事物不仅是事物的"图像"，它与现实主义绘画完全不具有可比性。反之，电影中所呈现的事物和人尽管不是以我们时空中的物质形态而被遭遇的，但和我们在"个人性"中遭遇一个"世界"一样，电影所呈现的更多是一个视角，这一交融的视角被聚焦、切近、打光。正如卡维尔在描述自己讨论课失败的原因时所说的，无论这些呈现的背后有怎样"不为人知"的技术成分，一种"相似性"和"技术"的参照在我们所"看见"的荧幕真实中并不在场，用他的日常语言思想中的说法，即"这个问题没有被真的提出"。

因此，按照卡维尔在日常语言中批判"实证主义"的思路，卡维尔

---

[1] Stanley Cavell, *The World Viewed: Reflections on the Ontology of Film*, p.12.
[2] Stanley Cavell, *The World Viewed: Reflections on the Ontology of Film*, p.17.

所要展开的批判实际上是对于这种"怀疑主义"式的问题何以被提出的剖析和转化。在巴赞所建立的"电影本体论"叙事中,其策略是以技术"进步主义"的视角展开的,而这其实也是"实证主义"的共同叙事策略。这一策略在"实证主义"的语言学中也表现为对"更清晰"以及"更确证"的语言"意义"的实现,也因此如上文所述,即使在对维特根斯坦日常语言观的理解中,也存在着服务于"词语的意义"之确定性的误解。而正如前文卡维尔与古斯塔夫森关于"意义用法论"的解读所示,在对于"本体论"的诉求上,卡维尔对于电影与日常语言的看法是一贯的,即电影作为"本体论"意义上的"媒介",它的"意义"自然是通过"实指"指向现实对象的行为所呈现的,但是这并不代表它就是以是否如实地反映或者再现了这个对象为成功标准的。

卡维尔对于"实指"问题的解释思路同样可以被用来理解他的"反现实主义"叙事策略:电影作为一种无论在技术上还是在内容上都更加丰富和成熟的语言媒介,对于其"世界"的"熟练掌握者"来说,其"观看"总是类似于在"语言教学"活动中发生的"世界的共建"活动。由此这一问题就被转化为:不是要进行技术"进步主义"视角下的"现实主义"实证评估,而是以电影本身作为一个成熟的"世界"的标准来看,以往的媒介为什么无法在人类的经验中成为电影这样的"本体论媒介"。电影之所以是本体论的,首先就表现为它自身就可以作为"媒介作为本体论"的标准,而不需要任何其他的外部标准。以维特根斯坦式的修辞来说,即电影作为"媒介语法"自身。于是卡维尔问道:"电影的媒介是把拍摄的形象投射并聚集在荧幕上的,我们的问题就是:当它被投射和屏显的时候,对于这些现实来说有什么发生了呢?"[1]

因此,解释"电影为什么是一种本体论意义上的媒介"也就是要说明"电影如何能够在本体论的意义上被理解"。反之其他的媒介由于不能提供本体论上的说明,因此也就不具有本体论上的意义。卡维尔首先

---

[1] Stanley Cavell, *The World Viewed: Reflections on the Ontology of Film*, p.16.

通过这一"本体论标准"否定了照片媒介,虽然照片也能够提供某种"相似性",但是:

> 如果我拿着一张嘉宝的照片说"这不是嘉宝",而意思是想说明你手里不是举着一个人,那么这样就是矛盾的和错误的。要说清楚这么显而易见的事实竟会遭遇这么多困难,可见我们并不知道一张照片是什么,我们不知道怎么在本体论的意义上为它给出说明。[1]

卡维尔的这段论述很自然地会让人想到福柯在《这不是一个烟斗》中的论述,其中福柯讨论了玛格丽特的"这不是一个烟斗"的图文画(即在同一个相框里,烟斗的照片下面写有"这不是一个烟斗"的字样)。从这一图文矛盾中,福柯得出的结论是,在古典绘画中存在两个矛盾的层次:一方面,"语言记号"与"塑型要素"之间存在张力;而另一方面,"相似性"(resemblance)和"确认性"(affirmation)实际上又是平衡的。对于后者的排斥导致"词与物"之间产生了"知识权力"的支配关系。[2] 如果用卡维尔的日常语言思想来理解这一问题,那么问题就在于"承认"总是先于"相似":"我知道你在疼痛之中是因为我承认了它,或者保有了它——我知道你疼痛的方式。"[3] 消解这种"权力话语"疑难的方式则只能是将其视为不可理解的或者不切题的:没有先于"承认"之外的关于"确证"的肯定或者否定,因而在"我的"语言中我并不知道这样的图文关系要表达什么意思。从卡维尔和福柯的论述中可以看到照片为何是一种"非本体论"媒介:照片与对象之间的关系依赖于"我们的语言"对之进行的外部确认,在我们的"观看"中,它不是一个自足的"世界"。

接下来卡维尔所举出的例子是关于录音的,"相似性"的问题在录音这个媒介上就并不存在矛盾,因为"我们完全习惯听见我们所看不到

---

[1] Stanley Cavell, *The World Viewed: Reflections on the Ontology of Film*, p.17.
[2] Michel Foucault, *This is not a Pipe*, University of California Press, 1983, p.53.
[3] Stanley Cavell, *The Claim of Reason: Wittgenstein, Skepticism, Morality, and Tragedy*, p.266.

的东西"。但是卡维尔指出，之所以我们不会感到矛盾是因为：

> 听的本性就是你听到的声音从不可见处传来，而你看到的东西你就能够看到它处于何地。这就是为什么声音是警告，或召唤[……]上帝能够对一个幸存的人说话，但如果他看见上帝，那么他就不在这个世界了。[1]

这种将听觉媒介纳入与视觉媒介的比较是卡维尔提供的新视角，实际上在巴赞自己的"本体论"叙事中并没有考虑过任何关于非视觉媒介的比较。但是在对于蒙太奇手法的否定中，他却着重强调了蒙太奇服务于无声电影美学的技术统一性。蒙太奇的"非真实性"与无声电影这一载体息息相关："无声电影实际上是一种缺陷：现实中缺少了一个元素。"[2] 在他看来，声音能够明确传达语言上的"意义"，而不必通过蒙太奇的"蕴义"来暗示。但另一位法国哲学家德勒兹的看法却正好相反，他认为声音使得可见的影像失去了其可见性，他甚至问道："有声电影带来了什么新东西么？"

> 无声片进行可见影像和可读言语的分配。但是，当言语被听到时，它似乎可以揭示某种新东西，似乎被剥夺权力的可见影像作为可见的或视觉的因素也开始成为可读的。自此，这种可见影像便获得了它在无声片中所不具有的问题价值，或某种含混性。言语行为（引者按：这里指的是无声电影中表现声音的影像）呈现的，如相互作用，经常可能被误解、误读、误看，因此，视觉影像中的谎言和欺骗层出不穷[……]从言语中来又回到言语中去，形成第二种言语或画外音，但它只能呈现视觉首先疏漏的东西，因为它太特殊，

---

[1] Stanley Cavell, *The World Viewed: Reflections on the Ontology of Film*, p.18.
[2] ［法］安德烈·巴赞:《电影是什么?》，崔君衍译，第 69 页。

太不可思议，或者太令人厌恶。[1]

此外，德勒兹还提到了有声片对于"自然生活"的打破和"权力关系"的凸显，后者使得声音的介入让可见的影像在相当大的程度上退回了卡维尔和福柯所阐述的"照片"或者"古典绘画"的"非本体论"境遇中。德勒兹于是认为声音的确实性让可见的影像失去了作为一个"整体世界"的"在地性"，而变为了与"其他"的对立：

> 有声片的特殊对象是表面上最肤浅、最简单、最不"自然"或最没有形成结构的那些社会形式：与其他人、其他性别、其他阶级、其他地区、其他民族、其他文化的碰撞。存在的先存社会结构愈少，社交性的纯形式就愈容易凸显，而不是沉默的自然生活，它们必然通过对话表现出来。对话无疑与结构、地位和职务、利益和动机、行为和反应密不可分，它们是它的外在。但对话还具有使所有这些确定性表面上服从于自己，把它们变成一种赌注，或者把它们变成适合自己的相互作用的变项的权力。[2]

卡维尔通过简洁而日常的语言洞悉了和德勒兹一样的观点。在巴赞的"本体论"叙事中，声音媒介通过语言替代了蒙太奇在"实证层面"不能被确证的语义表达，但他并没有注意到随之一起被舍弃的，是爱森斯坦通过蒙太奇所激发的，也就是德勒兹所说的"先存的社会结构"。于是可见的影像在语义"分配"中落入了对于"权力关系"的凸显之中，从而落入了福柯所指出的"图像"的窘境。在解释蒙太奇对于这种"先在空间"的激发这一问题上，如卡普霍夫这样的理论家正是引用了卡维尔关于"世界的自动投射"的看法："影像可能确实被呈现为了某种惯常的关于世界的认知，但是其所呈现的事物却在任何层面上都不指

---

[1] [法]德勒兹：《时间—影像》，谢强、蔡若明、马月译，长沙：湖南美术出版社2004年版，第362—363页。

[2] [法]德勒兹：《时间—影像》，谢强、蔡若明、马月译，第363—364页。

向某一我们日常世界中的特定场所。"[1]

可以说，卡维尔将声音媒介纳入比较，这从根本上解构了巴赞的"本体论"叙事，而其思路和批判"实证主义"的思路是一样的：任何旨在提供意义确证性的"媒介"——对于日常语言来说是"逻辑实证主义"的"人工语言"，对于电影来说则是"有声"以及各种指向"现实"的技术手段，实际上与其所要施加影响的媒介的——日常语言或可观看的影像——都是互相排斥的，这一点在艺术层面上表现得更加鲜明。意义与现实的确证媒介使得我们无法真正进入其所依赖的媒介当中，而更多地是让我们进入一种"权力关系"之中，这是我们在卡维尔对波尔的批判中所看到的思路。

由此，卡维尔通过排除声音媒介同时也抽离了摄影与绘画的竞争关系，对于观看媒介来说，排除了意义确证性与相似性的辖制，绘画与现实相联系的时候，其追求在根本上指向一种"存在感"："不是确信世界之于我们而存在，而是确信我们之于世界而存在。"[2] 对于卡维尔来说，这些媒介最终关涉的是"我们的此在性"。视觉媒介，无论技术"优劣"与否都指向"此在"的"共通感"。而正如我们所见，这种媒介的奠基方式和卡维尔对于日常语言"在地性"的论述完全一致：

> 如果摄影满足了一个愿望，就不仅仅是满足画家，而是满足人类的愿望，这就是从基督教改革以来在西方得到加强的那种从主观性和形而上学的孤立状态中摆脱出来的愿望——一种对于抵达这个世界的那种能力的愿望，至少是无可救药地向他人表达信实的欲望。[3]

而为了实现这个愿望，"绘画接受了世界的退隐。摄影则通过接受

---

[1] Hermann Kappelhoff, *The Politics and Poetics of Cinematic Realism*, p.28.
[2] Stanley Cavell, *The World Viewed: Reflections on the Ontology of Film*, p.22.
[3] Stanley Cavell, *The World Viewed: Reflections on the Ontology of Film*, p.21.

我们不在世界之中来持存世界自身"[1]。这就是照片和绘画都不能成为本体论媒介的原因。而电影之所以是本体论的，就是因为它不再处于这种主观性与世界整一性的抉择当中。在卡维尔看来，银幕不是支撑物，而是一道屏障："它使我在那个世界看来是不可见的。"[2]在这里，卡维尔回到了他从卢梭那里获得的对电影之信任的伦理学内容。

在卡维尔基于其日常语言思想所发展出的"艺术本体论"中，电影作为"本体论媒介"在"日常"与"伦理"方面的重要价值就在于，它打破了影像与现实之间的"转译"观念，这种观念是巴赞在"技术进步"下所给出的"本体论"承诺：观看媒介仍然服务于将电影中的事物带入现实之中，也将现实中的事物带入电影之中，由此人的存在就无法介入这样的"本体论"当中。但在卡维尔看来，之所以说电影具有"本体论意义"，就在于对于电影的理解活动中，我的世界与电影的世界是彼此"不存在"而又能被我所看到的，我得以在"我的世界"中旁观另一个"世界""在地性"发生的方式，而"我的（现实）世界"则并不作为"电影世界"的参照标准。从最日常的角度说，电影都有其特定的受众，有些电影对某些观众来说就是"无法理解"的，任何技术层面的提升都无法改进我们的理解程度，而这种理解的达成与否并不取决于电影中所展现的内容的意义。

视觉媒介的发展从根本上说是关于我们与"世界"之间的关系，在传统的视觉媒介中，我和"世界"不能在同一媒介中被同时保留。而电影作为"本体论艺术"第一次实现了在某种艺术媒介中"世界"和"主观性"的同时在场。在卡维尔看来，这就意味着电影这种"本体论"艺术媒介的"目的"不在于再现现实，而是实现了人类某种对于主观性位置的"愿望"，它解决了上一章提到的我们在认识世界时所遭遇的"唯我论"与"现象主义"的疑难。电影的"本体论意义"在于它在保全"世界"自身的同时也保全了观看者的"主体性"，这就意味着这种"媒介"不是一种被使用的"中介"，而是类似于"生活形式"的"艺术形

---

[1] Stanley Cavell, *The World Viewed: Reflections on the Ontology of Film*, p.23.

[2] Stanley Cavell, *The World Viewed: Reflections on the Ontology of Film*, pp.24-25.

式"本身。卡维尔由此说电影的起源实际上是"魔术":

> 电影怎样用魔术的方法再现世界？不是按字面意义把世界呈现在我们面前，而是让我们在不被看到的情况下观看世界。这不是欲求凌驾于受造物之上的力量（如皮格马利翁），而是一种希望摒弃权力的愿望，是要免于权力的负担［……］在看电影的时候，隐身感表现了现代人希望私生活不受干扰和匿名的愿望。就像世界的投射解释了我们想不为人知的各种形式以及我们又如何无力获知。这种解释并不是关于世界与我们擦身而过，被置于远离世界的位置。屏幕克服了我们与世界之间固有的距离；它使得位移得以出现，而这就是我们的自然条件。[1]

在下面的章节，我们将继续讨论这种"去中介"的"本体论"机制是如何本然地内在于视觉艺术媒介及日常语言之中的。

2. "艺术本体论"下的"面相知觉"问题："投射幻觉"与"去中介化"

将卡维尔的"电影本体论"思想溯源于他的日常语言思想，这并不是强制的联系。在布尔克·希尔塞贝克关于巴赞和卡维尔的比较文章中，他就用了相当多的篇幅剖析卡维尔电影思想背后的日常语言背景：

> 在整个《看见的世界》中，卡维尔的论点自始至终都在于，电影的本性不是由特定的媒介范例（instances）所先在决定的，他所提出的电影的"可能性"也不是在电影的物质本性中实现的，电影的本性就在于人们通过各种各样的方式运用媒介物料（material）去制作电影。这也就是说电影的可能性和"自动性"(automatisms) 不是通过对媒介物质本性的研究而被先天决定的，卡维尔所认定的是

---

[1] Stanley Cavell, *The World Viewed: Reflections on the Ontology of Film*, p.41.

通过电影重述他自身经验的需要。[1]

在注释中，希尔塞贝克还着重提到了维特根斯坦与奥斯汀的思想作为卡维尔电影本体论思想的背景，并且用了相当大的篇幅介绍了卡维尔对于"意义用法论"的理解。[2] 但是，"意义用法论"这样一个原则如何能够体现在视觉媒介上，对于"电影本体论"来说仍然是一个需要解释的问题。事实上正如上文所述，在《看见的世界》中，"我"作为观众与电影银幕之间的关系可以说是电影作为"本体论"的根源所在，即"我观看而又不被看到"。这种表述，在卡维尔那里本身就是一种"怀疑主义"的表述，他称之为"世界之外的整全的自我的视角"：

> 这种经验我称之为"世界之外的整全的自我的视角"，而当我去审视世界的时候，现在我们又是在世界之中的某一个位置观察他物。这种经验我认为是经典认识理论的基础（事实上也是道德哲学的基础），这是一种无力认识世界的观念，或者一种无力行动的观念。我认为这种经验在存在主义者（以及桑塔耶纳）的著作中也能找到，一种存在的飘忽不定和任意妄为，事物之所以成为其所是的事实完全是偶然的。[3]

在上一章关于波尔"规则"批判的部分，我们已经指出卡维尔克服"唯我论"和"现象主义"疑难的方法某种程度上可被视为"现象主义"的转念，也就是在伦理奠基之中预先获得"在地性"而超越这一怀疑主义阶段，从而转向共通性和创造性的理解。这种处理所隐藏的一个消极意味就是，似乎没有任何日常语言之外的认识论或者媒介能够让我们摆

---

[1] Burke Hilsabeck, "The 'Is' in What Is Cinema?: On André Bazin and Stanley Cavell." *Cinema Journal* 55.2 (2016): 27.

[2] Burke Hilsabeck, "The 'Is' in What Is Cinema?: On André Bazin and Stanley Cavell." 28-29.

[3] Stanley Cavell, *The Claim of Reason: Wittgenstein, Skepticism, Morality, and Tragedy*, p.236.

脱这一境遇。但在此处可以清楚地看到电影可以作为这样的媒介使得我们能够"观看"而又不被暴露或沉沦在"电影世界"之中。甚至当卡维尔强调观影时"伙伴"的作用时，他也是在暗示作为观众的我们仍然没有脱离自己的"世界"，这一点在卡维尔看来是非常重要的。正如罗斯曼所说：

> 电影中的事物是以真实的角色上演的，于是电影的世界就是一个怀疑主义的运动画面，正如卡维尔在《看见的世界》"续篇"中所说的那样，但是怀疑主义的可能性就内在于人类知识的条件当中。那么我们无法在确实性的层面上知道真实，这就是一个关于什么是知识的一个事实，对于人类来说就是如此。这种怀疑主义无关于我们无法知道这个世界，或者无法知道我们就在其中。[1]

电影作为本体论媒介是由于它能够让我们在观看的同时不陷入认识主体的"现象主义"困境之中，因此才能成为"审美主体"。这就是发生在我们观影过程当中的事情：我们把能够承担这种"现象主义"悖论的媒介称为"本体论"的，反之我们的"审美主体"就是被这样的本体论媒介从"认识主体"之中挽救出来的。

事实上，这种被本体论媒介所承担的悖论，在后期维特根斯坦的思想中占据了一个重要的位置，这就是"面相知觉"（aspect perception）问题。卡维尔对于巴赞所说的"相似性"的关注也显然关联到维氏的一个论断："什么是视觉经验的标准——什么该是这标准？表现出'所见'。"[2] 维氏所引用的著名的"鸭兔图"就出自这一问题的论述。在传统的理解中，一些美学家和电影理论家更重视的是维氏所提出的"看作"（seeing as）这一概念，如维特根斯坦自己所说："'看作'不属于知觉。因此

---

[1] William Rothman, "Cavell on film, television, and opera." Richard Eldridge ed., *Stanley Cavell*, Cambridge University Press, 2003, p.207.

[2] [英]维特根斯坦：《哲学研究》，陈嘉映译，上海：上海人民出版社2001年版，第307页。

它既像一种看，又不像一种看。"[1] 这一度被视为对于视觉悖论以及电影图像"真假"悖论的重要解决概念，因为在很多研究者看来，"看作"使得"看"不仅仅被完全包裹在一种直接性的"知觉"当中。英国艺术史学家贡布里希曾经在《艺术与幻觉》的开篇谈到过这个问题，他指出了"鸭兔图"中存在的"现象主义"疑难："任何一种已知的经验必定是一个幻觉。但严格地说，我们还是不能观察到自身所具有的幻觉。"[2] 虽然贡布里希并没有展开这个问题，但是他正确地看到了维氏及卡维尔所看到的问题，这个问题不是关于某种特殊的观看方式的，而是关于人类认识和审美上的整体悖论。

将维特根斯坦的思想运用到电影理论中的例子并不少见，比如爱德华·布莱宁甘就将"语言游戏"的概念运用到了电影理论中，在他看来，维氏"面相知觉"的例子所指的是一系列特殊的视觉现象，而这些视觉现象多是能够在我们的日常生活中被发现的，因此电影中的技术运用实际上会将我们带回到我们的日常知觉当中去。[3] 另一位将维氏及卡维尔的日常语言阐释直接运用到电影理论中的学者是理查德·艾伦。在《投射幻觉：电影观看和真实印象》中，艾伦就提出了关于如何在电影经验中理解"看作"的一个解释，这一解释的最终目的是说明为什么对于幻觉的投射能够使得"媒介消失"，从而使观众不再受困于真实与虚构的界隔。艾伦对我们关于幻觉的经验进行了层次上的区分，这个区分非常类似于卡维尔对于日常语言"在地性"的两个层次的区分：

> 在第一种尺度上，我们要看当我们直觉到幻觉时，它是否必然地会被经验为幻觉；在第二种尺度上，这种幻觉是否涉及"看作"

---

[1] [英] 维特根斯坦：《哲学研究》，陈嘉映译，第 306 页。
[2] [英] E.H. 冈布里奇：《艺术与幻觉》，卢晓华、赵汉平、朱丹今等译，北京：工人出版社 1988 年版，第 4 页。冈布里奇通译贡布里希。
[3] Edward Branigan, *Projecting a Camera: Language-games in Film Theory*, Routledge, 2013, p.199.

的问题。"看作"一定程度上给予我们能够逃脱幻觉的可能，否则它就必然被经验为幻觉。[1]

也就是说，对于电影幻觉悖论的产生预先需要观众能够在一定程度上把握这种幻觉，我们把对于幻觉自身的"把握"（hold with）看作逃出幻觉的可能性所在。"看作"之所以不是单纯的"知觉"，用艾伦的话来说，是由于它首先是我们自愿去关涉的（involve seeing-as Voluntary）。几乎完全搬用了卡维尔在《言必所指?》一书中的讨论方式，艾伦如此解释为什么电影真实是完全的真实：

> 与站在我们真实世界的某些位置"从外面看"（from the outside）不同，你对于电影事件的知觉是直接的，或者说是"从其间看"（from within）。你在虚构的世界里知觉到一个完全的真实，这所有的知觉都是你自己即刻的知觉；你所经验到的电影是一种投射幻觉。[2]

艾伦对于视觉悖论的处理方式非常忠实地体现了卡维尔的日常语言分阶方法，并将其运用于电影本体论的论述之上。而反过来，这种"分阶"在艺术媒介上的直观呈现也就使得日常语言的"蕴义"问题转化为语言的"面相知觉"问题。实证主义语言观对于日常语言的质疑之所以是不切题的，是由于在日常语言中真实发生的是我们对于语言某一"面相"上的理解，而我们的语言能力就在于能够把这种"面相"通过形成概念而变为可理解的和可分享的，而不是通过语言的"实例"层次来获得意义的公共性。因此，日常语言中的"蕴义"问题也就是一个"理解作"（understanding-as）的问题。艾伦隐含地指出，电影的本体论意义和日常语言的本体论意义是完全同构的关系。

---

[1] Richard Allen, *Projecting Illusion: Film Spectatorship and the Impression of Reality*, Cambridge University Press, 1997, p.106.

[2] Richard Allen, *Projecting Illusion: Film Spectatorship and the Impression of Reality*, p.107.

从艾伦对于卡维尔日常语言思想的应用中也可以看到，通过对电影的探讨，我们就更加能够理解维特根斯坦所谈论的"面相知觉"与其日常语言思想并不是两个割裂的话题，同时也就能够理解为什么对于卡维尔来说，日常语言的"在地性"和"规则"是两个有着紧密关联的问题。对于电影来说，"真实"与"幻觉"的悖论实际上来自我们仍然把电影这一媒介看作"中介性"的，我们习惯于说电影（作为实体性的媒介）再现了现实，正如我们认为在"悖论图像"的诸多"面相"之下仍然存在着一个承载着这些"面相"的实体性载体。马尔科姆·特维称这种诉诸"载体"的诱惑为"内在神话"（the myth of the inner），这种"神话"错误地认为诸"面相"是某一实体的诸"面相"之一，而没有意识到"面相"在我们的实际经验中仅仅是"面相的浮现"（aspect-dawning）：

> 对于旁观者的图像知觉来说，"面相的浮现"就是一个由光、影、形状和颜色所聚合成的物质实体（material entity）。这种"面相的浮现"中不涉及任何主观的心灵实体序统（sort of）的添加，比如一个想法或者一个解释等等。面相不能由任何心理上的主观性心灵实体加以阐明。[1]

特维的这种看法揭示了一个重要的问题，即所有"中介性媒介"的看法，一种由技术的客观"进步主义"所暗示的"媒介客观性"的看法，实际上在揭示视觉经验的呈现这个问题中都是"心理主义"的，其本身是主观性"心灵实体"的一种叙事策略上的"投射"。因此特维对于"面相知觉"的解释进一步拓展了维特根斯坦在这一问题上的理解：一方面，存在着被掩盖的"内在媒介"的神话，它希望能够将主观性推入客观的关于视觉经验的历史叙事当中；另一方面，则存在着对于真正

---

[1] Malcolm Turvey, "Seeing theory: On perception and emotional response in current film theory." Richard Allen and Murray Smith eds., *Film theory and philosophy*, Oxford University Press, 1997, p.443.

客观性知觉的否认，它希望通过将"面相知觉"归结为怀疑主义的"悖论"而提供了一种"中介性"的解决方式。两种企图最终都强化了艺术媒介作为"实体中介"的地位，这是维氏希望通过"面相知觉"的研究揭示出的哲学对于经验直接性上的混淆。

由此，我们就能够理解为什么卡维尔如此针对性地批判了以波尔为代表的"规则"观，因为无论如何承诺一个"规则"是可以被遵循、违反或者有赖于社会语境的实现，所有的这些范畴最后都会导向对于这一"中介"是否服从的问题。在卡维尔看来，无论在语言、艺术、道德还是政治问题上，这都会导致我们审美"共通感"以及"自主性"的丧失：具有本体论意义的艺术应当意味着我们能够"无中介"地参与其中，而不必通过复述其"规则"以使之"公共化"或者"去悖论化"。这就是为什么电影无法被后验地复述，以及为什么"正规观众"带来了艺术经验的体制性失败。

著名图像学家 W.J.T. 米切尔就从偶像破坏的角度引用了维特根斯坦的这一看法。他指出问题并不在于"面相"和其"物质载体"本身的对应关系，而在于一个"面相"所能够激起的交流性内容，它们围绕在"面相知觉"的周围。他以《圣经》中"金牛犊"的故事为例：

> 知觉到对象进入其所处的关系之中，这就是维特根斯坦所说的"看作"或者"面相知觉"；在"金牛犊"的故事中，牛犊塑像随着主体的知觉的系统性阐明而被塑造为（shape-shifting）一个妄想对象。这就不仅仅是维特根斯坦所举的多重稳定态（multistable）的图像，问题并不在于图像的面容被认知或者知觉为一种嬗变（比如说，没有人说这个牛犊其实是一个骆驼），而在于它的价值、地位、表现以及生动性。[1]

---

[1] W. J. T. Mitchell, *What Do Pictures Want?: The Lives and Loves of Images*, University of Chicago Press, 2005, p.189.

米切尔在这里进一步指出，视觉中的悖论问题并不是关于某一载体之上的诸"面相"之间的切换问题，而是任何一个"面相"都有可能激发一种"系统性阐释"。在宗教的权威性理解中，这就是为什么"偶像"会造成权力中介的动摇，尽管它的初衷可能恰恰是服务于这种权力中介的：视觉经验中存在的悖论是"权力中介"自身的悖论，将权力的"自然性"在对权力的"服从"中争夺到"知觉"一方。在米切尔看来，维特根斯坦所要说明的是知觉天然的反讽效果。

因此，一种艺术媒介是不是具有"本体论"意义，问题并不在于其自身的技术性力量在多大程度上脱离了人类的介入，而是在于在这一艺术媒介作为人类经验的运作场所，这种运作的外部条件是不受限的，其约束条件也总是被暴露的，这是我们所应该理解的审美作为"自由"的本性所在。由此回看巴赞的电影"本体论"叙事，其最大的问题就是在一种单一技术"进化"的"历史叙事"之下隐藏了太多无法被质询和批判的因素。布莱恩·汉德森在《巴赞的思想结构》一文中就指出了其对于"本体论"这一概念的运用并不严格，不但没有重塑电影的"本体论"原则，反而使其变得模棱两可：

> （这种本体论）没有涉及这些电影出生的时代背景，也没有涉及它们与某些运动或者风格之间的关系。电影制作者是一个不被质询的主体，而只是或者被信任，或者被指责的名字。其中唯一的批判性范畴仅仅发生在相机与实践之间，唯一的判断也只是关于它们之间的关系是否正确，它只具有一种不可辩驳的逻辑。这些寄托了这样的本体论原则的问题就完全不是一种批判工具，而只是一种狭隘的对于准则的合法性认证。[1]

因此，要反对巴赞的"电影本体论"，就意味着要从这些批判的正面角度给出一种解释，这种解释不依赖于也不掩盖任何横贯在审美经

---

[1] Brian Henderson, "The Structure of Bazin's Thought." *Film Quarterly* 25.4 (1972): 21.

验之间的"中介实体"。简单地说，媒介的"中介化"功能和身份必须得到化解。这也就是为什么卡维尔将电影的起源说成"魔术"，因其在"去中介"的视野下形同于传统视角下的"无中生有"。在《理性的申明》中，卡维尔将这种基于"服从"的自由称为政治上的"乞题"。卡维尔就此所展开的讨论实际上隐含着某种政治学意味，同样的逻辑置于他的艺术本体论观念中也同样适用：参与一个"艺术经验共同体"就暗示着成为这一"媒介经验共同体"中的"公民"，由此我和艺术媒介的自主是互相实现也是互相负责的，而不仅仅是对于某一"中介"的服从：

> 我对于契约的服从不仅仅是服从本身，而是说我同时是城邦的一员，这暗示了两件事：首先，我认识到他人，他们也同样认同我，因此我认识到了政治上的平等；其次，我认识到社会和政府，其如此建立是作为"我的"，这意味着我的回应不是对（to）它的回应，而是为了（for）它而回应。由此我认识到我在实践我"为了它"的责任，我的服从就是服从我自己的法。公民权利在这个层面上就是我的自主权。城邦就是我实现我个人身份的场域，而这就是自由的标准所在。[1]

正如上文所述，卡维尔在《看见的世界》开篇部分通过各种描述暗示了电影院作为视觉场域的这种"城邦性"，尤其认为"伙伴"的存在对于观影经验来说是不可或缺的。由此就引发了卡维尔日常语言思想中的另一个概念，即"必然性"的问题：我们把电影"看作"一种真实的理由并不在于他以什么技术手段更好地反映了真实，那么是什么让我们给出了必然将其"看作"真实的理由呢？埃弗纳·巴兹从卡维尔的视角进一步解释了这个问题。他指出，实际上这里的问题很简单，我们每天会看到很多事物，但是对于每一个我们所看到的东西都不会做出"即

---

[1] Stanley Cavell, *The Claim of Reason: Wittgenstein, Skepticism, Morality, and Tragedy*, p.23.

刻"或者"自发"的报告，我们的报告行为总是在之后的某一时刻将我们的经验传达给他人，只有在这一过程中，我们才获得了把一个对象"看作"某一"面相"的必然依据：

> 看见一个"面相"，这个问题的关键点在于，它是一个我们得以扩张我们日常和熟知的经验的处所，让我们能够有所依靠。在这个处所，我们通过擦新我们于世界之中的诸多羁绊而强化了与世界的联系。在这个处所，我们超越了我们习以为常的生活方式并建立起另外的路线，而由此就不必放弃可知性。因为看见一个面相不如说就是听到它的表达，这让我们与其他人能够产生同调，这也就意味着它能够提供亲近的契机，这取决于这样的同调能够走多远。[1]

一种"去中介化"的意义实现只有通过这种语言的同调才能够到达。从日常语言到电影本体论，卡维尔始终都在说明为什么这才是我们的日常经验与审美经验中真实发生的事情。因此，电影的"本体论"意义在卡维尔的思想中就表现为其审美经验的运作方式得以让其媒介本身"消失"，这也就是艾伦对于卡维尔在《看见的世界》中所表达的核心思想的理解：

> 我对于电影中所发生的投射幻觉的看法与斯坦利·卡维尔的电影概念是一致的。他强调的摄影图像的透明性（transparency）也正是我所强调的，这种透明性强化了平面的不在场，这就是被投射的图像的特征［……］卡维尔总结说，我们作为一个具有媒介意识（medium-aware）的观众看入（see in）电影（虽然他没用这个词），不在于一个事件的专业拍摄或者一种特殊的架构方式，而是"一系列自动的世界投射"。电影就如卡维尔的书名所示，是一个"看见的世界"。[2]

---

[1] Avner Baz, "What's the Point of Seeing Aspects?" *Philosophical Investigations* 23.2 (2000): 99.
[2] Richard Allen, *Projecting Illusion: Film Spectatorship and the Impression of Reality*, p.109.

二 好莱坞喜剧中的"复婚"主题

1.《费城故事》中的"离异"与"复婚"主题

作为一个日常语言哲学家,卡维尔对于艺术的探讨并不仅仅停留在对于"艺术媒介"这一宏观问题的探讨上。正如他在对日常语言的界定和辨析中所展现的那样,一种有效的观点和看法必须能够在人与人之间具体的关系型语境中找到其贴切的实际归宿,才能够证成日常语言及理性的有效性,对于电影来说也是如此。除了《看见的世界》之外,卡维尔另外两部关于电影的专著《幸福的追求:好莱坞喜剧中的复婚》以及《争辩的眼泪:好莱坞情景剧中的陌生女人》走向了基于具体作品的批评。尤其在《幸福的追求》中,卡维尔创造性地提炼出了从"联姻"到"复婚"(Remarriage)的原型主题:

> 一种让两个人若即若离的持续争吵,他们就好像从一开始就认识对方了,这不是说他们从过去的某一个时刻开始就相识,而是在历史发生之前就已经相识了。他们一起发现了各自的性别,并且发现自己需要懵懂地进入这一现实当中,与此同时也就是进入社会现实当中,就好像只有性别和社会才能将彼此合法化一样。这就是历史的开始,一场永无止境的争吵的开始。这种性别与社会的介入,就是所谓的联姻。[1]

从定义中可以看出,卡维尔希望通过"联姻"这一原型主题将人与人之间的相识相知从错置的次序中拯救出来。在一般的认识中,两个人走向婚姻的流程是由两个本不相识的人在某一时间认识,并最终由法定的联姻程序被认证为夫妻。这种一般认识中所隐含的意识是,人与人之间最密切的关系是由一种外部的权力中介所促成及认证的,如此一来,

---

[1] Stanley Cavell, *Pursuits of Happiness: The Hollywood Comedy of Remarriage*, Harvard University Press, 1981, p.31.

婚后的争吵、矛盾甚至最后可能的离异就都被认为与婚姻自身的宗旨相违背。这种对于人类亲密关系的定势性思维使得婚姻成了契约性关系的典型象征，在契约性关系下，人们对契约本身的依凭与违背掩盖了人们彼此之间的理解和责任。因此，在卡维尔看来，好莱坞关于两性关系的喜剧电影并不一定要被理解为一预设的对于契约性关系的理想化解决，相反电影中的这一主题旨在恢复我们对于人类关系的日常理解。在这种理解中，"合法性"的"婚姻"关系反而是对于人类"共通性"的打断，一个社会"合法性"的外部标准介入已有的同调性之中，在宣称契约保护的同时，也带来了对两性关系的怀疑："婚姻之所以被诉求的重点在于，要么我们习惯于基于两性而组成的家庭生活（domesticate sexuality），否则就只能糊里糊涂地面对亲密性的谜题。"[1]

在对于好莱坞喜剧"复婚"主题的阐释中，卡维尔分析了一系列相关经典影视作品，这些作品都拍摄于美国20世纪三四十年代，其中包括《淑女夏娃》（*The Lady Eve*）、《一夜风流》（*It Happened One Night*）、《育婴奇谭》（*Bringing up Baby*）、《星期五女郎》（*His Girl Friday*）、《费城故事》（*The Philadelphia Story*）以及《春闺风月》（*The Awful Truth*）。其中对于《费城故事》和《春闺风月》的分析最能够反映卡维尔对于"复婚"这一原型主题的核心看法。

《费城故事》由乔治·库克拍摄于1940年，由凯瑟琳·赫本与加里·格兰特主演。这部电影讲述了费城的富家小姐特蕾西与德克斯特离婚，并准备嫁给一个有社会地位的中产阶级乔治。《谍报》杂志的记者麦克混进特蕾西家中准备报道这场婚礼，而德克斯特此时也为这家杂志工作，他受命让记者能够获得参加婚礼活动的许可。在影片的开头，德克斯特告诉特蕾西，杂志准备报道她父亲与舞女的风流韵事，以此威胁她准许记者参加婚礼活动。在婚礼前夕，特蕾西与记者麦克产生了情愫，由此她需要在三个阶级、性情迥异的男人之间做出抉择。最后特蕾西决定和自己的前夫复婚。

---

[1] Stanley Cavell, *Pursuits of Happiness: The Hollywood Comedy of Remarriage*, p.31.

影片的第一冲突发生在特蕾西与其父母之间，特蕾西是一个高高在上自视为女神的富家千金，她不能容忍父亲的风流韵事，因此她鼓励母亲离开自己的父亲，并且不邀请父亲来参加自己的婚礼。卡维尔认为这一冲突的设定是非常独特的。在对另一部电影《一夜风流》的解读中，卡维尔曾经将女性与父亲/丈夫的角色通过"食物提供者"的身份联系在一起。在《一夜风流》中，女主角艾莉的父亲总是为她提供烹调好的食物，而影片正开始于开饭前，由于父亲不同意艾莉和心爱的飞行员结婚，艾莉一气之下拒绝了父亲提供的菜肴，离家出走去往自己心上人所在的远方。在过程中由于被骗去财物，不得不和记者皮特相依为命，而皮特常常为她提供比如生胡萝卜这种不可口的食物。卡维尔认为在这部影片中，食物象征了从拒绝父亲式的亲密关系到接受丈夫式的亲密关系的转变："愤怒地拒绝食物被直接建立为一种对于亲密之爱的拒绝，对于父母保护的拒绝。"[1] 这种转变体现在："从什么是值得消耗的到什么是值得吃的之间的转变，也就是什么是值得接受的。"[2] 卡维尔认为《一夜风流》是通过"食物如何满足人类关于分离的焦虑"为象征来表达"复婚"主题的："吃掉葫芦卜是她接受自身人性的表现，也就是找到了她真正的需要——也就是说她将自己造就为一个人。"[3]

在这种女性与父亲/丈夫的关系中所隐含的往往是母亲的缺席。但是《费城故事》则是个例外，父亲与女儿之间的关系冲突是在母亲在场的情况下展开的。特蕾西对于父亲的风流韵事不能容忍，但母亲却一直温柔以待。在父女于母亲面前对峙的场景中，父亲甚至说出了"丈夫的风流事和他的妻子没有什么关系"，并且讽刺自己高高在上的女儿"无论结多少次婚"都是一个"老处女"，因为"虽然你有漂亮的脸蛋和正直，但是你缺少最需要的东西，那就是一颗理解的心，没有这个你就是青铜做的"。这句话让特蕾西面色瞬间暗淡，黯然落泪。

卡维尔指出，这个冲突中所呈现的不是父亲与女儿之间的直接关

---

[1] Stanley Cavell, *Pursuits of Happiness: The Hollywood Comedy of Remarriage*, p.91.

[2] Stanley Cavell, *Pursuits of Happiness: The Hollywood Comedy of Remarriage*, p.91.

[3] Stanley Cavell, *Pursuits of Happiness: The Hollywood Comedy of Remarriage*, p.93.

系，而是女性和母亲的"第一个"丈夫之间的关系。在这里卡维尔引用了弗洛伊德的理论，在"前俄狄浦斯"（pre-Oedipal）阶段，很多女人会以她们父亲为模板来寻找丈夫，并且把他们放在父亲的位置，并且反复体验着自己与母亲之间的关系被这一父亲的位置所切断，因此我们会经常发现年轻女人在第一次婚姻中往往是非常个人化的，难以避免地具有攻击性和侵犯性。因此弗洛伊德认为存在一个规律，即第二次婚姻往往要比第一次更好。[1] 卡维尔指出，这种关系往往也反映为女人感受到来自自己母亲的敌意，后者似乎在冲突中是站在父亲一边的。因此：

> 女人在与其父亲之间的关系中能否得到幸福，往往要看她是否有意愿克服她与其母亲难以解决的冲突。因此"复婚"这一主题中的道德问题也可以被建构成这样一种题材，即良好的第一次婚姻是如何被疏导的，在幸福的情形下以他们自己的方式疏导是可能的。[2]

《费城故事》的核心问题实际上就是在特蕾西及其母亲对于婚姻理解的分歧之下展开的。特蕾西与自己的前夫离婚是由于前夫酗酒，而母亲则对其丈夫的风流韵事持理解的态度。借由传统婚姻观念中婚姻"契约"的破坏者之口点出特蕾西婚姻的失败原因，这一编排是极具张力的。卡维尔认为这一视角旨在让我们理解我们的"结婚"与"离婚"的自由权利是基于什么样的话语而来的。

在这里，卡维尔提到了弥尔顿对于人为什么有离婚权的论证。弥尔顿认为，婚姻是上帝给予人的良善，如果一段婚姻不是"上帝所结合在一起的东西"（what God hath joined together），那么它就什么都没有实现。因此，夫妻之间的精神联系才是婚姻的真实形式。离婚是身体上的背信，但是这并不意味着婚姻契约中的精神基础会因此而动摇。弥尔顿认为良善自身应该是自由的，不应该被恶毒所限，一个良善的人故而也不

---

[1] Stanley Cavell, *Pursuits of Happiness: The Hollywood Comedy of Remarriage*, p.138.

[2] Stanley Cavell, *Pursuits of Happiness: The Hollywood Comedy of Remarriage*, p.139.

应该被失去信念的另一半所绑架,甚至以家庭或者国家之名而被挟持。[1]因此,离婚之所以应该是自由的,是由于婚姻契约不是关于屈从和捆绑的关系,而是去实现精神结合上的"良善",不能实现这种"良善"的婚姻就不再是上帝所给予的两性关系。弥尔顿进一步解释说,认为女人从根本上是为了男人而创造的,持这样观点的人都不是真的领会了神圣话语。男人应当在其"与生俱来"的天性中认识他的自由,也就是上帝为他所加冕的不可抹杀的东西。所以婚姻中女性的角色不是在原罪中被理解的,因为在这之前,男人就已经将自己投入女性之中。在弥尔顿看来,婚姻关系是先于原罪而被给予的,因此他认为人们应该在彼此之间"欣然相见地交际"(meet and happy conversation),以一颗"恰适的交际的灵魂"(a fit conversing soul)来理解婚姻关系,而不是将其视为对于限制性的契约的服从。[2]从弥尔顿为离婚自由的辩护中可以看出,这种自由并不是通过直接赋予个体权力而达成的,而是必须改变对于婚姻契约真实内涵的认识:离婚的自由来自婚姻本身就是我们自由的实现形式,我们自由的本性在于我们能够投入与对方"欣然相见地交际"之中。

因此,虽然以特蕾西父亲的角色来解释婚姻的"良善"内涵是颇具争议的,但是他确实揭示了特蕾西对于婚姻及其自身看似"崇高"的定位实际上阻碍了婚姻中真正的自由,用父亲的话说就是缺少"理解之心"。一种"崇高"的脱离婚姻"生活形式"的道德化立场实际上是外在于真实婚姻关系的。卡维尔指出,实际上特蕾西所面对的三个男人代表了三种不同的品质:前夫德克斯特具有掌控的能力,他始终掌握着自己的生活和节奏,在与特蕾西的交际中从不曾过度逢迎对方;记者麦克具有诗性和热情,他热情颂扬特蕾西的高贵品德,两人的情愫产生于这种互相逢迎的激情中;而未婚夫乔治则是一个由底层爬升上来的成功人士,在与特蕾西的关系中他充满了猜疑和妒忌。在与这三个人的交际

---

[1] Diane McColley, "Milton and the Sexes." Dennis Danielson ed., *The Cambridge Companion to Milton*, Cambridge University Press, 1999. p.154.

[2] Stanley Cavell, *Pursuits of Happiness: The Hollywood Comedy of Remarriage*, p.155.

中,热情与嫉妒都让两性之间的语言"崇高化",用卡维尔经常引用的维特根斯坦的话说,即"在语言之外言说"。在特蕾西与德克斯特的交谈中,反映的正是特蕾西自己沉溺在这样的外部语言之中,而从来没有真正进入婚姻的"生活形式"之中。当她提到和前夫离婚的原因是他酗酒的时候,前夫回答:"是这样。但是你嫁给我的时候你就知道这个问题了。但是在这个问题上你没有和我站在配偶(helpmeet)的立场,你只是在责骂。"在这里,卡维尔直接引用了弥尔顿关于婚姻是"欣然相见地交际"的观点:

> 我所要通过弥尔顿强调的是一种人与人之间关系模式的整体视野,一种生活形式,他所要说的同样也是一种敢于说话的能力,或者说对于谈话的渴望。我不知道还有什么其他的电影语言能够比三四十年代的好莱坞电影在表达这种关于交际的可能做得更好的了。一同交谈对我们来说就是伴侣之间在一起的根本方式,对于伴侣来说,在一起这件事比他们一起做的是什么要重要得多。[1]

在另一篇谈论《费城故事》的文章中,卡维尔将这个故事称为"特蕾西大人(lord)的教育":"复婚这一原型题材所说的就是关于女人所需要受到的教育,以及她如何教育他人,也就是说彼此被教育如何去倾听。"在卡维尔看来,未婚夫乔治由于对于婚姻排他性的理解而将婚姻视为限制性的,在他们可能的婚姻关系中,特蕾西所接受的教育是关于遵守这种限制的;而记者麦克所给她的教育是关于激情与诗意层面上的崇高,这种教育使人固执己见而失去"理解之心";只有前夫德克斯特教育她:"她不是一个配偶,而是一个圣洁的女人,一个处女,她永远都不会成为'第一等'的人类,除非她能够接受人类的弱点。"[2]当然,这并不意味着要去无条件地接受负面的人性,比如说这并不意味着要对父亲的风流和前夫的酗酒表示赞同,而是说这些问题仍然能够在"欣然

---

[1] Stanley Cavell, *Pursuits of Happiness: The Hollywood Comedy of Remarriage*, p.146.

[2] Stanley Cavell, *Cities of Words: Pedagogical Letters on a Register of the Moral Life*, p.46.

相见地交际"中得到理解，但是记者麦克和未婚夫乔治则使得交际本身成为不可能：麦克将"第一等"的人类特征归结为"娱乐和奢侈"，即所谓的"特权阶级享受他们的特权"，这使得特蕾西害怕将自己的这一面暴露给麦克；而乔治则把婚姻视为其通过努力所得到的成果。由此，《费城故事》中的问题实质在于"这是关于男人想要让自己的妻子如何自然地做她自己的问题。是关于这样一个主题，即伴侣总是要重新将自己投入这样一种冒险中"[1]。因此，卡维尔认为《费城故事》非常直接地表现了这种婚姻、离异、自由以及复婚的关系，他于是总结道："每一次婚姻都是一次复婚。"[2]

2. "日常共通感"对实证主义与解构主义的超越

我们在这里回到卡维尔日常语言的"反实证主义"初衷，来探究他寄托在电影理论上的更深层目的。从"电影本体论"到对好莱坞喜剧电影中"复婚"主题的发掘，卡维尔实际上一直围绕着一个思想核心，即人与人之间的交际并不是作为某一先在主题或者标准的载体而展开的。恰恰相反，日常语言交际之所以是日常的，就因为这种交际总是在"非主题化"的语境中展开。正如卡维尔在解读《费城故事》时所说的，重要的是伴侣"在一起"，而不是"一起做的是什么"。因此，日常语言作为一种思维绝不仅仅只是关于语言的，而是一种全新的世界生成视角，实证主义所依赖的可经验的标准或者公意实际上也是在交际中形成的。换句话说，之所以说共通感艺术或者社会存在形式是具有公共性的，是指这种公共性是通过个体性自发形成的，如果我们没有投入具体的甚至特定的与其他个体的交际关系当中，则我们就不可能通过任何绝对客观的方式来获得相应的"公共性知识"。因此，正如我们在《费城故事》中看到的，在婚姻关系中，道德、阶级以及契约性的忠诚等标准都是相对的，这对应了日常语言常常被实证主义所诟病的语义模糊性。一段婚姻是否幸福和良善，在于我们投入婚姻关系中，并不断克服基于外部标

---

[1] Stanley Cavell, *Pursuits of Happiness: The Hollywood Comedy of Remarriage*, p.153.

[2] Stanley Cavell, *Cities of Words: Pedagogical Letters on a Register of the Moral Life*, p.46.

准而产生的对婚姻内部种种相对性的怀疑，从而在关系中重新创造自己，这同我们总是在与他人的交谈中重新学习如何表达和理解的情形是一样的。

卡维尔的上述思想鲜明地反映在他对于《春闺风月》的解读中，他认为这部电影更加直接而浅显地表达了婚姻何以是不受制于婚姻契约的日常。在影片中，夫妻二人在一开始就陷入了对彼此的怀疑：丈夫去南部海岸度假但是却没有晒黑，并且买回来的橙子写有"加利福尼亚"的标志；而妻子则声称由于归途中车坏了而在汽车旅馆借宿了一夜；于是双方互相猜疑对方，并且立刻就决定离婚："婚姻的基础是信任，如果没了这个就什么都没了。"[1]而在离婚判决中，妻子获得了宠物狗的抚养权，而丈夫获得了探视权，此后双方都试图找寻新的伴侣，但是又总是被对方故意搅局，其间发生了一系列的闹剧，最终两个人在这一追逐嬉闹的过程中重新体会到了对彼此的爱。卡维尔指出，这部电影恢复了喜剧的日常性，同时也展现了最日常的婚姻关系：

> 我是站在这样一个立场看待这部电影的成就的，即喜剧本质上是一种根植于日常中的追逐（tracking），是为了去显示对于喜剧来说什么是欢欣的，而作为一个事件它的灵感又源于平凡的生活之中，并且作为这种生活的一个节点，一种无尽的每日循环（diurnal cycle），它的进程实际上是显而易见的。[2]

因此，这一时期好莱坞喜剧所表现的"复婚"主题恰恰是通过离婚来让剧中的男女重新学习关于婚姻关系的种种。在《春闺风月》中，离了婚的夫妻二人所表现出来的是热切地想要不断地介入对方所处的每一个生活场景，在这些场景中重新认识自己在婚姻关系中所处的位置和立场。而在这一过程中，最初被视为婚姻保障，同时也是离婚理由的"婚姻的基础是信任，如果没了这个就什么都没了"这样的"哲学家

---

[1] Stanley Cavell, *Pursuits of Happiness: The Hollywood Comedy of Remarriage*, p.234.

[2] Stanley Cavell, *Pursuits of Happiness: The Hollywood Comedy of Remarriage*, p.37.

话语"[1]在这一喜剧的追逐之中就自然而然地被否定了。怀疑的对立面不是信任,而是日常,日常则是没有"基础"的。对于投入日常生活当中的人来说,"信任"所指的不是对方是否隐瞒、假装或者扯谎,而是彼此开始在意并不存在于其真实婚姻生活内部的"客观事实"。在《费城故事》中,特蕾西的父亲以一个出轨者的身份说出的不悔改的说辞极具张力地说明了这一点——"丈夫的风流事和他的妻子没有什么关系";而在《春闺风月》中,男主也说"妻子们不知道的事情就不会伤害她们"。而更显而易见的证据在于,《春闺风月》直到最后也并没有说明夫妻双方一开始怀疑的那个"真相"到底是什么。其英文名直译为"可怕的真相",并不是说真相所指的那件可实证的事实是可怕的,而是说对于"真相"的追逐本身是可怕的。这就是为什么卡维尔说喜剧是对于日常的追逐,而不是对于哲学意味上真相的追逐,后者所带来的往往是悲剧。

因此,在卡维尔看似强调理解、共通以及交际这样温和的日常概念下,所隐藏的却是一种激进的政治观和道德观。卡维尔所说的"复婚"主题实际上也意味着对于传统婚姻观念乃至更广义的从属性政治关系的反叛:只有接受"分离性",亦即"离婚"的境遇,才能够重新创造新的伦理或社会关系。虽然卡维尔所强调的是"复合"和"交际性",但是在他的思想中,日常的交际不是对于外部标准的调节和妥协,而是要在疏离和个人的再创造之中寻求更好的、更具有经验饱满度的社会行事方式。在卡维尔的日常语言中,"共通感"之所以是重要的,是由于在他看来日常中个人的所作所为天然具有公共性,而前在的对于公共性的认定则有可能挟制个体对于公共性创造和变革的自由。这也就是电影作为本体论艺术、日常语言作为本体论的交际媒介的同构性所在:自主交际所催生的"自动投射"就是公共的,除此之外,我们实际上无法遭遇任何外部知识意义上的对于公共性的定义。

因此,电影作为一种本体论意义上的艺术,它疏离于对现实的"反

---

[1] Stanley Cavell, *Pursuits of Happiness: The Hollywood Comedy of Remarriage*, p.234.

映"恰恰是它现实性的来源。"复婚"这一主题实际上融通了"离婚"与"结婚",一切看似对立的关系都可以通过个体行动所生成的日常标准而融通起来。卡维尔在这种本体论艺术和原型题材中所强调的是日常语言行事层面的严肃性,而这种严肃性使得其所产生的政治观要比表面上与其相似的解构主义的政治观更为激进和彻底。

实际上,在卡维尔的诸多论述中,将日常语言区别于解构主义是他尤其在意的阐释内容,其中比较有代表性的就是对德里达关于日常语言观点的看法。德里达所代表的解构主义的日常观,即认为由于我们无法区分严肃的"以言行事"以及不严肃的"以言行事"(比如恶作剧、虚构等等),因此本质上来说所谓的"言语行为"也缺乏一个有效的"组织中心",这使得日常语言根本上说还是处于解构主义的思维模式当中,而不能确保其所表达的意向是真实有效的。[1] 卡维尔认为解构主义的这种看法实际上是为了不受制于实证的怀疑主义而选择了拒斥一切意向性的可能。但是解构主义没有看到的是,日常语言正是通过保留这种意向而使得外部的实证主义权威无法对语言中的"共通感"建构造成限制:

> 对于奥斯汀和维特根斯坦来说,意向可以是任何东西,只要是一种内部的生成,并且不受某种外部的挟持,其本身就将外界区隔开来。意向可以通过一系列的具体说话位置来引导各种各样的信符(signal flags),但是它不能引导这些信符本身的建立,也不能左右它们的位置所带来的东西,不能左右它们的位置本身的意味,诸如此类。在中介性机制缺席的情况下,没有什么意向是会被程式化的。也许这么说会是有帮助的:一个文本就是这样一种东西,它允许这种运作机制作为意向而或多或少地被实现。[2]

---

[1] Jacques Derrida, *Limited inc*. Samuel Weber and Jeffrey, trans., Northwestern University Press, 1977, p.15.

[2] Stanley Cavell, *A Pitch of Philosophy: Autobiographical Exercises*, Vol. 4, Harvard University Press, 1996, p.111.

可以说，在卡维尔看来日常语言与解构主义最大的不同就在于前者是积极的，而后者是消极的，两者对于言说这件事情本身的理解是完全不同的：

> 已经说出的话，或铭记的事情[……]就永远是已经被说出的，就已经进入没有借口可寻的角斗场中，就必须要肩负起进一步言说的责任，这种对于回应、可回答性永无止境的责任让你自己得以被认识。[1]

而某种程度上说，卡维尔希望通过电影表达的也正是这种政治上的积极性：艺术不是反映现实或者逃避现实，而是对于现实的负责，在脱离现实的更新中保留着与现实"复婚"的意图。而无论是"自我指涉"式的本体论阐释，还是解构主义式的阐释，都仅仅关于"联姻"与"离异"两极，这样的机制实际上是无法事实运作的。

卡维尔的这一意图也得到了其他学者的响应。辛西娅·威利特（Cynthia Willett）在卡维尔对于《费城故事》的解读中所看到的就是这种与德里达在政治观上的差别。因为费城又被称为"兄弟友爱之城"，威利特于是将卡维尔对于《费城故事》的解读视为对于德里达"友爱政治学"（The Politics of the Friendship）的回应。德里达指出，当代社会对于民主的旨趣显然是以兄弟关系被理解的，这在古希腊哲学中就已被揭示。正如亚里士多德所说，夫妻关系示例了贵族的美德，父子关系则是君主制的例证，而被良好建构的民主政体则如兄弟之谊。但对流行友谊模式的过度强调实则建立在一种伦理的相似性上，而并不关涉与截然不同的人建立友谊的问题，这种友谊也没有考虑到两性差异而只在男性之间，因此以它来指代民主是片面的。但威利特指出，虽然德里达看到了女性的缺失，却越过两性关系直接转向了与陌生人的关系，这一跳跃"让我们更像是被从家庭和共同体中连根拔起的难民，没有历史也没

---

[1] Stanley Cavell, *Philosophy Passages: Wittgenstein, Emerson, Austin, Derrida*, Blackwell, 1995, p.65.

有清晰的未来，因此也就缺乏公民的保障性权利"。在威利特看来，德里达实际上使用了更为"高洁"（high-minded）的视角来摆脱"一切霸权计划"，即对主体中心主义道德传统的去中心化。然而一旦认为为陌生人"祈祷"比理性原则之于民主更重要，那么"对于友爱的拓展可能会指向那些在日常意义上的非友之人，他们事实上可能是最可怕的敌人"[1]。

威利特认为虽然卡维尔的"复婚"和德里达的"友爱"一样萦绕着自恋、贵族气或家长制，但影片中的友爱同样也积极地对抗这些力量，它们被明确地描绘成人类幸福的阻碍。卡维尔的政治观之所以比德里达的更"切合实际"（down to the earth），就在于他没有逾越两性关系而走向浮夸的以陌生人为指向的政治策略。在我们所熟知的关系中，两性或婚姻关系是最具差异性、最难以处理的人际关系，它是理解一切其他政治和伦理关系的根基所在。而朝向陌生人的"友爱"也不过是另一种"主体中心性"策略，作为"陌生人"自身的视角仍是缺失的。相反，在"复婚"中无论男女都处于被教育以及被创造的具体实践当中。威利特认为卡维尔的策略才真正解构了那些非民主的暴力。[2]

纵观卡维尔对于电影及其"复婚"主题的探讨，其对抗外部权威的非民主力量的途径不是另外一种更为虚浮的策略。我们所面对的暴力总是具体的，虽然理论家喜欢将暴力形而上学化，并相应制造出一种形而上学化的反暴力民主话语，但它们都是虚浮的、非日常的。在卡维尔看来，非民主的暴力、对于日常话语的逻辑实证主义挟制以及外部标准的权威，其共同性都是"外部中介"式的建构，从而抽空了日常生活中基于"共通感"的内部力量。日常语言及以电影为代表的大众艺术之所以具有相对性和模糊性，并不是说它们是有待被矫正和规约的，而是说其自身就承担了人性中最难以抉择和处理的部分：日常存在本身就是解构

---

[1] Cynthia Willett, *Irony in the Age of Empire: Comic Perspectives on Democracy and Freedom*, Indiana University Press, 2008, p.96.

[2] Cynthia Willett, *Irony in the Age of Empire: Comic Perspectives on Democracy and Freedom*, p.101.

性的，但同时也是建构性的，对于外部权威的解构发生于重构的活动当中。因此只要交流实际可行，媒介则不需要依赖于外部中介——无论是语义学、技术，还是现实主义——就能够运作起来，这种行动就总是有意义的。反之一切非行动性的哲学话语和艺术媒介都是虚浮或者怀疑主义的。这就是卡维尔的艺术本体论思想，即自动的、无休止的革新与建构总是伴随着我们对于"亲密性"的背离与恢复。正如威利特总结道：

> 民主，比如说友爱，是基于缺陷而不是基于美德，是基于我们日常缺陷中的精神冲突。但是如果这些缺陷能够改善我们的美德，那么它们就必须在以他人为约束的情况下行动起来。在政治和友谊中，傲慢的无视他人才是更危险的缺陷，而且往往这就是悲剧的基础。因此，喜剧中的缺陷也是有意为观众所准备的。我们可以把浪漫主义喜剧中的友爱看作民主的精缩版本。如果确实如此，那么我们就可以说民主是通过交际和争论兴盛起来的，同时这也是喜剧式的对话解构。这种反讽平衡对抗傲慢，这对于民主来说不是偶然的，而就是它最基本的意义所在。团结所预设的不是一致而是差异。事实上它就兴发于此。[1]

---

[1] Cynthia Willett, *Irony in the Age of Empire: Comic Perspectives on Democracy and Freedom*, p.115.

第三章　日常语言视角下的"戏剧化"行为：卡维尔的莎士比亚悲剧批评

导言　实证主义的"非人性化"：他人心灵与怀疑主义

如果说卡维尔将喜剧视为恢复人类共通感的正面范例，那么悲剧就相应地被归结为由共通感缺失所带来的冲突结果。在卡维尔看来，美学实证主义的危机最终也是最严重的后果，就是造成对于他人的绝对怀疑主义。从日常语言的视角看，我们所使用的语言的有效性起点和最终的归宿都是对于语言持有者自身的理解，客观的知识性对象是在这一过程中被呈现以及不断强化的。换句话说，是人与人之间理解的确然性奠基了客观知识对象的确然性，它们客观存在的方式和程度屈居于语言之中各个语言持有者所处的关系位置。因此，对于日常语言的实证主义最终会导致对于人的客观知识化："我们将一个人视为一些属性的集合，比如确定的身高、年龄、性别、肤色和面相，以及特定的说话语气等等。"[1]但是这显然与我们对于他人的日常认识方式不相符，他人在我们的日常生活中通常被识别为具身化的存在，关于他们的思想、恐惧、欲望等等，但是这些具身化的内容又是很难被客观传达的。这一发生在我们与他人之间真实认识关系上的悖论就是最根本的怀疑主义动因，某种程度上说它比我们对于外部世界是否真实存在的怀疑要更为根本。这不仅仅关系到我们是否能够确切地理解他人的内在想法，比如真诚、痛

---

[1] Stanley Cavell, *The Claim of Reason: Wittgenstein, Skepticism, Morality, and Tragedy*, p.443.

苦、欲望和爱，而更在于如果选择在对于他人的认识中舍弃关于这些概念真实性的信念，也就意味着我们对于"人"这一概念的整体性动摇。从根本上说，这也是对我们自身作为"人"的存在的根本动摇：对于知识的无知会造成我们认识上的局限性，但是对于一大类概念的舍弃则是对一种存在方式及其所依凭的生活世界的舍弃。

这种巨大的认识张力使得对于他人心灵的认识成为最泛滥的实证主义诱惑的滋生地，即使是那些将立足点置于共情性之上的哲学论点也同样是实证主义的解决方法，这种论点立足于情感上的"相似性"，这种"相似性"仍然是一种预设的我与他人之间的实证性中介，或者说是将我之主体作为他人心灵的实证。而这一实证思路的反面，则是我们已经在德里达及解构主义那里看到的将他者"绝对化"的思路，这种思路希望通过将他者与我之主体的关系虚无化，以此取消认识的实证主义。但所带来的结果，就是一种不稳定的社会存在形式。在这种形式下，人们必须为了摆脱实证诱惑而牺牲掉自己与他人关于自身权利的合法性诉求。这两种解决思路实际上都受到了实证视角下怀疑主义的诱惑，即默认自身的内在性与外部表达之间永远隔着一条天堑。我们无法完全理解他人心灵，是由于没有人能够将其内在的心灵内容完全表达出来，即我们在本质上无法在外部的关系与世界之中实现我们的内在性。

实际上在对于维特根斯坦私人语言批判的理解中，很多研究者所持的立场就是如此，即维特根斯坦并非要否认我们的内在性内容——比如说疼痛是存在的——而是否认我们能够言说它们。在《哲学研究》中，维氏用"冒着热气的水壶的图画"来切入这个问题，我们能够对一个这样的图像坚持说，这个水壶里必然有正在沸腾的东西吗？（*PI*, 297）维特根斯坦的这个提问往往被理解为，对于壶中是否有内在的东西这件事我们是无法言说的。皮切尔在其维特根斯坦研究著作中就明确持有这一观点：

> 疼痛这种语言游戏不包含对于我们私人感觉的指涉，因此，比

如说一张冒着热气的水壶的图像，水壶里面的内容我们是无法言说的[……]因为它们在我们的语言游戏中没有扮演任何角色（play no part）。在这些语言游戏中它们是"无"（as nothing）。[1]

皮切尔认为感知只是私人性的，这是一个"公共常识"（commonsensical）。[2]而另一位研究者阿伦·多纳根则指出，如果皮切尔所说的确实是维特根斯坦要表达的意思，那么这种观点毫无疑问是有问题的。这样一幅图画中虽然并没有出现沸腾的水，但是"如果你不去指出壶内的内容，却仍然要说你可以描述这张图画的是什么，这就不可能是真实的"[3]。

我们来更清楚地辨析这两种看法的不同。在皮切尔的理解中，对于这幅图画的描述只能是一个"冒着热气的水壶"，而不是"烧开的热水或者其他液体"。一旦将对这幅图画的解释迁移到人的内在感觉与外在表现上，就变成了我们只能知道"具有某种表征的他人"，而不是"一个正处于疼痛中的他人"。在皮切尔看来，后面这一"语言游戏"无法成立。与其相反，多纳甘则把图画视为对于某一"事实"的描摹，实际上他是在指出皮切尔所说的"可以成立的语言游戏"和私人的"不可成立的语言游戏"之间存在描摹关系，我们实际上都是基于对内部的指涉而进行表征描述的。多纳甘实际上在申明个体经验的可靠性，他是在表明我们所确定的是"内在性的外部表征"的真实性，否则就不能理解表征的意义所在。然而这个解释并没有真正涉及内在性如何能够被真实且完全地通过外部表征媒介表达出来的问题，天堑仍然没有被弥合。

以卡维尔的视角来看，皮切尔和多纳甘对于维特根斯坦这一问题的理解在方向上都是偏颇的，因为两者都仍然受制于实证主义的诱惑，我

---

[1] George Pitcher, *The Philosophy of Wittgenstein*, Macmillan and Co Ltd., 1968, p.300.

[2] George Pitcher, *The Philosophy of Wittgenstein*, p.283.

[3] Alan Donagan, "Wittgenstein on sensation." George Pitcher ed., *Wittgenstein*, Palgrave Macmillan, 1966, p.331.

们对于他者认识的成功或者失败都源自内在性必须要在可实证的标准之下才能被判定。对于两者来说，内在性都是独立于外在性的实存，只不过皮切尔认为分离的内在性与外在性永远无法链接，而多纳甘则认为这种链接至少存在着个体经验上的可靠性。但卡维尔指出，这里的问题并不在于内在实存真实或者外部表征真实之间的关系，而是我们采取的任何视角都会建构某种特殊的我与他者之间的存在关系，甚至各自具体的存在形态：

> 所有这些解决方法都在描绘另一幅关于这个水壶的图像，这幅图像让你能够看进去——难道这不就是给我们一个揭开壶盖看进去的视角，或者一个玻璃壶的图画么？维特根斯坦并没有给我们这样一幅图像[……]对于我们周边的生命体来说，我们没有这样的一个视角，同时也不应该声称有这样一个视角。如果我想象一个玻璃做的男人或者女人，我会发现我根本不可能知道在何处安置他们的疼痛（设想我正想象一个玻璃男人的肩膀疼痛，我们想要显示出他哪里疼痛，于是我在肩膀上画了一个红点。那么我是在他的肩膀上安置了这个疼痛么？还是在他的大脑里，还是在他的神经系统之间，还是同时在所有这些地方？最后这一种可能性使得疼痛不可能得到满意的描摹！）这似乎是很怪异的，因为我们能确切地知道在哪里找到疼痛，知道如何定位它——但是当我们这样做了，我们又无法完全真的看到它（seeing）。如果你愿意，即使不这么做，你也可以通过言说提供关于你间接地看到壶中有水沸腾的信息。这恰恰是因为，如果你愿意，即使不这么做你也可以言说你所直接看到的东西。[1]

卡维尔实际上所指出的是，当这些研究者谈论私人语言问题的时候，它们只是将其理解为知识论意义上的问题，而忽略了当我们谈论疼

---

[1] Stanley Cavell, *The Claim of Reason: Wittgenstein, Skepticism, Morality, and Tragedy*, p.333.

痛的时候，我们谈论的不仅仅是物理上的自然表征，而是一种对于疼痛的表达。维特根斯坦所给出的图像不是为了讨论自然规律上的表征——这实际上是多纳甘的错误所在——而是要把冒热气的水壶视为一个有机体，它在自主地表达一种存在状态。

因此，卡维尔指出这里的关键问题在于，任何日常的认识都要秉持一个原则，即"他人正如我之所见"，我们不能期望通过改变对方的存在形态而满足我们的实证欲望。反过来说，任何将私人与公共表达的可能性截然对立、将内在性与外在性截然分离的思维方式，都会导致对他人的非人性化认识，或者是把自己放在了一个俯视的视角去窥探一种内在性。卡维尔指出，维特根斯坦并不是要否认处于疼痛中的人对于疼痛这件事情的表达可能是失败的，他所要否认的是这样的观点，即私人性有可能仅仅是一个绝对私密性的问题，而这种私密性是无论如何都无法通达的：

> 如果一个人关于私密性的观念是这样，那么维特根斯坦关于这一私密性主体所要给出的教诲就是，并没有什么秘密是无法表达的；而这也就意味着没有什么私密性是不可通达的（unbridgeable）。[1]

也就是说，我们不能把一个私密性主体的"秘密"完全割裂在可表达性之外，因为这意味着我们必须将其作为非人性化的他人来对待。而这就不仅仅意味着私密性无法得到表达的问题，而是非人性化的他人完全被剥夺了表达能力，他人如此一来就仅仅是一个解剖学意义上的对象。因此，由他人心灵引发的怀疑主义本质问题，就是在实证主义的诱惑下，不断地将他人推向这样一种无法表达的、全然被动的存在物的冲动。对于私人性的批判实际上不是要否认私人性的存在意义，而是要否认我们对私人性的某种理解方式。私人性内容作为人类有机体的内在性，其本身总是具有潜在的对话性：

---

[1] Stanley Cavell, *The Claim of Reason: Wittgenstein, Skepticism, Morality, and Tragedy*, p.330.

私人对话是指一种不想要被他人听到的对话，但并不是说它是一种必然无法被听到的对话。我的私人性入口的开放在于我能够邀请他人，原则上在这一世界中的任何人都能够很好地如我所是地认识我。[1]

实际上，只有这种对于私人性的理解才能既保留了我们作为人类的有机性，同时又保留了他人内在性的表达和我们获知这种表达的可能。在卡维尔看来，所有人做出的对于内在性的外部表达都是在对他人发出邀请，并且需要在相应的回应中得以公共化："我所指向的他人的疼痛，就是关乎他人对其疼痛的表达（或者无力表达）的回应。"[2] 因此恰恰与皮切尔的看法相反，私人性不是在公共的语言游戏中"没有扮演任何角色"，而是它始终都试图主动发起一场戏剧，一个语言游戏、一场戏剧、一个生活世界之所以能够形成，就在于私人性可能得到了一种恰当的回应。这里的问题并不在于私人性是不可表达的，而是在于它总是处于风险当中，它有可能得不到回应，或者得不到恰当的回应，这就造成了我们表达的失败，但是这种失败并不在于我们是否准确地表达某种实证意义上的内在物。

因此，根据卡维尔的理解，在他人心灵的问题上我们需要的是关于"灵魂私人性"的折中[3]，而这正是我们对于私人性作为"私密性"的日常理解。换句话说，我们需要将皮切尔的理解进行重构。一方面，皮切尔准确地看到在我们的日常语言中，重要的是相关"区域"中日常要素所扮演的"角色"。但是与他的理解不同，卡维尔认为私人性恰恰在严肃的日常语言及生活中扮演了重要的角色，只不过这种角色是潜在的，需要我们投入同一"戏剧"中才能够使其显现。另一方面，也是与怀疑主义息息相关的是，感官确实是一种"私人性"，而感官需要在指向外物的行为中实现自身，它需要如此这般地扮演一个"角色"。因此

---

[1] Stanley Cavell, *The Claim of Reason: Wittgenstein, Skepticism, Morality, and Tragedy*, p.331.

[2] Stanley Cavell, *The Claim of Reason: Wittgenstein, Skepticism, Morality, and Tragedy*, p.342.

[3] Stanley Cavell, *The Claim of Reason: Wittgenstein, Skepticism, Morality, and Tragedy*, p.330.

如果这种私人性意味着普遍的不可知性，那么其结果也就是世界整体的变动不居，这意味着我们无法将各自的感官指向"同一个"稳定而真实的存在对象，即我们不知道我们在谈论什么，就什么对象产生了或成功或失败或差异或趋同的表达。

总而言之，怀疑主义意味着必须要做出一个抉择：或者承认世界的稳定与实际存在，这同时意味着人类的感官具有真实性与可知性，但是不具有基于对象自身确切属性的可实证性，相关的对象知识只能在人类各自真实感官之间的交际中被彼此所知，而这必然是在分离的情形中主动进行彼此承认的过程；或者否认人类感官的真实性与可知性，这种否认的后果就使得世界成为不稳定的流动的存在，在这样的世界里，人的存在本身是荒谬的，人与人之间在原则上是彼此不可知及不能理解的。在卡维尔看来，戏剧实际上总是在某种有机系统的隐喻中展开，并由此来测定不同悲剧人物对于这一有机系统的适应或偏移，即他们何以陷入对他人的或者来自他人的怀疑主义之中。这种无法逃脱的有机系统判定及其所产生的后果就形成了戏剧语言自身的"在地性"，而其所导致的"必然性"，也就是悲剧人物的命运所在。

一 《科利奥兰纳斯》中的有机体隐喻

1."食欲"作为日常的"欲望"：戏剧中的有机形式与无机形式

卡维尔对于莎士比亚戏剧的分析最初散见于他的文集与讲演录中，其中最早的一篇《爱的弃绝：读李尔王》收入《言必所指?》当中，而在《理性的申明》第三部分讨论他人怀疑主义的章节则出现了对于《奥赛罗》的分析。可见卡维尔并不是以一个莎士比亚研究专家的身份介入戏剧研究之中的学者，而是从莎士比亚的戏剧中读出了一些怀疑主义与日常语言相关的启示性内容，而这使得他洞悉到了悲剧的日常特质。1987年出版的《否弃之识：莎士比亚的六部剧》收录了包括《爱的弃绝：读李尔王》和《奥赛罗与他者之赌》在内的六篇莎剧分析文章。在该书的前言中，卡维尔指出了自己是如何将莎士比亚的戏剧归结到怀疑主义视野之下的。他认为，莎士比亚的悲剧在本质上是由怀疑主义所造成的，并且是对以往的形而上怀疑主义的日常转化。在这些悲剧中，他人的问题实质上是对笛卡尔式的上帝存在问题的替代，从而使得悲剧的剧词和对话总是围绕以下问题展开：

> 如躯体和心灵这般的每一件事物似乎都不是他人之所是；总是贪图关于他人存在最充分的证据；其后果总是在知道与承认上的双重失败，既无法将他人认识为物，也无法将他人承认为人；是为自己的怀疑主义所下的赌注；是形势的急转直下；是情绪；是相信的契机［……］是关于当我们表达自己的怀疑主义时我在表达什么；当我在表达知识的时候我在表达什么。[1]

用卡维尔自己的话来说，在他看来转向对于莎士比亚的认识就是给出这样一个场所（given place），让这些具有决定性的日常行为得以发生，将笛卡尔关于上帝存在的问题转化为他人的问题，这就意味着要由沉思转向戏剧行动。这种戏剧行动本质上是让孤立的知识性问题在彼此的相遇和碰撞中产出相应的结果，这个结果可能是问题的成功解决，也可能是失败。也就是说，在卡维尔的悲剧思想里，存在着问题式的互文性，其对实证主义的否定在于没有任何一个问题是能够被孤立地解答甚至呈现的："上帝存在"的实证表达就是"上帝是否向我显现自身"，这个问题是在"我是否在思考？"和"我是否存在？"两个问题的交汇中产生的，"上帝是否存在"并不先于我们对诸多自我知识的质询。换句话说，回答这个问题就是要给出这个问题得以被有效提出的条件，因此形而上学问题虽然在实证的层面上没有意义，但是它仍然是对这类问题的一个互文性邀请。同样，他人心灵问题也就是关于他人"是否向我展露心灵"，这个问题是由"我是否对他人有所欲求"和"我是否被他人所

---

[1] Stanley Cavell, *Disowning Knowledge: In Six Plays of Shakespeare*, Cambridge University Press, 1987, p11.

欲求"这两个问题的交汇产生的。

　　因此"他人心灵是否存在"也并不先在于那些邀请我们投入人际关系中的非实证概念，比如承认、同意以及爱。在卡维尔的理解中，这些非实证的概念本身只有在一些官能性的有机系统的运作当中才能呈现。戏剧作为一个"相遇的场所"或者"灵魂私人性的折中"，需要将我们对私人性的实证性理解邀请进戏剧的发生场域当中，戏剧对于私人性和他人性的严肃表达在于它能够超越不同的实证性视角的争执，而获得共通性的审美判断，这是戏剧艺术自身的本体论意义所在。在卡维尔的批评中，这一点具体表现为通过给出一个相应的隐喻性的人类官能系统，并邀请戏剧中的诸多角色以这样一种系统隐喻来理解自己与他人的存在形式。这实际上是对于皮切尔和多纳甘两种理解的折中。也就是说，在卡维尔的理解中，维特根斯坦的"冒着热气的水壶"本身是一个被给出的有机性系统背景，一种我们据以理解我们"内在"与"外在"自然表征性关系的参照系统。这个系统实际上是有待角色进入的"戏剧场域"，它提供了关于"内与外""私人与公共性"的标准，戏剧人物围绕着这一标准的切近或者偏移，决定了他们各自在剧中的命运。

　　最能直接反映卡维尔的这一戏剧观的，就是他对于戏剧中"食欲"这一隐喻系统的理解。在前文关于《一夜风流》的解读中，卡维尔就示例了女主角是如何在"提供食物"这一隐喻中理解不同的关系类型。在卡维尔对有机体的认识中，"食欲"是比"性本能"更为基本的人类存在的有机形式动因，实际上这也是卡维尔对于弗洛伊德理论的一个修正。在《日常的怪怖性》的讲稿中，卡维尔认为日常的怪怖（Uncanny）之处或者说我们的恐惧之所在，并不必推衍到弗洛伊德所说的"阉割"恐惧，而更多的是对于"生机物"（animate）与"无生机物"（inanimate）之间区分标准的缺失，而这就是怀疑主义最极限的内容。但这个修正更为重要的意义还在于，如此一来关于人类心理学层面的内容就因为没有指向某种实证意义上的"存在物"而全然脱离与哲学思辨以及政治问题的联系。换句话说，心理学层面的"内在"内容是以诗学的表达而成为

潜在的向外部转化的"内在机制",而不是内在隐秘的"某物":

> 正相反,对于人类之所知,这一区分就是一切的基础,或者说是人类一切决定(比如说决定去活着)的基础,而这一决定不发生在我们自身之外的任何地方。彻底的怀疑主义的哲学进程[……]就是这样的念头,即你可能在做梦的时候梦到你正醒着,这就是笛卡尔在他的"震惊"中所表达的面相。[1]

卡维尔在这一修正中给出的辩证关系在于,这一区分得以有效的基础越是恒定坚硬,也就是说任何被投入其中的个体都以此作为衡量自身与他人是否有机的"标准",那么在由这一基础所展开的"世界"中,就"决定"这一行为来说也就越不可避免。在这样的"世界"中怀疑主义是极端的,"世界"中人物的命运或者据此"标准"所承担的后果是必然的、无法逃避的。必然导致相应后果的"私人性"就是严肃的私人性,同时它也就是公共的。这实际上就是我们对于戏剧冲突的日常理解。

在卡维尔所分析的莎士比亚戏剧中,最能直接体现这一思想的就是他对于《科利奥兰纳斯》的解读。在这部作品中,莎士比亚塑造了马歇斯这样一个悲剧人物,他带兵为罗马立下赫赫战功,但却因为性格高傲看不起平民,不愿意以通常的惯例请求平民的授权,从而使自己处于各方的怀疑之中,最终在一系列流放和变节之中死于罗马。

科利奥兰纳斯的悲剧反映了莎士比亚悲剧的典型主题,即认知意义上的悲剧,对于知与被知的拒绝。卡维尔指出,虽然这部剧显然是描述了科利奥兰纳斯拒绝承认自己作为人类的有限存在性,但是这一描述还不足以为这部剧提供充分解释。一种对于戏剧的解释在卡维尔看来需要解释这样三个问题:首先,是什么让我们能够"看入"莎士比亚的戏剧,也就是那些戏剧的理念或者说作为戏剧自身的概念是什么;其次,

---

[1] Stanley Cavell, *In Quest of the Ordinary: Lines of Skepticism and Romanticism*, p.158.

在字面意义之下隐藏着的"渐发"与"呢喃"的意义（sense）是什么；最后，还包括其中所蕴藏的某些思想路径，它们是暗含于宗教礼制中的悲剧源头。[1] 戏剧必定是某种生活形式，而剧中的戏词只有在这样的生活形式之中被理解才能够获得其特定的意义。对于《科利奥兰纳斯》来说，卡维尔指出："这部剧是关于躯体政治的组织形式，同时也是关于这样一个躯体是如何被哺育，也就是说如何维持的。"[2] 其特别之处就在于用"食欲"将心理学和政治学上的双重视野融合到了一起。

实际上，在解释具有一定历史背景的政治题材的戏剧时我们经常遇到这样的疑难，即悲剧的发生究竟是悲剧人物的性格使然，还是外部的政治时运使然。卡维尔所持的视角是戏剧总是发生于这两个层面的共调性之中，所谓悲剧人物的"性格"不是一个被赋予的单纯属性，而是标识了其行动理念相对于其所处"世界"之中普遍生活形式的偏离程度。这种作为标准的普遍生活形式就是某种有机体隐喻，一种"世界"本身基于人性化层面而被理解的基本运作形式：

> 我希望两边阵营的读者能够用一种平等的视角看待心理学与政治这两个视角在该剧中的地位，或者说无论如何两个视角都是自然的：比如说，两个视角所感兴趣的都是关于谁来提供食物、食物如何分配以及需要付出什么代价。[3]

《科利奥兰纳斯》的开篇为罗马所确立的躯体化形象就是通过"食欲"展开的。在第一幕中，暴动的市民明确地界定了自己的暴动行为："只是迫于没有面包吃的饥饿，不是因为渴于复仇。"[4] 在论及第一攻击对象的时候，市民之间却起了争议。有市民将攻击对象指向本剧的主角，也就是马歇斯，他在后来的战争中因为战绩彪炳被赋予了"科利

---

[1] Stanley Cavell, *Disowning Knowledge: In Six Plays of Shakespeare*, p.144.

[2] Stanley Cavell, *Disowning Knowledge: In Six Plays of Shakespeare*, p.145.

[3] Stanley Cavell, *Disowning Knowledge: In Six Plays of Shakespeare*, p.145.

[4] 文中莎剧翻译参考了朱生豪相关译本，有改动，后文同。

奥兰纳斯"的称号。但另外的市民却认为马歇斯为祖国立下的战功不应该被攻击。提议要攻击马歇斯的市民指出:"他所做的轰轰烈烈的事情,都只有一个目的:虽然心肠仁厚的人愿意承认那是为了他的国家,其实他只是要取悦于他的母亲,同时他自己可以对人骄傲;骄傲便是他的美德的顶点。"而另外的市民则指出:"他自己也无能为力的癖性,你却认为是他的罪恶。"

这一开篇的争论奠定了马歇斯悲剧的基本矛盾,即无论如何看待他身上的功绩,市民都无法看到他所作所行的自然表征,也就是他的功绩是"为谁"而立,因此马歇斯作为一个英雄的"形象"在市民的认知层面遭遇了危机。虽然市民们"知道"马歇斯的功绩,但却没有途径去"承认"这一点。认为应该攻击马歇斯的市民将他的功绩看作一种有"特定"指向的功绩,而后者虽然维护他,但也只是将他的功绩放在一个"普遍"的意义上来理解。

在《理性的申明》中,卡维尔曾经从这个角度讨论过"是什么造成了怨恨与愤怒"。他认为这是由于人们总是感到在认知中存在一种"最佳"的状况,即默认"任何状况,只要身在其中的我们能够知道一些事情,被认识为(或者被认可为)好的或者坏的、对的或者错的,那么我们就能知道这个情况的相关性质"。卡维尔指出实际上并不存在这样的"情况",或者说不存在任何能够自证其意义的"情况":

> 如果我们把这个情况视为一个"原则",比如"承诺应当被遵守",那么我们就不会知道我们的赞同或者不赞同在这里有什么意义。如果我们中的某些人认为这是普遍真理,那么它反而看上去会是一个特定的道德观点,因为它有可能会因为危及同一主体其他的道德观点而被拒绝。[1]

而这正是两位市民的争论中所反映的马歇斯的困境,无论是将其功

---

[1] Stanley Cavell, *The Claim of Reason: Wittgenstein, Skepticism, Morality, and Tragedy*, p.264.

绩视为行动"原则"还是普遍真理，它都无法得到民众的承认：马歇斯生产了能够被见证的"物质"，但是却没有通过任何方式成为"哺育"市民的人。

这种对于国家英雄的认知危机被纳入"食欲"的有机系统之中加以检验，市民的"饥饿"同时也来自无法从英雄的功绩中得到对于国家统治群体认同感的"饥饿"，这构成了剧中罗马政治躯体的基本问题所在。这种处于"饥饿"中的焦虑状态既是心理学的，也是政治上的，政治上的"承认无门"与索求食物的"供给无果"共存于"饥饿"当中，它导致了市民对于国家及其英雄的"非人性化"的认识，从而造成了基于"饥饿"的反噬恐惧。卡维尔着重提到了市民的这句表述："就算战争不会吃掉我们，他们也会，这就是他们给我们的爱护！"[1] 卡维尔认为这种脱离人性化有机体的"饥饿"感在后来成了市民与马歇斯之间唯一的理解途径：他们只能看到马歇斯"饥饿"的一面，而他们自己则处于被吃掉的恐惧之中。在第三幕第一场中，率领暴民的护民官西西涅斯称马涅斯为"要把全城的人吃掉、让他一个人称霸的那条毒蛇"。

为这部剧提供作为参照标准的政治"生活形式"的是米尼涅斯，政治躯体形象是由他给出的。在平息市民的抗议中，他给出一个关于肚子与器官的有机体比喻，他以肚子的口吻说："我是这个身体的仓库和工场[……]虽然一时之间，不能看见我怎样把食物分送到各部分去，可是我可以清算我的收支，大家都从我领会食物的精华，剩下给我自己的只是一些糟粕。"接下来，米尼涅斯又给出了罗马元老院与市民的关系："罗马的元老院就是这一个好肚子，你们就是那一群作乱的器官；因为你们要是把它们所讨论、所关切的问题仔细检讨一下，把有关大众幸福的事情彻底想一想，你们就会知道，你们所享受的一切公共的利益，都是从他们手里得到，完全不是靠着你们自己的力量。"虽然米尼涅斯也是在指责市民行为而不是逢迎，但是这样的解释已然能够暂时平息市民

---

[1] Stanley Cavell, *Disowning Knowledge: In Six Plays of Shakespeare*, p.151.

的愤怒，因为这一"肚子与器官"的形象承诺了理解关系：它以一种有机体的形象申明了元老院与市民之间的责任关系，这种关系一定程度上缓解了"饥饿"状态中的焦虑，而不再完全陷入政府可能藏匿粮食的"实证"层面的怀疑之中。

米尼涅斯与市民所达成的作为有机体的政治形式，这种"饥饿"与"食物供给"所构成的心理及政治关系就成了卡维尔所说介以"看入"莎士比亚戏剧之中的戏剧自身的"概念"：

> 我们会感到其中弥漫着食物和饥饿、同类相食及对这一行为的厌恶，这些形象确实承担了这部剧所要呈现的意义，它们为我们唤起了某些可行的解释路径，同时也让我们能够注意到这部剧的特殊价值所在，及通过这些路径所显现的人类个体的价值所在。[1]

与米尼涅斯和市民所确立的有机体关系有别的，就是马歇斯与其母亲伏伦妮娅之间的关系。卡维尔着重谈到在第一幕第三场中，当马歇斯的妻子维吉利娅祈祷自己的丈夫不要受伤流血的时候，伏伦妮娅训斥她说：

> 去，你这傻子！那样才更可以显出他的英武雄姿，远胜于那辉煌的战利品，当赫卡柏哺乳着赫克托的时候，她丰美的乳房还不及赫克托流血的额角好看，当他轻蔑地迎着希腊人的剑锋的时候。

这段话可以说完整地体现了伏伦妮娅对于"饥饿"和"供食"这一有机关系的不同理解。赫克托从赫卡柏处得到哺乳，而获得了食物养育的赫克托则血洒战场，其中显然出现的对位是"赫卡柏给出乳汁的乳房"和"赫克托溅出鲜血的额头"。但是在伏伦妮娅描述中，两者处于单向度的关系当中：作为"食物"的乳汁有其受哺育的对象，这一受到哺育的对

---

[1] Stanley Cavell, *Disowning Knowledge: In Six Plays of Shakespeare*, p.146.

象获得了更高的美，但其"溅射"出的"鲜血"却没有承担者。与米尼涅斯所提供的有机图像不同，伏伦妮娅对于"食欲"的理解仅仅是一个单向度的崇高维度，其中的"食物供给"不能提供分配或者回馈："这种祷告会引导我们去思考，这个儿子从母亲的胸脯那里得到了什么，他被喂食的是什么，特别是我们还会发现在这种关系种，母子二人都仍然宣称他们是饥饿的。"[1] 这一系统中的"饥饿"是以单向度的消耗形式而存在的。

正如在米尼涅斯的"饥饿系统"中，作为食物提供者的"肚子"承担了哺育各个"器官"的责任，反过来说平民作为"器官"不能要求来自"肚子"的无条件的爱。而在伏伦妮娅与马歇斯的系统中，他们的关系恰恰与暴动市民的理解相同，而母亲却给予了儿子这种无条件的爱，从而助长了马歇斯非人性化的一面。在她剧中第一次与马歇斯的交流中，也就是劝说马歇斯修补与市民之间关系的时候，她说道："你的勇敢是从我身上得来的，你的骄傲却是你自己的。"这种"无条件"的"母爱"具有形而上的崇高，但从人类有机体的角度来说，它恰恰是一种扭曲的感情。卡维尔将伏伦妮娅与马歇斯的系统称为"饥饿悖论"：

> 被饥饿所消耗，完全自我喂食，与此同时也就同样意味着将自己作为食物，被逐渐吃掉。因此，科利奥兰纳斯和伏伦妮娅看待饥饿的看法，其所暗示的另一个事实是他们对于饥饿的观念是一种同类相食（cannibalized）。[2]

这种"饥饿悖论"实际上就是"美德"的"私人语言"，正如卡维尔对于维特根斯坦私人语言问题的解释，这种私人的"美德系统"或者说心理学层面上的私人认知由于受迫于确切的政治地位，其所导致的对于私人内在性的怀疑就必然导致基于公共有机躯体之上的偏离或者扭曲

---

[1] Stanley Cavell, *Disowning Knowledge: In Six Plays of Shakespeare*, p.147.

[2] Stanley Cavell, *Disowning Knowledge: In Six Plays of Shakespeare*, p.150.

的非人形象。在卡维尔的解释中，这就是悲剧产生的根本动因：私人的内在性在原则上当然可能被保持为"私密性"，但是"私人语言"由于是具体的行动表征，则必然使得"私人"占据一个位置，并进而扮演一个"角色"，它必然要受到公共的有机形式的勘测和想象。占据"位置"而又拒绝进入有机系统，这便是悲剧的来源，即对于"无条件"的诉求。由此，悲剧实际上提供了使"私人性"无法隐遁的舞台。

在卡维尔的理解中，有机系统中的"欲望"需要在米尼涅斯所设想的互惠关系中才能够获得其展开条件，这是"欲望"这一"私人性"的自然表达方式。而马歇斯的悲剧恰恰始于它在这个问题上遭遇的悖论，他由于自己的骄傲不愿意用自己的战功为依据来请求民众授予他权力，因为取得战功在他看来只关乎自己的骄傲而不是为了讨好民众，他只想接受民众无条件的授权。这一点表现在第二幕第三场他与民众的如下对话当中。民众问道："我知道你站在这里所为何事，那你有什么是能够显示给我们的？"马歇斯回答："我自己的功绩。"民众又问："只是你自己的功绩？"马歇斯回答："是的，不是我自己的愿望。"民众于是又问道："如何能够不是你自己的愿望？"卡维尔将这一悖论称为"对于无欲求的欲求"：

> 如果你的欲求就是不去欲求，那么你仍然确实是在欲求什么东西吗？如果是，那么你怎么才能表达它；也就是说，向别人说出它；更进一步说，去请求得到它？科利奥兰纳斯对这个悖论的回答是要达成最完美的功绩。但是饥饿就是想要某物，是匮乏，他的饥饿却是没有匮乏，是完全的，就像一柄利剑。我猜测在这里让民众做出判断的并不是科利奥兰纳斯作为一个贵族的回应，似乎首先被捕捉到的是一种难以控制的轻蔑态度，而原因就在于他自身，他的表现恰是一种自恋，这使得他身上首先被捕捉到的是难以控制的逻辑。[1]

---

[1] Stanley Cavell, *Disowning Knowledge: In Six Plays of Shakespeare*, p.149.

卡维尔在马歇斯身上所提炼出的悲剧命运的根本动因正是这种"难以控制的逻辑"。正如卡维尔在对维特根斯坦私人语言问题的解释中所显示的那样，对于"私人性"的"怀疑主义诱惑"本质上就是"实证"诱惑。换句话说，"实证"并不是对于"怀疑主义"的最佳解决方法，而是由怀疑主义所带来的后果，两者共同构成了"非人性化"的"生活形式"。在卡维尔对马歇斯悲剧的解释中，有机体的日常反而是能够被"控制的逻辑"，它使得私人欲望在公共的彼此指向中获得了严肃性和可理解性。"难以控制的逻辑"则只存在"实证"的解释出路，它是单向度的、消耗性的、非补偿性的。莎士比亚的戏剧显示了一旦我们把这种"无条件"的私人德性投入日常人性化的有机生活形式中加以推衍，它就必然会显露出自身的恐怖和悲剧性。"非人性化"是"实证主义"最终的归宿，对于政治和德性来说，"实证主义"都是致命的。

卡维尔指出，实际上在米尼涅斯为马歇斯辩护的时候，他恰恰指出了马歇斯与伏伦妮娅的美德观会带来怎样的灾难性后果，在第三幕第一场他说道：

> 我们的罗马是以赏罚严明著名于全世界的，她对有功的儿女的爱护是记录在天神的册籍里的，要是现在她像一头灭绝天性的母兽一样吞食了她自己的子女，善良的神明一定不能允许。

米尼涅斯在这里所指的"母兽"隐含了两个所指，其一是罗马自身，其二则是将读者的视线引向伏伦妮娅。正如卡维尔指出的，伏伦妮娅与马歇斯这种崇高的"无机"的"饥饿"只能让她在食用自己和食用自己的儿子之间做出选择：在自己孤高的饥饿感中消耗自己，或者在儿子的孤高中满足自己。卡维尔用伏伦妮娅劝阻马歇斯摧毁罗马的一段话来对比：

> 要是我不把你劝服，使你放弃了陷一个国家于灭亡的行动，而采取兼利双方的途径，那么相信我，除非你先从生养你的子宫上踏

过，然后才能将同样的践踏赋予这个世界。

虽然同样是为了保全罗马，但是伏伦妮娅和米尼涅斯所依凭的逻辑却截然不同。她无法超出"同类相食"的逻辑来理解人与国家之间的关系，对于她和马歇斯来说，"饥饿"的内在性只能通过外部的实证来喂养，而不是指向一个互惠的有机系统，这使得在两者的"食欲"关系中只存在吃与被吃的关系，卡维尔称之为"同类相食的闭合"：

> 食用者同时也被他所食用的东西所食用，如此这般地勾勒世界，由始至终。你可以称这种自恋的人格为同类相食，这就是科利奥兰纳斯从一开始就秉持的世界观，在他第一次长演说的最后他对市民们说："倘若没有元老院帮助神明束缚住了你们，使得你们有一点畏惧，你们早就彼此相食了。"[1]

因此，在卡维尔的解释中，《科利奥兰纳斯》所描绘的是两种截然不同的满足"食欲"的方式。一种是有机的政治组织形式，其本身作为日常的"生活形式"，"饥饿者"处于其中而本身也作为这一"躯体"的一部分，"私人性"的欲望处于公共系统的运转当中："罗马如果吃掉所有罗马人，则不再有罗马，正如其中一位护民官问道：'没有了人民城市还算什么？'"[2] 而另一种则是无机的、扭曲的、非人性化的"饥饿"系统。这一无机系统呈现于米尼涅斯在第二幕开篇向市民提出的一个问题："狼爱什么？"市民回答："羔羊。"米尼涅斯接着表示市民们正处于狼性当中，而他们要攻击的马歇斯就是那只"羔羊"，市民回答："他是羔羊，吼起来却像一头熊。"卡维尔指出，在这里市民并没有否认马歇斯是作为羔羊被他们所"爱"的，伏伦妮娅和马歇斯孤高的德性与暴乱的市民实际上都处于同样一种对于"饥饿"的理解中，而马歇斯最终在

---

[1] Stanley Cavell, *Disowning Knowledge: In Six Plays of Shakespeare*, p.152.

[2] Stanley Cavell, *Disowning Knowledge: In Six Plays of Shakespeare*, p.151.

返回罗马和谈时被市民用乱刀刺死，成为他"生活形式"中的"羔羊"。强者最终遭遇自己起初所蔑视的弱者的境遇，这是常见的悲剧主题。正是这种脱离日常"生活形式"的"实证性"，使得悲剧人物在"难以控制的逻辑"中落入了相反的位置：

> 如果这个问题问的是狼所爱的对象是什么，那么更准确的语法形式是"狼爱的客体（whom）是什么？"但是这种语法上的准确性同样也能够被从相反的方向上提问，如其严格的语法所示，也就是谁作为爱的对象使得狼是其所是。答案仍然很直接的是"羔羊"，这个答案不会终结任何一个方向上的询问，而是对于决定性论证的激发，任何一个方向都是一个函项，关于你将谁视为羔羊，反过来定义狼之所是。这两个方向都使戏剧行动有效运转，其依赖于戏剧聚焦词（focal verbs）的行动和积极的建构。[1]

实际上这种悲剧的本体论运作方式和维特根斯坦的日常语言观别无二致。首先，"生活形式"作为先验的有机形式，标明了戏剧世界中的"自然状态"，它是戏剧世界中的人物达成理解的可能性基准。其次，悲剧的根源在于这一"生活形式"之中的某种孤立的、扭曲的实证性语法，在这种语法中，人与人之间的关系是无机的，共通感的缺失迫使人们进入认识主体与认识对象的单向实证关系中。在这种无机的"生活形式"之中为自己的此在位置负责的人，在把他人看作"物"满足自己实证饥渴的同时，也承担着自己落入同一命运的风险。悲剧的结局往往就呈现为悲剧人物最终落入了这一结果当中，这是其所秉持的实证性语言之"在地性"的必然结果。实际上，卡维尔在这里的解释与霍布斯关于"人对人是狼"的人类自然状态的构想非常相似，后者正是为了避免这样的"同类相食"的社会而主张订立契约来保证和平。而从卡维尔的视角来看，契约由此就并不是外部规则，而是人与人达成理解和承认的

---

[1] Stanley Cavell, *Disowning Knowledge: In Six Plays of Shakespeare*, p.152.

"语法"。正如卡维尔在该篇文章的后记中所写道的：

> 我希望我已经充分指出，为什么对于诸多人类之声的研究必须被纳入对于人类社会形式的研究当中去，这种研究是关于对他人的认识，也就是说关于"我们的他人"（My others）。社会契约表达的是一个人对其被管理的认可，对作为一名公民的认可，这是一种对直言不讳的诉求，如同一个无论有多难都会让我去坚持的理由那样，一种原初的直言不讳的社会结构都必须被建立起来。[1]

2. 悲剧的本体论内涵：戏剧化行动中的"私人—公共"及"复仇—治疗"

卡维尔在对《科利奥兰纳斯》的解读中集中澄清了所谓"私人语言批判"究竟要解决什么的问题。日常语言之所以要研究这样一种"私人语言"，并非单纯为了划出私人与公共之间的界限，或者否认"私人性"存在的意义。这一问题也并不是关于我们认识对象的可知性与不可知性的问题，而是涉及"生活世界"及"生活形式"的问题。卡维尔实际上要指出的是，因为"想象一种语言就是想象一种生活形式"，所以想象一种"私人语言"就必然会相应地引出一种人与人之间确切的关系形式，这必然关系到政治学问题，而这恰恰是传统日常语言哲学的一大盲点。

卡维尔指出孤高的私人德性如果具有如此严格的"私人性"，则它就不仅是个人的慎独，而同时就是公共的政治观："无论谁来统治，所有的民众都会被纳入互惠循环系统当中，为公民提供营养也就意味着你自己一样会被进食。"卡维尔指出由此政治的戏剧（play about politics）所要表达的就不仅是权术层面政治统治权的争斗，而更是对不同政治组织形式（formation of political）自身的展现：

---

[1] Stanley Cavell, *Disowning Knowledge: In Six Plays of Shakespeare*, p.175.

这是城邦的基础，是关于什么使得理性动物能够适于交流活动，是政治形式的庄严所在。这部戏剧看上去就是对这种政治创造思考的产物，我们把这种政治创造称为公共的，是对于自恋、血亲相残以及同类相食的克服，这种公共性正是在这些关系的扭结中被认识。[1]

实际上，正如卡维尔在其"电影本体论"中不断强调的，电影媒介自身作为"自动化"的媒介生成自己的"世界"，从而使得摄影的对象获得了相应的公共性，而作为电影观看者的观众也必须在这种"公共性"当中才能够进入这个"世界"，否则就无法摆脱电影媒介基于真实与虚构二元对立之中的怀疑。一种本体论意义上的艺术形式的审美共通性效果就发生于这种"共调"当中。换句话说，艺术媒介自身的运作方式以及其中的种种关系同时也就是艺术与其观众发生交际的种种关系。这一点在戏剧这种艺术形式中体现得就更加明显，因为戏剧本身就是由人的行动所构成的，而非技术设备的制作。并且戏剧所使用的语言有一个很重要的特征，就是它既用于舞台上戏剧人物之间的交流，同时也是说给台下观众的。卡维尔非常看重戏剧语言的这一双重性，如果戏剧是一种本体论意义上的艺术形式，那么它自身就是在以"具身化"的形式来传达一种有机体标准，而这种标准同样也是观众与戏剧之间的有机体关系标准。这种机制本身就是对于"私人语言问题"在艺术形式上的回答，反之理解了"私人语言"问题同时也就理解了艺术形式自身的戏剧性、虚构性等"内部性质"何以不是与公共理解相对立的。

在另一个层面上，卡维尔实际上通过对莎士比亚戏剧的解读回答了何为"戏剧化"（theatricalization）的问题。"戏剧化"或者说戏剧的本体运作机制就是将自身呈现为一个有机的世界图像，或者相对于某一潜在的有机世界图像的偏移或者逆反，而这一有机关系同时被用来理解观众与戏剧之间的关系。"第三者"视角并不是一个客观超然的视角，仅仅

---

[1] Stanley Cavell, *Disowning Knowledge: In Six Plays of Shakespeare*, p.165.

将戏剧视为一个客观存在的人造物。实际上正是这种视角通过"看入"戏剧而证成了戏剧自身的理念，当我们说理解了一个戏剧，意思就是说我们能够投入戏剧自身所呈现的有机体关系中，并以此审视我们自身的符合和偏移。在卡维尔的思想中，这种"看入"的可能性机制就是日常语言哲学中所谓的"惯习"（conventions），但是与"约定俗成"这一通常理解不同，"惯习"应当是"自身被解释的那个东西，而不是用来解释的那个东西"。因此，"惯习"是被投入有机体中的"私人性"，只要它有意愿被表达，就必然要在"惯习"的"戏剧化"行动中呈现自身：

> 如果这一作品不是以戏剧的形式呈现，那么它就不可能是其他什么东西，或者以其他的任何形式呈现。但是在这里，当我问什么是"作为戏剧的作品"，我是在问在这部戏剧中，它自身成立的条件是什么。而我就直接去向戏剧本身寻求答案，因为我发现戏剧本身也在寻求它。[1]

因此回到本章开篇的问题，卡维尔将维特根斯坦的"私人语言"问题转化为了"戏剧化"行为。"冒着热气的水壶"在卡维尔的理解中实际上是一幕"戏剧"，它邀请旁观者接受或者拒绝这样一种内外关系的世界图像，这一图像的戏剧内涵在于它承诺了内在性与外在性之间的自然表征关系。它向我们提出的问题是，我们是否愿意接受这种必然的、不加掩饰的、绝对的直言不讳，如同自然规律一样的表达方式，即我们是否敢于投入这样一种世界图像当中。在卡维尔看来，这就是"世界的戏剧化""人类生活的戏剧化"以及"一个人存在的戏剧化"[2]，由此才不可能存在一种绝对意义上的"私人语言"。想象绝对的"私人语言"意味着我们必须要作为这一相应的"世界图像"的观众，这也就意味着我们必须先对这一"世界"表示接受或者拒绝，即卡维尔所说的"承

---

[1] Stanley Cavell, *Disowning Knowledge: In Six Plays of Shakespeare*, p.30.

[2] Stanley Cavell, *Disowning Knowledge: In Six Plays of Shakespeare*, p.37.

认"（acknowledge）总是先于"知道"（knowledge）。

由此我们能为"私人性"提供的位置只有两种：或者是对于某一"世界图像"的公开拒绝，或者是对于某一"世界图像"基于某种"承认"标准之上的偏移。除此之外并不存在其他的可想象的"私人性"。就《科利奥兰纳斯》来说，卡维尔指出，一旦我们理解了其中关于"食欲"的隐喻，这种理解同时也就以此界定了我们自己的位置：

> 观众作为饥饿者，将戏剧中的话当作食物，这就是我们与戏剧之间的诗学契合方式。然后我们就必须问自己，正如我们必须问其中的那些市民：为什么我们要停下来去听这些话？也就是说，作为一个观众意味着什么？我们感到这些句子具有救赎我们的力量了吗？[1]

在卡维尔的日常语言思想中，他人心灵与"私人语言"问题是对于笛卡尔"上帝存在"问题的"戏剧化"，同样日常语言也是对于实证主义的"戏剧化"。这种"戏剧化"的效果在于，关于"他者存在"这一奥秘的显现需要我能够参与其显现机制之中，即对于实证命题的"消化系统"。因此，"戏剧化"行为也就是对于诸多实证命题所导致的怀疑主义的"系统性平衡"行为。在此，卡维尔实际上通过《科利奥兰纳斯》回答了另一个更深层次的问题，即文艺作品中的"原型"思维实际上并不是对某一个原始的"存在物"的简单复制和再现，而是在"戏剧化"的行动中显现出为什么这一"原型"承载了我们对于平衡性和自然性的理解。"原型"思维本身是一种对于日常"生活形式"的认识，其能够被发现是由于它依然能够对当下的观众发出邀请，或者说依然作为"生活形式"在日常中发挥着作用。"原型"思维的日常属性之所以往往被忽视，是因为在"戏剧化"行为中它往往需要通过对偏离的"恢复"来强化这种日常的平衡性，这是隐藏在悲剧中激进行为背后的根本指向。

---

[1] Stanley Cavell, *Disowning Knowledge: In Six Plays of Shakespeare*, p.165.

如果我们把卡维尔所提炼出的"食欲"这一日常系统理解为必然的人类关系系统，它是以"饥饿""同类相食"和激进的"补偿"机制为主要张力源的，那么它所直接对应的戏剧模式就是关于复仇的。实际上在莎士比亚大多数的历史剧作中，复仇都是最为重要的主题。海瑟·赫希费尔德就将复仇视为莎士比亚时代的一个重要的思想机制。赫希费尔德指出，在这一时期的观念中，复仇和悔改多是对于错行（wrong-doing）的响应，它们具有相似的结构性指向：

> 在悔罪和荣耀话语中的概念同样也是原罪和救赎之中的概念，在奥古斯丁和安瑟伦式的关于受难（Crucifixion）的话语中都是如此，它们共享了关于"通约"（commensuration）的语言和逻辑，一种比例均衡的偿付，即"偿还"（getting even）。[1]

卡维尔在自己的浪漫主义诗学中也曾提到过"偿还"（getting even）——在他的用法中也有"归正"之意——这个概念，他运用这一概念来表明浪漫主义诗学作为"恢复性文本"的意义所在。他对此的解释也蕴含了与悲剧相契合的元素："悲痛暗示了不平（grievance），正如其缓解暗示了合法的补偿（remedy）"。这里所使用的"补偿"（remedy）在字义上也有贯通于"治疗"（therapy）的意思，而"治疗"也是维特根斯坦思想的重要概念之一：

> 从一种不平感中得到治疗（remedy）就是去接受一些赔偿（recompense）[……]而从悲愤的思想中得到疏解就是去知道没有什么能够"带回那些时日／原野中的光辉"，只有让时光逝去才能让一个"新生日"（new-born Day）存在，并由此去"发现残骸中的力量"。残骸不应当被修补，但它也许已经足够，足以激发那些更为

---

[1] Heather Hirschfeld, *The End of Satisfaction: Drama and Repentance in the Age of Shakespeare*, Cornell University Press, 2014, p.66.

当下的愤怒。这种悲痛的双重性就是我称之为不平（grievance）的东西，它表明了疏解和消除的失败。它将我们束缚在过往之上，因它是复仇感中的纠正之心：在为惊异之事提供偿还条件的行动之中它显现自身，一个人所能拥有的就是去重拾或者去仿效所曾有。因此，悲痛总是在异在的土地上切入我们的斗争。

我们现代人似乎就是将这种对于复仇基础的放弃想象为一种治疗（therapy）的效果。[1]

从这段描述中可以看出，卡维尔试图在一个更为广阔的层面来阐释维特根斯坦的"治疗哲学"，其途径是诗学以及"戏剧化"行为。卡维尔实际上指出，对于当下的可知性的怀疑，尤其是关于他人心灵的怀疑主义视角并不是由于它属于一种特殊的知识类型，而是应当被理解为"求知欲"的极端状态，它要求直接的实证意义上的"补偿"，由此可以被"饥饿感"来表征。在悲剧的概念系统中，卡维尔将其称为"不平"（grievance 也有"冤屈"之义），它既是对过往之不可回溯性所造成的无力感，同时也是一种由于无法摆脱对过去的追溯而产生的愤怒与复仇心态，也就是跨"在地性"的强制纠正。这就是卡维尔在悲剧中所给出的"私人语言"问题的"戏剧化"呈现方式。我们此刻对于他人内在性的执着实际上是知识论上的"饥饿"状态，是不受控制的欲望和情绪。在悲剧的语境下，被报复的人物的孤高被视为这种"无机"世界的罪魁祸首，是复仇者"饥饿"的制造者。这一当下的"愤怒"又成为一种抽离了过往"在地性"的反噬。而对于"复仇"的"治疗"如果是可能的，就在于过往的承担者必须将向过去的回溯理解为向"有机生活形式"的回溯，对于孤高者的复仇不是为了消灭孤高者自身，而是为了恢复那些曾经日常的"时日"和"光辉"。

这种张力构成了实证性或者他人心灵怀疑主义的"戏剧化"形式，即极端的"求知欲"所展开的"生活形式"与我们所要恢复的"生活形

---

[1] Stanley Cavell, *In Quest of the Ordinary: Lines of Skepticism and Romanticism*, p.75.

式"是截然对立的。比如从最浅显的层面来看,在前者的"生活形式"中,似乎除了战争之外就不存在任何恢复和平的方式。在对《科利奥兰纳斯》的解读中,卡维尔认为伏伦妮娅所展现的概念系统是"超出社会之上的无生活"(no life beyond the social)状态:"在母亲这里,这些表达亲密关系的默认语词指向弃绝、否弃、死亡。"而相应的,在马歇斯的妻子那里则是"超越社会关系的生活"状态,在劝阻马歇斯进攻罗马的时候,她试图通过他们的孩子来唤起他的仁慈:"在妻子处,默认的语词则是指向承认和自由。"其母亲所主导的概念系统充斥着实证的欲望——通过毁灭、否决、吃掉和清除——使得人性化的语言不被聆听,从而导致"世界"自身的不可持存:

> 对这些默识惯习的唤起在这部剧中被字面化了,它暗示了言说即战争,如此一来语词和战争都可能被作为食物。但是为战争而存在之人无法在和平中找到和平——这不仅仅是因为他个人无法让公民的语言进入自己的脑海,更是因为在他看来语言天生就是非公民性的(就算不是,他也根深蒂固地如此希望)。沉默于是就不是语言的缺席,而是对于人类来说根本就不存在这样一种似乎缺席的东西。从这个角度看,并不存在任何另外的世界。[1]

因此,在"悲痛"的双重性中如果仅仅存在"补偿"这一极,而不存在一个可追述或者可寻找的缺席的"世界",那么这种不可恢复的非人性就导致了悲剧的必然性:一种被绝对的实证补偿机制主导的世界不但是悲剧的,而且是单一的。林达·伍德布里奇就注意到了莎士比亚戏剧中存在的这种严格意义上的数学化补偿机制。[2] 而威廉·米勒则指出这种机制使得"以牙还牙(talion)被理解为诗学正义的美学标准,其

---

[1] Stanley Cavell, *Disowning Knowledge: In Six Plays of Shakespeare*, p.167.

[2] Linda Woodbridge, *English Revenge Drama: Money, Resistance, Equality*, Cambridge University Press, 2010, p.15.

中的核心观念是精确的契合,完美的适配"[1]。这种标准使得荣誉、平衡和个人正义成为高度个人化的复仇的一般性目标。但赫希费尔德就指出,复仇和忏悔之间的关系并不仅仅是同源关系,它实际上是高度机制性的(instrumental):

> 一方面,忏悔往往被整合于复仇的图示当中,即复仇者往往会期望错行者承认或者对自己的罪行表示后悔。另一方面,复仇的暴力本身也要被考虑为需要忏悔的行为,在一般看法以及神学看法中,"乐见坏人蒙羞"都是一个根深蒂固的愿望[……]因此,复仇就成为悔罪的一个亲和部分。当赎罪从属于一种关于我们诸事端的重新校准,那么已经存在的复杂关系将变得格外无常。[2]

因此,"私人性"实际上是一种有待展开的"戏剧化"扭结,对于"私人语言"的批判的实质性目标并不在于"私人语言"自身的存在性质,而是要提醒我们的"私人性"总是处于"实证性"的诱惑当中,即倾向于通过非人性化的方式斩断这一扭结,因此它也是"复仇""饕餮"以及"非人性化"的诱惑。而对于实证主义怀疑论诱惑的抵御——也就是"治疗"——就是通过"戏剧化"行为展开这一扭结,这也要求我们必须能够理解戏剧及文本行动始终指向一个可以回溯的"日常世界"。这种戏剧自身扭结的"自解"就是被卡维尔称为"剧中剧"(play-within-the-play)的机制,在后面关于《哈姆雷特》的解读中,这一问题会有更鲜明的体现:

> 我将这个关于肚子的比喻视为一系列的"剧中剧",是莎士比亚在它的戏剧中给出的规范——也就是对于科利奥兰纳斯来说其命运

---

[1] William Miller, *Eye for an Eye*, Cambridge University Press, 2005, p.65.

[2] Heather Hirschfeld, *The End of Satisfaction: Drama and Repentance in the Age of Shakespeare*, p.67.

的参照，因为《科利奥兰纳斯》本身就是一个关于食物的故事。[1]

卡维尔于是将问题引回到"他人心灵"作为"上帝存在"的日常转化这一观点。他指出实际上在《科利奥兰纳斯》中有多个场景暗示了马歇斯自己是作为基督的戏仿，比如他不愿意公开暴露伤口，而是表示可以私下向要求看的人展露（《约翰福音》20：29，耶稣对他说：你因看见了我才信，那没有看见就信的有福了）；又比如在母亲伏伦妮娅和妻子维吉利娅去规劝马歇斯不要进攻罗马的一幕中，两个女子的名字字头都是"V"，对应了《约翰福音》（19：25-27）中与耶稣共处一个场景中的两个女人的名字字头同为"M"。卡维尔指出这些线索暗示了马歇斯一直以类似耶稣基督的形象出现，但是他却没有完成属于耶稣基督的完整剧本，在剧情的结尾，她的母亲最终为了保全罗马而诱使他进城和谈使得他被杀害。我们可以将卡维尔下面这段话当作他对于这部悲剧之"悲剧性"的总结，一种在"他人心灵"视域下终究无法进入人类"共通感"之中的悲剧：

> 如果是他的父亲为了城市而牺牲了他，他可能会是上帝。但是如果是他的母亲牺牲了他，则他就不是一个上帝了。以他自身处境的逻辑来看，同时也是从心理学的层面来看，这就意味着他无法自我牺牲。他可以提供精神上的食粮，但是他不能将自己置于食物当中去，他无法说我的身体就是你们的面包。那么他的牺牲就不是救赎性的，因此我们可以说他的悲剧在于他无法达成一个悲剧。他的蒙难之地与他的牺牲无关，他被数剑刺透，被那些无法从他身上取得给养的手所杀害。他牺牲于他自己所激起的东西，而这也同样来自他的畏缩。对于罗马世界的历史来说，救赎还为时过早。[2]

---

[1] Stanley Cavell, *Disowning Knowledge: In Six Plays of Shakespeare*, p.163

[2] Stanley Cavell, *Disowning Knowledge: In Six Plays of Shakespeare*, p.161.

二 《哈姆雷特》与《李尔王》中的个人心灵与诸"世界"冲突

1. 实证主义压抑下的"我思":《奥赛罗》《哈姆雷特》与"剧中剧"

卡维尔对于《科利奥兰纳斯》的解读在其诸多莎剧的解读中是较为特殊的一个,其中讨论的是基于有机世界日常标准之上各种势力之间的角力。而卡维尔另外一个评论视角则是直接关涉人与人之间的怀疑主义的。这些视角所激活的就不仅是对于"世界"存在的某种有机形式的理解,而是涉及那些人类用于指向他人的更为日常的词汇,比如"猜忌""明白"与"爱",以及对这些概念的拒绝或否弃。在卡维尔看来,这些词汇虽然是一些无法被经验确证的主观意向性词汇,但它们仍然在人类的日常语言中占据着不可替代的地位,因此它们就不是虚无缥缈的,而是可以通过"戏剧化"来切实把握的。在这些戏剧评论中,卡维尔更直接地将戏剧视为最为直观的"以言行事"的具身化形式。换句话说,这些意向性词语并不是被我们以其字面意思带入某一场景之中的取效行为,而是和"承诺"这样的词一样被卡维尔视为日常语言中的奠基性词汇,其中每一个概念自身都是一套有待被展开的"世界",身处这些"世界"之中的人需要承担由这些语词所设置的某种人际关系类型。通过将自己带入或者操演这种关系类型,使得我们能够验证相应的"世界"是否足以让我们栖身于其中而不至于崩塌,关于他人心灵的问题实际上就是在这种戏剧化的验证之中被理解和明晰的。在卡维尔看来,实际上维特根斯坦的《哲学研究》对于这一问题的讨论就是这样一种戏剧化的诗学行为:"意义的领域在我们的惯习层面就是被诗学所占据的。"[1]

在卡维尔的莎剧评论中,最直接地体现这种批评思路的就是他对于《奥赛罗》的分析。卡维尔指出:"《奥赛罗》所提供的对于怀疑主义的解释,其核心在于奥赛罗将一个有限的女人放置于了上帝的位置","猜忌"这一怀疑主义类型直接对应着笛卡尔对于上帝存在问题的追问。笛

---

[1] Stanley Cavell, *Disowning Knowledge: In Six Plays of Shakespeare*, p.43.

卡尔的沉思最终确保了上帝超越于任何怀疑之上，而奥赛罗则由于不能遏制自己的怀疑而造成了悲剧的后果。究其原因，卡维尔指出这是由于奥赛罗误解了笛卡尔沉思的内涵："笛卡尔并没有将这一他者置于有限的存在中，从而通过能够被经验地看见的直接而确证性的方式来战胜他者孑然孤立的可能性。"相反，笛卡尔是通过理解自己在与他者关系中的位置来进行对于他者的沉思的："笛卡尔将自身与自身身体的关系视为这一沉思展开的特殊区域。"这种沉思放松了对于认识对象截然清晰的实证式的认识方式，却使得它能够以"准实质"（quasi-substantial）的方式建立一种他人心灵与身体的直接关系，这种关系并不像"轮船和它其中的驾驶员"这样的关系。[1]但是卡维尔也指出，笛卡尔的这种沉思方式并不是简单的"以己度人"的类比，而是只关于其自身相悖本性的构成：笛卡尔通过将身心二元论赋予自身，进而确立了"我"对立于他人的特质，这就意味着每一个他者对"我"来说在本质上都不是身心二分的客观存在。卡维尔指出，这就是我们从笛卡尔那里所看到的那个时代文化中的核心象征，也就是"基督的面容"，如今这一象征只有在文学中才能够被保留："道成肉身的事物，天堂与俗世之间神秘的会面，这就是发生在笛卡尔思想中的东西，而这不仅仅是属于基督教的启迪，而是对我们每一个个体都是如此。"[2]

与在《科利奥兰纳斯》中强调的"牺牲"类似，笛卡尔式沉思的另外一个面相就是通过自我解剖保持他者的完整性，而他者的完整性是作为"我"身心之间的扭结而存在的。我所认识到的自身存在的身心悖论成为我与他者分离性的根源所在，即"我"与他者的分离性之根源只能由我承担。反过来这种对于自我的不断探究与解剖，也使得他者之于"我"的存在越来越确实：

> 没有他者的观念在我自身之中，或者没有被铭刻于事实的呈现

---

[1] Stanley Cavell, *Disowning Knowledge: In Six Plays of Shakespeare*, p.126.

[2] Stanley Cavell, *Disowning Knowledge: In Six Plays of Shakespeare*, p.127.

之中，我们自身的本性之所是就失去了必然性 [……] 因此不仅仅是我们自身存在的事实，甚至我们存在的完整性都是基于他者存在的观念之上。因此，这些沉思说到底都是关于自我知识的探寻，是关于人之所以为人的知识探寻。[1]

由此，笛卡尔的身心二元论就并不是施加于认识对象身上的怀疑论，也不是施加于整个世界的"全域性"的怀疑主义，而就是关于自我的探究。上帝或者说他人存在的问题是作为"必要性"嵌入关于自我的剖析当中的，从而认识到自我的切实存在必须在与他者的切实存在的共调中才能获得必然性，而对于对象完美认识的追求则会破坏这种共调性。在卡维尔看来，这就是奥赛罗"猜忌"的内涵所在："我的生命源于她的信念"以及"我只要片刻不爱你，混沌就会袭来"。这两句台词构成了奥赛罗的基本信念："设置了一种最完美的必然性的赌注，这种观念在我的设想中主要被表达为这样一个前提：'如果我知道一切，那么我就会知道这个'。"[2] 因此，在剧中一旦奥赛罗意识到无法获得这种完美认识的时刻就是这部剧"突转(precipitous)的时刻"，而这一突转正是怀疑主义的节奏：理解的必然性全然成了赌注。

由此，卡维尔指出"猜忌"并不是奥赛罗指向苔丝狄蒙娜的"情感"(emotion)，而是"他情感的结构，就如同在他的爱中被缰绳所拖拽"。由于"必然性"是语言的意义能够被把握的基础所在，而"必然性"全然成为赌注则意味着对于语言意义的追求都成为捕风捉影："由此奥赛罗在剧中的行动就成为这样的行动，即他的想法不断地超出现实，被溶解于恍惚、醉梦或者是他魔咒般的想象的美丽或丑陋之中。"[3] 而这最终导致的，是奥赛罗自身世界的全然重置，也是对于语言运作条件的全然重置，卡维尔引用了第三幕第三场的台词：

---

[1] Stanley Cavell, *Disowning Knowledge: In Six Plays of Shakespeare*, p.127.

[2] Stanley Cavell, *Disowning Knowledge: In Six Plays of Shakespeare*, p.128.

[3] Stanley Cavell, *Disowning Knowledge: In Six Plays of Shakespeare*, p.128.

> 凭这个世界，我想要我妻子贞洁，
> 又想她不贞洁；我想你正直可靠，
> 又不想你不那么如此。我需要点证据。

并不是我们发现或者积累的证据证明了"世界"的存在方式，而是我们理解他人的方式构造了我们所身处其中的"世界"，而我们就被这个"世界"的逻辑驱使。从积极的角度说，我们所身处其中的"世界"是由我们自身的语言以及与他人的关系所创造的，通过改变我们指向他人的意向性结构，我们始终保有建构新世界的可能。但从负面的意义来说，正如《奥赛罗与他者之赌》这一题目所显示的，我们对于他者的态度本身是一个巨大的赌注，它决定了我们的"世界"将会是怎样的，一旦我们对于他者的下注将我们引向了实证的、由主体僭越到他人心灵内部的逻辑当中，则我们就会陷入无尽的猜忌中无法自拔，而最终只能通过抹杀他人的方式来摆脱这种无尽的折磨。

通过对奥赛罗"猜忌"的分析，卡维尔实际上潜在地界定了诗学与哲学之间的关系。在上面的论述中我们可以看到，虽然笛卡尔的沉思所提出的哲学问题是关于"上帝是否存在"的，但是其解决方式却是对自我存在方式的构想与剖析，并以此呈现出他者存在的"必要性"，而这就是相对于哲学语言的日常语言的运作方式，一种"戏剧化"，或者说一种诗学。由此，对于某一问题的实证在诗学中就被转化为了对于怀疑主义的克服，它不仅仅是关于人类知识的，更是关于人类自身的存在的，它关系到为什么我们能够充分理解一个问题，充分认识到我们与他者的分离性。日常语言之所以是一种全新的思维方式，就在于它解释了在人类实际的认识与交流活动中，理解这些问题远比给出答案重要。我们的思考实际上不是起始于疑问，这种疑问默认的是一种外在于世界的超然的主体性位置。我们的思考更多地起始于持续不断的聆听，对于卡维尔来说，日常诗学就是在聆听中通过建构一个与他者共在的"世界"方能树立自己的"此在性"，而悲剧则表现了这一工程的失败及其原因。

在对于《哈姆雷特》的解析中，卡维尔将关于证明的问题进一步深化到主体的在世姿态而非客观事实的对应。在题为《哈姆雷特证明之负》的文章中，卡维尔重新阐释了"剧中剧"所反映的主体认知上的重负。在剧中，哈姆雷特通过自己改编的默示剧来验证克劳迪亚斯是否是其父鬼魂所说的凶手。在传统的解读中，这部默示剧被视为克劳迪亚斯的罪证的证明。但卡维尔指出，明确地证明了克劳迪亚斯是凶手的证据，是哈姆雷特所偷听到的其私下的供罪忏悔，而默示剧本身则更多的是哈姆雷特在自身存在的"证明之负"下的"戏剧化"创作。进一步说，在剧中哈姆雷特的犹豫并不是由于复仇所可能带来的国家动荡，也不完全是由于他需要证据判断是否相信鬼魂的话。造成哈姆雷特悲剧的是他始终没有在任何现实的交际中获得自己作为主体的确然存在，而始终徘徊在一种主体的幻想当中。他的复仇由鬼魂所驱使，而由此他必须去证明一个并非由自己"存在之必然性"所提出的问题，而这个异质性的实证性问题与哈姆雷特自身的疑问纠缠在一起。在卡维尔看来，《哈姆雷特》中的"剧中剧"表面上是指向对于凶手身份的证明，但其所掩盖的是哈姆雷特自身的主体性疑惑，即反映了他自己所身处其中的权力关系幻想。

卡维尔将哈姆雷特的问题引向弗洛伊德的相关理论。在主流视角中，《哈姆雷特》由于弗洛伊德在《梦的解析》中的一个注脚而被归结为"俄狄浦斯情结"的典型案例。与这种看法不同，卡维尔认为哈姆雷特的"剧中剧"更确切地对应的是弗洛伊德对于"狼人"案例的分析。在这个分析中，弗洛伊德将对于狼的梦境重构为关于父母交媾的"原始场景"。但是卡维尔认为弗洛伊德理论的关键之处并不在于通过"原始场景"证明了某一时刻的真实经验，而在于构造"原始场景"这一行为本身，他认为这实际上就是在《哈姆雷特》中所出现的"剧中剧"的机制。卡维尔援引 W.W. 格雷格（W.W.Greg）广受质疑的一篇分析文章中的观点，后者认为实际上国王很可能并没有认识到默示剧中以毒灌耳的谋杀方法是对于他罪行的复现，或者说是对鬼魂所言的默认使得我们倾向于把关于谋杀的证明系于这一默示剧之上，但实际上让哈姆雷特确信的是克劳迪亚斯自身说出的忏悔。因此,"剧中剧"所承担的绝不仅仅是对于凶杀事实的证明。沿着格雷格的思路,卡维尔指出在这里最常被忽略的一点,恰恰就是这部用以试探的默示剧是哈姆雷特自己所创作的,他认为我们应该把"剧中剧"理解为哈姆雷特对于某种"原始场景"的建构:

> 是他自己的幻想,并且是一个特定的对记忆中原始场景进行解码的幻想,一个关于父母交媾的场景[……]我希望通过揭示这样的一种假设维持默示剧自身的神秘性,使其不亚于魔鬼存在本身。[1]

"剧中剧"更多的是由哈姆雷特自身的建构动机所催发,而非仅仅是听从鬼魂而对真实谋杀场景的复制。卡维尔找出了多处证据来证明哈姆雷特试图以一个创作者的身份来构造自己对于父亲、母亲以及克劳迪亚斯之间关系的想象,他始终是在写作和表演的视角中来"戏剧化"自身的处境:

> 比如哈姆雷特说道:"只要你不耻于演出来,他就会毫无遮掩地告诉你那是什么意思"(Ⅲ,ii,140-1),而在伶人国王和王后的对话后,他对奥菲利亚说:"我要是能看见你和你的情人在演傀儡戏,我也能做你们的解说人。"很显然哈姆雷特开始兴致勃勃,这绝不是由某一单一的缘由造成的[……]"我的想象必然污秽,如乌尔根的冶炼厂。"(Ⅲ,ii,83-4)这句话对我来说意味着我们之所以对于相信鬼魂有难以抑制的渴望,这同样也是因为我们与这种潜在的污秽环境有染而使得这种渴望被强化了,哈姆雷特折磨着自己并引导着自己一定要给鬼魂的确信性以证明。[2]

卡维尔指出,剧本甚至还是在有意将这种"写作的时刻"暴露给我

---

[1] Stanley Cavell, *Disowning Knowledge: In Six Plays of Shakespeare*, p.183.
[2] Stanley Cavell, *Disowning Knowledge: In Six Plays of Shakespeare*, p.183.

们,他注意到哈姆雷特最初与鬼魂达成的承诺是通过"记录在册"的方式给予我们的:"他单独强调了自己是以手写记录的形式给出'将我记在心上'这个信令的(哈姆雷特称之为鬼'话'),因此这其实并不是它所真正在实证意义上记下的东西。"卡维尔同意格雷格的看法,后者认为哈姆雷特的反应并非主要是由疯狂催生的恐惧感,而是其自身就是疯狂的征兆。在这里,卡维尔为这种"疯狂"给出了一个基于日常语言"在地性"缺失的解释,即"遵守诺言这一行为意义的缺失"。哈姆雷特以书写的方式履行对于鬼魂的"承诺",这意味着他们这件"承诺"的意义是不能被即刻判断为"真实"或者"虚假"的,这使得来自鬼魂语言中的所有信息都没有即刻地在实证意义上被锚定。哈姆雷特在这一"写作的时刻"将自己与鬼魂之间互相承认的基础搁置并延宕了,从而带来了之后一系列"剧中剧"的戏剧展开:

> 默示剧和持续不断的"剧中剧"则是其实现的场所。(毫无疑问这种阅读使得"记录在册"这段演说自身以一种幻想的姿态出现,一种强烈的写作冲动——哈姆雷特用手写下的致命念头——不是受谁的指令,而是这些句子早已被酝酿许久了。)[1]

虽然表面上看哈姆雷特只是肩负了一个由外部施加给它的实证性任务,但实际上在剧中真实发生的是哈姆雷特对于自己"世界"的一种戏剧化构建。卡维尔所指出的哈姆雷特的"证明之负"表现为一种"双重证明":一方面是对于鬼魂所说的证明,一方面是对于克劳迪亚斯良知的拷问。这两级的拉扯是哈姆雷特陷入犹豫的直接原因。但如果我们接受了卡维尔与格雷格的视角,也就是说这种"证明之负"催生的是哈姆雷特自身的写作冲动,那么这种犹豫也就可以被理解为有意地对于选择进入已存在的"世界"的延宕。

正是哈姆雷特潜在的建构自身"世界"的冲动,使其将视角从父亲

---

[1] Stanley Cavell, *Disowning Knowledge: In Six Plays of Shakespeare*, p.184.

的鬼魂和克劳迪亚斯的身上挪开，而以其母亲为幻想对象来建立一个"第三个世界"，也就是"戏剧世界"。在这一层面上，《哈姆雷特》这部剧才进入了弗洛伊德理论的分析范畴。在剧中，哈姆雷特对于其母亲的变向责难要远多于他与克劳迪亚斯的直接对话，在卡维尔看来这意味着对于哈姆雷特来说，自身独立"世界"的建构只能通过对母亲所处角色的幻想才能够获得依据，因此"哈姆雷特通过他的'想象'所指向的绝不仅仅是克劳迪亚斯作为一个凶手，而是描绘了一个克劳迪亚斯作为他母亲爱人的生动画面"[1]。实际上在以往对《哈姆雷特》的理解中，人们常常忽略了其母亲在丹麦诸多事件中所发挥的作用，而她是哈姆雷特唯一能够幻想并能据其对自己的处境进行解码的对象："将格特鲁德作为凶手这样一种字面上的可能性，或者作为帮凶[……]母亲的理论即是他自身的毁灭。"[2] 而灌毒入耳的默示剧实际上就是哈姆雷特基于母亲角色的"原始场景"建构。

因此，指向母亲的幻想就未必是一种"性欲"或者说"俄狄浦斯情结"，而是当哈姆雷特潜在地希望摆脱"证明之负"时所采取的一种建构"世界"的方式。在其中他的无意识冲动体现为在"戏剧化"的过程中确证自己存在的意志，这恰恰是他在实证性的"证明之负"下被剥夺的东西。卡维尔引用了哈姆雷特在开篇部分的两句剧词来说明这个问题：

当哈姆雷特说"我不懂什么叫'好像'"（I know not "seems"），以及他如此描述——"果真这就是'好像'，因为它是一个人表演的姿态"（Ⅰ，ii，83-4），他所要表达的并不是他自身对于他人来说是不可理解的（或是说他是无法自我理解的）。他所说的和波洛尼斯和克劳迪亚斯对于人性的知晓大同小异，他们对于人的所知都是间接的。因此，在我的理解中，哈姆雷特所说的"我不懂什么叫

---

[1] Stanley Cavell, *Disowning Knowledge: In Six Plays of Shakespeare*, p.183.
[2] Stanley Cavell, *Disowning Knowledge: In Six Plays of Shakespeare*, p.187.

'好像'"所要表达的是指，对他来说此在的世界是全然不同于其他人的世界。[1]

哈姆雷特的悲剧就在于他试图摆脱已有的不能确证自己存在的"世界"，而试图去建构自己的"世界"，但他仍然受制于其表面所承担的"实证之负"：

> 我将此视为哈姆雷特对于一般认知模式的初步描述——它是哀悼，是权力，也是命运，是客观性的认知、真实的认知。如此在我看来重要的是这部戏剧的行动是以关于哀悼的事情开始的，或者说是关于哀悼的拒绝以及无能。[2]

这种拒绝进入他人"世界"而又不能疏解实证负担的矛盾，就是哈姆雷特悲剧的根源所在。正如上文提到，实证主义所催生的对他者的怀疑主义在卡维尔看来预设了他者的非人状态（玻璃制的或者 X 光下的），而他也在《哈姆雷特》中找到了相似的画面："哈姆雷特后来凝视着骷髅，这个场景并不像传统的想象中那样是某种关于沉思和铭记的特殊道德时刻，而是日常的徽记，骨骼的姿态就是人类向他所呈现的样子。"[3]

在这里，卡维尔再次提到了复仇对于主体自我接受的阻碍作用。复仇所暗示的实证性补偿关系取消了个人在世界中的有机存在性："复仇更多的并不是要作为对手或者作为正义的拙劣效仿者，而是要作为个人身份的摧毁者。"卡维尔在哈姆雷特和雷欧提斯的复仇之间做了对比，他指出哈姆雷特的复仇是代替其父亲而复仇，这使得哈姆雷特失去了自身在已有"世界"中存在的意义：

---

[1] Stanley Cavell, *Disowning Knowledge: In Six Plays of Shakespeare*, p.185.

[2] Stanley Cavell, *Disowning Knowledge: In Six Plays of Shakespeare*, p.186.

[3] Stanley Cavell, *Disowning Knowledge: In Six Plays of Shakespeare*, p.186.

父亲是在告诉儿子去占据他自己的位置，让儿子的生命作为他的偿还，去纠正恶事，好让父亲安息。这个被爱着的父亲给儿子的馈赠就是对儿子自身身份的剥夺，而将自己的存在附身于其上——这是恶意的诅咒，他被再生为自己的父亲。[1]

相反，雷欧提斯则利用了其父亲的死亡，以其作为借口实现自己的野心，因此他对复仇任务的接受是轻易的，毫不犹豫的，而这种明确的自我存在意识恰恰是哈姆雷特所缺少的。他只能以一种被实证的复仇掏空了存在的躯体，去建构另一个有可能重塑自身存在的"世界"。但是他始终没有摆脱的就是那掏空了他身躯的"世界建构"的方法论，这就是实证主义的方法论，也就是哈姆雷特所承担的"证明之负"。

因此，所谓相比于《科利奥兰纳斯》在戏剧开篇就给出了有机世界模式的参照，在《奥赛罗》和《哈姆雷特》中，这个参照则是隐含的甚至是逆反的。与马歇斯一样，奥赛罗和哈姆雷特的悲剧都不是被动遭受的悲剧，而恰恰是他们主体意识觉醒甚至膨胀的结果。卡维尔实际上指出，主体意识的膨胀如果不能摆脱实证性思想的束缚，那么这种不平衡就会导致将自身与他人置于你死我亡的境地，而这种不平衡正是莎士比亚悲剧语言所要表达的东西："莎士比亚的语言中吸收了某种不平衡的心理架构，它们有时会被诱发出来。"他提醒我们主体意识是借由戏剧化的行为而勃发，这又意味着主体意识是不能脱离"世界"而孤立存在的。对于他人心灵的理解是通过彻底地思考主体意识在世界中的存在形式而被呈现的，这就是为什么说虽然我们对于他人的理解总是间接的，但是也正是由于这种间接性才使得我们的理解活动能够不以牺牲他人的"人性化"为代价，而这在卡维尔看来就是他人心灵、"戏剧化"和笛卡尔的"我思"所最终聚集在一起的地方：

在哲学中，笛卡尔关于"我思"的讨论就是对这一问题的表

---

[1] Stanley Cavell, *Disowning Knowledge: In Six Plays of Shakespeare*, p.188.

达,同时在爱默生那里也得以完善地理解和深入地阐明,也就是说人类的存在本身是关于证明其自身存在或者不存在的"证明之负",而这一负担在对于你自身存在的思考中被疏泄,在笛卡尔那里(虽然有争议)他找到了言说这一处境的方式:"我思故我在。"当然这种思考不是一次性的,而是关于每一个有关你存在的例证,去维持你自己的存在,去不断地诱发。"去存在"也就是去承担你自身存在这个事实,去赋权于它,就好像人类存在的基础就是戏剧,甚至闹剧。而拒绝这一负担也就是将自己判定为怀疑主义者——去拒绝存在,并因此拒绝价值以及这个世界。[1]

2. 实证主义危机下的"弃绝":《李尔王》中的诸"世界"冲突

在卡维尔所理解的莎士比亚戏剧中,戏剧冲突并不是在情节展开的过程中被遭遇,而总是宏观的和奠基性的,是不同"世界"之间的直接冲突,或者说是个体"世界"的建构失败。这种"日常世界"的"在地性"建构让我们能够直面日常生活世界的失衡,并且在悲剧任务的引导下投入恢复日常的努力当中去,去遭遇可能的失败或者对于"日常生活"的误解。正如我们已经看到的,莎士比亚的戏剧中或多或少都会出现某一"日常生活世界"的形象或者影子,在《科利奥兰纳斯》中,这一"日常世界"是在开篇以"食欲"的比喻所给出的;而在《哈姆雷特》中,"剧中剧"反映了哈姆雷特重建自身存在"世界"的热情和意志,他意图用自身的"世界"脱离于对他来说作为外部暴力的、失衡的、由他人所主导的固有世界。而在另外一些悲剧中,"日常世界"自身的形象自始至终是全然缺失的,它在一开始就呈现为对于日常理解可能性的切断,这样的悲剧是更为绝望的、始终处于混沌之中的悲剧,它所反映的是人类对于"世界"采取弃绝态度时所呈现的景象。这正是卡维尔在《爱的弃绝:读李尔王》中所呈现的景象。

---

[1] Stanley Cavell, *Disowning Knowledge: In Six Plays of Shakespeare*, p.187.

在莎士比亚的诸多悲剧中,《李尔王》是情节诡谲的一部作品。表面上看,剧中的人物大多处于一种极端的立场和情绪当中:疯狂的李尔王、轻信的父亲葛罗斯特、扮成愚人的爱德伽,以及心狠手辣而又陷入对恶人爱德蒙之爱中的李尔王的两个女儿。仅就表面的戏剧冲突来说,《李尔王》可以说是非理性的甚至是荒诞的。因此,在当时对于《李尔王》的流行评价中,这部剧被视为以隐喻与象征意义为支持的戏剧,批评集中于对于人物角色自身的人性分析。此类分析的代表人物是保罗·阿佩尔斯(Paul Alpers),他将《李尔王》中的悲剧归结于其中的高潮段落,即围绕着葛罗斯特被挖去眼睛的段落来理解整部悲剧的意义。阿佩尔斯由此认为《李尔王》是围绕着"视觉模式"展开的悲剧,从而在某种程度上回避《李尔王》所呈现的怪诞性:"葛罗斯特致盲的这场剧也许显得怪诞,但是它是被嵌入一个以'看'(seeing)这个概念为中心的场域之中的[……]对于这部剧通常的认识,就是李尔王在'疯狂中找到理性',而葛罗斯特则是在它的盲中'看见'[……]整个戏剧可以说是建立在这一组悖论基础上的。"[1]

卡维尔不满意这种基于主要戏剧冲突场景统摄全剧意义的阐释视角,因为根据日常语言强调行动和日常用法的立场,视觉行为(Acts of vision)是不能逾越其日常用法而直接作为道德洞见的象征的。和《科利奥兰纳斯》中"肚子"的比喻一样,"眼睛"的比喻所蕴含的也是一套有机体的动作:表达感觉、扫视以及认识他人。卡维尔指出,实际上当阿佩尔斯进入文本的时候,他也发现关于道德洞见的"象征"理论是无法被直接运用于情节解释的。比如在其他阿佩尔斯所谓的"视觉模式"的时刻,也就是葛罗斯特认出爱德伽以及李尔王认出考狄利娅的时刻,阿佩尔斯也承认其中的核心是"认出"而不是洞见。但是正如卡维尔在其日常语言思想中所显示的,一旦进入"认识"——或者更确切地说,"重新认识"——的范畴时,那么认识活动就必然是双向的:

---

[1] Cf. Stanley Cavell, *Must We Mean What We Say?: A Book of Essays*, p.273.

在这里尚无法理解的，为什么这些孩子在之前不被自己的父母所认，他们并没有变成一种字面意义上的不可见。他们是被隔绝的、禁止的、被视而不见的。那么这里被忽略的问题就是：到底是什么让再次接受成为可能呢？[1]

一部情节荒诞、戏剧冲突以施加于肉身之上的残忍达到高潮的剧作，它在叙事铺陈上越是显得非理性，就越是说明其中的戏剧行为必须承担某种"必然性"，即戏剧行为必须能够作为相应动作的回应，这样才能够让我们理解每个动作的意义，这正是卡维尔日常语言思想中所强调的"必然性"。因此，卡维尔认为对于这部剧主旨的切入点就在于要理解是什么使得葛罗斯特的双眼"必须"被挖去，仅仅是为了显示康瓦尔和二女儿里根的残忍吗？卡维尔指出实际上这是葛罗斯特所必然遭到的惩罚。

正如日常语言中的"必然性"暗含了理解的双向性："葛罗斯特和李尔王都必须首先认识他们自己，并且让他们能够被认识，向他人显露。"在葛罗斯特被挖去双眼之后得知了爱德蒙的真面目时他说："啊，我是个蠢材！那么爱德伽是冤枉的了。仁慈的神明啊，赦免我的错，保佑他有福吧！"（Ⅲ，vii，90-91）而在最后李尔王认出考狄利娅的时候，李尔王也说道："不要笑我，因为现在我是一个人了（as I am a man），我想这位夫人是我的孩子考狄利娅。"（Ⅳ，vii,68-70）[2] 在卡维尔的这一视角下，《李尔王》这部剧的荒诞与非理性实际上在于其"必然性"的实现机制是以直接且剧烈的补偿机制达成的，悲剧人物都是在付出了惨烈的代价之后，在最后的时刻才弥补上人与人之间达成理解的最基本的要素，即自我认识。

相比于《科利奥兰纳斯》和《哈姆雷特》中的悲剧更多地来自一种偏移和混淆，在《李尔王》中戏剧就是以直接打破"日常生活形式"开

---

[1] Stanley Cavell, *Must We Mean What We Say?: A Book of Essays*, p.273.

[2] Stanley Cavell, *Must We Mean What We Say?: A Book of Essays*, p.274.

始，这反映为李尔王对于表层语言的执着和葛罗斯特对于爱德蒙谗言的轻信。根据日常语言思想，卡维尔指出葛罗斯特的轻信是自身认识模式所带来的必然后果，这反映在他在开篇处所表现的对于爱德蒙身份"承认"的段落中：

> 他只是基于自己的视角来认知自己的道德主张，正如他就"承认"自己的私生子这个问题说了两次。但是这种认识对于他来说就全部在于承认爱德蒙以一个私生子的身份而作为他的儿子，他其实没有承认他作为一个儿子或者一个人，爱德蒙仍然没有摆脱他对于自身存在非法性的感觉，仍然感觉是被父亲放逐的。而实际上这件事情同样应该是葛罗斯特自身的羞耻。他将私生子的羞耻远远置于自身片刻放纵的羞耻之上。把羞耻系于某一个错误的事情之上，这实际上是一种对于羞耻感的扰乱，是一种一般性的错误。[1]

正是这种对于承认的"置身事外"使得葛罗斯特不仅疏离于自己的私生子，同时也无法与亲生儿子建立起互相理解的关系。这是他轻信的源头，也就是对于其儿子的"弃绝"（avoid）。《李尔王》中个人命运之所以显得怪诞、暴力以及剧烈，是由于整部剧是在日常语境缺失、弃绝理解的基调之中展开的。因此李尔王和葛罗斯特的"世界"是极度残缺，缺乏缓冲的，这使得他们每一个看上去微小的"闪失"最终都会带来极端严重的后果。

对于李尔王来说，他弃绝了理解他人的一切可能，使得语言仅仅退化为"字面意思"，即没有"蕴含义"的实证主义语言观，李尔王在开篇的荒诞决定由此可以被看作对于实证主义语言观的"戏剧化"处理。《李尔王》开篇埋下的这一祸根直观地说明实证主义语言观作为"生活形式"的运作方式，就是语言被作为"物质性"的等价交易筹码，而非所予与遗赠，这种交易的达成往往也就意味着交易双方"共在世界"的

---

[1] Stanley Cavell, *Must We Mean What We Say?: A Book of Essays*, p.276.

彻底分裂。从日常语言的角度出发，与其说由此获得土地的两个女儿对于李尔王的背叛是道德上的背叛，不如说是李尔王对于语言的"用法"造就了这样一种与他人彻底分离的"世界"。因此，在卡维尔看来，对于开篇这一看上去生硬的戏剧矛盾场景的理解，并不是简单地将李尔王理解为非理性者或喜好谄媚者，或将两个女儿视为背德者和欺骗者，又或将小女儿视为诚实的或忠贞的。卡维尔希望通过日常语言思维超越这种"道德洞见"的视角，因此他指出小女儿考狄利娅的沉默也从另一个方向上强化了李尔王对于他者的弃绝。实际上考狄利娅也陷入了实证主义语言的"生活形式"当中，即语言对内心的事物的表达是"非真即假"的：

> 她已经从姐姐的演说与李尔王的接受之间看到了李尔王想要的东西，并且她也完全可以提供。但是如果你心中无爱，假装公开说爱反而是简单的；但是如果你心中真的有爱，去假装说爱却未必是可能的。她首先采用的解决这一困境的方式就是：爱，并沉默。也就是说，以沉默示爱。她认为这似乎提供了李尔王所想要的，只是拒绝对于爱的表达，将其作为秘密。[1]

因此，事实上李尔王和考狄利娅陷入了同样的实证主义陷阱，只不过一个完全追求字面意义，而另一个则完全追求内在的"真"。卡维尔指出，实际上考狄利娅完全知道对于爱的日常表达的可能性所在，因为她实际上说道："我并不贫穷，因为我深信我的爱心比我的口才更富有。"（Ⅰ，i，76-78）这本应该是驱使表达的势能，而其"必然性"已蕴含在前在的承认中（实际上李尔王表露了考狄利娅是他的最爱）。但是科迪莉亚没有认识到这种日常语言的"必然性"机制，当她试图用语言"准确"而"对等"（"我是个笨拙的人，我不会把我的心涌上我的嘴；我爱您只是按照我的名分，一分不多一分不少"）地表达心中之事，

---

[1] Stanley Cavell, *Must We Mean What We Say?: A Book of Essays*, p.290.

其实际效果只会呈现为"去说,但是却使得她的爱似乎比她所说的还要少"[1]。考狄利娅的沉默表现了她对于语言的误置,即她无法在"说出的语言"与"内心的事情"之间建立"蕴含"关系。用卡维尔的视角来看,即我说出的话"必然蕴含"了我心中的爱,这是我们表达爱的日常方式,而考狄利娅和李尔王分别在两个方向上弃绝了这种日常之爱的表达:弃绝字面意义对于内在之物的必然所指,也就是弃绝了日常语言的"蕴义"。

因此,《李尔王》所描绘的是一个"日常"在开篇就完全被弃绝的"世界"情景,并向我们展示了这种弃绝所遭遇的最严酷的后果。对于葛罗斯特来说,因为他一直弃绝"正视"自己以及儿子的位置,被挖去双眼是他所营造的"生活世界"对他的反馈;同样,对于李尔王来说,由于他试图通过语言的"字面意思"剥夺考狄利娅的人性"蕴义",则考狄利娅在这种认知模式中就不是被当作一个活生生的人看待的,因此她的死亡就是对李尔王"世界"的回应。因此,整部《李尔王》所表现的就是实证主义语言观主导下的"悲剧世界",在其中所有的补救(爱德伽与被挖去双眼的葛罗斯特的相认,李尔王与考狄利娅的相认)都是悔之晚矣之事,而剧中所有人物的死亡都是这一"实证世界"中的"必然性"结果。关于这种"必然性",卡维尔运用他日常语言分析中所运用的句式转化来解释:"'为什么她会死?'这个问题并不是由'她的死意味着什么?'的答案来回答的,而是由'是什么杀死了她?'来回答的。"[2] 对于考狄利娅的死来说,真正的凶手无疑就是李尔王所营造的"世界",尽管在最后他承认并接受考狄利娅的爱,但是按照这一"世界"逻辑自身的推衍,其实现"相爱"的方式也只剩下对于承担了实证逻辑的主体的抹杀,也就是说只能是在这一由实证主导的"无机世界"的毁灭中,才能实现主体间的"相爱"。这就是作为实证主体的李尔王和考狄利娅在开篇就注定的命运,正如李尔王在结尾处说道:"对于这

---

[1] Stanley Cavell, *Must We Mean What We Say?: A Book of Essays*, p.291.
[2] Stanley Cavell, *Must We Mean What We Say?: A Book of Essays*, p.296.

样的牺牲，我的考狄利娅，天神也要焚香致敬。"[1]

作为卡维尔最早的一篇莎剧解读文章，《爱的弃绝》相较于之前提到的分析文章来说显得更为冗长和琐碎。它更像是一篇阅读随想，但是它却最直接地对应着卡维尔的日常语言思想。它最突出地反映了我们对于语言和认识模式的选择是如何关涉着我们的"生活形式"，以及在最极端的戏剧化呈现中，实证主义下的"日常共通感危机"会带来怎样的后果。

实际上，卡维尔的这种日常语言解读也为一些传统的解读提供新的理解视角。诺斯洛普·弗莱在其对于《李尔王》的阐释中就以剧中不同的"世界"作为分野来理解其中的戏剧冲突。和卡维尔一样，弗莱也指出了《李尔王》以"世界"冲突对"道德洞见"的超越，从而提出了和卡维尔相似的如何进入"阅读"的无预设立场："当我们开始阅读或者聆听《李尔王》的时候，应该努力让自己假装似乎从来没听过这个故事，并且去忘记我们知道两个女儿和爱德蒙有多坏。"[2] 弗莱认为，莎士比亚在这部剧中显然希望抽离我们"道德同情"层面上的干扰，而让我们更多地投入"戏剧同情"(dramatic sympathy)之中：葛罗斯特和李尔王虽然在道德上是正义的，但却都是愚蠢的，是对爱弃绝的；两个女儿和爱德蒙虽然在道德上是败坏的，但是在他们的"世界"中，爱德蒙最终是被爱的。因此弗莱指出，在这部剧中真正的戏剧角色并不是每一个个体，而是不同的"世界"：爱德蒙、两个女儿和挖去葛罗斯特眼睛的女婿在一边，而李尔王、考狄利娅、爱德伽和葛罗斯特则在另一边。

弗莱指出，实际上在基督教的世界观里，人们对于"自然"的理解并不统一，"自然世界"实际上分为四个层次：以日月星辰为象征的天堂，是上帝所在之地；而人类的自然秩序属于伊甸园世界，在这个世界中"自然对于人类来说就是有意图地让人类能够永续地生活，生活在宗教、道德和文明之中"；其次是堕落的物理自然秩序，也就是我们现在

---

[1] Stanley Cavell, *Must We Mean What We Say?: A Book of Essays*, p.298.

[2] Northrop Frye,"King Lear." Harold Bloom ed., *William Shakespeare's King Lear*, Infobase Publishing, 2010, p.14.

所身处的环境,"一个看上去对人类冷漠无情的世界,尽管智慧的人还是能够看到一些原初光辉的踪迹";最后则是诡谲的世界,"常常与自然毁灭性的一面相联系,比如荒野上的风暴"。在弗莱看来,这一"世界层次结构"是一个总体性的自然基准,我们所谈论的自然是什么,这并不取决于"自然"这个词在语义上的确切意义,而取决于我们身处哪个具体的层次当中:

> 很多事物对于人类来说是"自然"的,但是对于低层次的任何事物来说都不是自然的,比如有所节制的生活和服从,穿衣,运用理性等等诸如此类。这些显示了一个恰当的对于人类来说的"自然",它使得人类不同于动物。[1]

换句话说,是这样一个恰当的区分层次使得人类能够在"自然视域"中区分出自身的人性之所在。而在《李尔王》中,悲剧人物的悲剧产生于对诸"自然层次"背离。比如弗莱指出,爱德蒙所理解的"自然"仅仅局限在物理层面的自然,李尔王的"世界"则因为缺少一个真正的"上帝"之所在的至高层次而发生扭曲。弗莱指出,如此一来在李尔王的"世界层次",人类就不是因为其所适配的更高的自然秩序而与非人类的低级秩序相区分的,而是将"爱、忠诚和权威视为人类世界的本质"。与此同时在更低一级的层面上,人的物理存在又和动物性的存在无异,"就像狮子与羊之间的弱肉强食"。[2] 因此,对于李尔王的"世界"来说,人的内在自省和外在诉求是在存在层次上就相互分离的,他越是孤立地将纯粹的内在精神内容看作世界的本质,就越是将人的躯身存在,即对于内在精神的外部表征的可能性看作不可信的、低级的、值得怀疑的。

虽然从表面上看弗莱的纵向结构与卡维尔所强调的"日常生活形式"是截然不同的,但实际上两个人都在强调"世界存在"的基准,这

---

[1] Northrop Frye, "King Lear." Harold Bloom ed., *William Shakespeare's King Lear*, p.17.

[2] Northrop Frye, "King Lear." Harold Bloom ed., *William Shakespeare's King Lear*, p.18.

一基准要求"世界"的存在形式本身能够成为一个普遍人性得以实现的场所，它能够让我们在持守人类独特性的同时，而又不影响我们的自然视野。虽然我们难免身处某种有限性之中，但是我们的理解视野仍然能够穿透层次的隔膜获得整体性的"生活世界"。而无论是上帝的存在、自然的意图还是非人性的存在都是构成这一"世界"的"戏剧化"因素，它们之间直接的"势能差"构成了我们言说和理解的动力。而卡维尔所关心的是这样一种"视域之差"所形成的动力会将我们推向何方，即我们倾向于从这样的推动中学到什么从而革新我们的世界观，改变我们的"在世位置"，促成新的认识模式，而实证主义无疑是最大的反面诱惑之一。正如卡维尔对当时的逻辑实证主义氛围所做的描述那样，当我们在实证主义的诱惑下弃绝某一种非实证性的思想范畴，比如美学、道德或者宗教，我们都不仅仅是拒斥了某一种特定的学科，还踏上了一条拒斥人性化的怀疑主义之路。通过对莎士比亚戏剧的分析，卡维尔展现了这一危机的可怕之处，同时也提醒我们对于这一危机的救赎方式其实早已存在于我们的日常之中：

> 爱的弃绝总是开始于对某一种特定类型的爱的弃绝：人们不是天然不会去爱，而是倾向于去学习如何不去爱。而我们生活总是开始于必然地去接受一些处于爱的名义下的事物，任何被如此亲近地给予我们的东西，然后我们才能理解爱并不依赖于具体的对象。而对于某种特定的爱的弃绝或者接受，都会传播到每一个他人或者他物之上。每一个爱，或者说对于每一个爱的接受和弃绝，在我们与他人之间互为镜像。[1]

---

[1] Stanley Cavell, *Must We Mean What We Say?: A Book of Essays*, p.300.

第四章　日常语言哲学的批判性：卡维尔的怀疑主义观

导言　从"先验"到"基础"的转向："批判的"日常语言哲学

根据开篇所提到的纳特·汉森对日常语言哲学的脉络的梳理，他将后期维特根斯坦一派称为"批判的"日常语言，这一看法可以说更确切地反映了这一时期西方语言哲学界的整体思想状况。这一状况一方面反映为"日常语言"对传统形而上学、早期分析哲学和逻辑实证主义的持续批判；另一方面则更加直接地反映为"日常语言哲学"本身试图成为康德之后的新的"批判哲学"。一方面和康德一样，这一派别的日常语言哲学家往往从批判笛卡尔主义的立场出发，将日常语言哲学替代传统哲学的任务落实于抵抗怀疑主义的具体批判领域；另一方面则表现为对于康德批判哲学基于日常语言视角的反思。尽管斯特劳森和麦克道威尔等该流派的哲学家并非有意识地将自己归入日常语言哲学家的范畴，斯特劳森甚至明确否认自己的哲学属于"日常语言哲学"，但他们对于康德批判哲学的看法显然都基于更加"分析哲学化"甚至"日常语言化"的视角。这主要体现为，虽然这些"康德研究者"反对笛卡尔主义的"先验实在论"以及由"身心二分"所带来的"全域性的"（global）怀疑主义，但是同时他们也不能接受康德通过一种"先验叙事"（transcendental story）来解决怀疑主义对于经验确实性的攻击。

从"先验叙事"这个修辞就可以看出，日常语言哲学的思潮试图将康德的"先验观念论"降格为一种可选择的反怀疑主义的"策略"，而并非唯一的、具有优先性的"策略"。这种意图显然受到了维特根斯坦"游戏"与"规则"观的影响。如果说早期分析哲学仍然是建立在反"心理主义"基础之上对于经验确定性问题的寻求，那么日常语言哲学实际上展现出了更大的哲学野心，也就是要形成一种能够与康德的批判哲学具有竞争关系的"日常理性批判"。这使得对于康德的某些"现代解读"实际上又把问题域拉回到 18 世纪末康德哲学刚出现时所遭遇的种种原初批判之中。比如格拉汉姆·伯德就曾指出，20 世纪后半叶兴起的对于康德的讨论，实际上可视为 18 世纪末对于康德哲学批判的"平行叙事"，而并不是对于康德的某种"新解"。[1]

在这一阐释路径上，美国著名康德研究者，同时也是卡维尔学生的保罗·盖耶尔的论述可以用来表明这一路径的基本立场。在盖耶尔看来，康德所说的时间与空间作为形式是事物显象（appearances）的条件，其仅仅是"关系"而非事物本身的属性，这个说法反过来也就暗示我们必然只能获得事物表象的（representation of things）的形式。这说明对康德来说，"现象"（phenomenal）世界完全是由关系所构成的，而由于物自体落于时空关系的边界之外，故而我们才不能获得有关它的知识。盖耶尔认为自从弗雷格和罗素在分析哲学的视野下提供了更为清晰的逻辑形式，康德形而上学晦涩的逻辑关系也就不再具有吸引力了。[2]

不过，日常语言哲学之所以转向康德批判，这不仅仅是出于其一贯的对于旧形而上学的拒斥，日常语言哲学内部的语用学或者说实用主义转向也引发了这种重申何为"批判哲学"的意识。随着维特根斯坦的去世，以蒯因为代表的"外延主义"倾向开始成为英语学界最有影响力的潮流。在其著名的《经验主义的两个教条》中，蒯因通过批判逻辑实证主义的两个基本原则改变了语言哲学的关注方向：

---

[1] Graham Bird, "McDowell's kant: Mind and World." *Philosophy*, 71.276 (1996): 222.

[2] Paul Guyer, *Kant and the Claims of Knowledge*, Cambridge University Press, 1987, p.352.

现代经验论大部分受两个教条制约。其一是相信在分析的、或以意义为根据而不依赖于事实的真理和综合或以事实为依据的真理之间有根本的区别。另一个教条是还原论：相信每一个有意义的陈述都等值于某种以指称直接经验的名词为基础的逻辑构造。我将要论证：这两个教条都是没有根据的。正像我们将要见到的，放弃它们的一个后果是模糊了思辨形而上学与自然科学之间的假定分界线。另一个后果就是转向实用主义。[1]

蒯因所掀起的语言的"外延主义"转向通常被视为一个创造性的转向，但往往被人忽视的是，蒯因在该篇文章以及提出著名的"本体论承诺"的《论何物存在》中，他一定程度上回到了早期分析哲学的某些思维原则。比如说，当蒯因提到康德对于分析陈述的设想时，他指出康德所认为的这类陈述实际上局限于"主谓"形式，并且求助于一个停留在"隐喻水平"上的包含概念。[2] 我们在早期分析哲学中罗素关于"主谓形式"的论述里就已经看到这样的陈述了。接下来蒯因又指出，在对于分析性概念的具体使用上，康德的分析性陈述又可以具体表述为：如果一个陈述的真以其意义为根据而不依赖于事实，它便是分析的。他认为在此处康德假定了一个"意义"的概念。在对于"意义"概念独立性的消除中，蒯因认为弗雷格和罗素虽然各自采取了不同的表达方式，但是两者的共性在于他们指出了"意义"与"指称"需要被清楚地区分。而一旦我们能够做出这种区分，那么我们就能够清楚地认识到"只有语言形式的同义性和陈述的分析性才是意义理论要加以探讨的首要问题；至于意义本身，当作隐晦的中介物，则完全可以丢弃"[3]。

从蒯因的论述中，我们可以印证之前所提到的一些看法，即日常语

---

[1] [美]蒯因：《从逻辑的观点看》，江天骥、宋文淦、张家龙、陈启伟译，上海译文出版社1987年版，第19页。译文有修订。

[2] [美]蒯因：《从逻辑的观点看》，江天骥、宋文淦、张家龙、陈启伟译，第20页。

[3] [美]蒯因：《从逻辑的观点看》，江天骥、宋文淦、张家龙、陈启伟译，第21页。译文有修订。

言哲学发展至此,实际上已经开始意识到早期分析哲学的一些思想性原则对于日常语言自身发展的必要性。但是,在蒯因所提到的"另一个后果",即转向实用主义的问题上,这一阶段的日常语言则开始走向吉拉德·卡茨所说的"极端外延主义"以及苏珊·哈克所说的"庸俗实用主义"或"形式融贯论",两者都将批评的矛头指向了将蒯因的"外延主义"继续向极端"语用学"推进的唐纳德·戴维森以及自认忠实秉承戴维森哲学观的理查德·罗蒂。在语言哲学的这种实用主义转向中,蒯因对于早期分析哲学某种严格性的唤起并没有得到重视或者被有意忽略掉了。这种"实用主义"的日常语言观实际上将自身合法性的对立面建立在了"符合论"之上,进而将其等同于一种"广义先验论"。但从上文的引述中我们可以看到,蒯因所说的"意义"作为中介物可以舍弃的意思,实际上是指康德意义上的作为独立概念的"意义"可以被舍弃,而代之以一种外延式的"意义"视角。但是这并不代表语词意义的相对主义理解,正如我们在前文所看到的,"词语的意义"的问题实际上并不真的存在于维特根斯坦的后期思想中。

在《庸俗实用主义:一种不诱人的前景》中,苏珊·哈克指责罗蒂的"反基础主义"是一种导向"社群主义"的企图,认为应当警惕这种思想可能激起的对于"约定论"和"语境主义"的过于热衷。[1] 苏珊·哈克对罗蒂的论证"诡计"进行了分析,她认为罗蒂制造了虚假的二元对立:

> 一是把真理视为针对会话的反对意见而可以捍卫的东西,一是把真理看做:没有明言但却暗含在康德和普特南的关于形而上学的实在论对内在实在论的区别中的东西;总之,某种相当自命不凡的东西,甚至因为它的难以达到而被热望的东西。[2]

---

[1] [英]苏珊·哈克:《证据与探究——走向认识论的重构》,陈波、张力锋、刘叶涛译,中国人民大学出版社 2004 年版,第 191 页。

[2] [英]苏珊·哈克:《证据与探究——走向认识论的重构》,陈波、张力锋、刘叶涛译,第 187 页。

哈克接下来站在"实在论"的基准上对"基础—融贯"做了光谱式的界分：罗蒂的"非实在论"（"真的"意味着针对所来者加以捍卫的东西）；皮尔士的"实用主义"（真理是假设的理想理论）；拉姆塞和塔尔斯基的"极小实在论"（"真"作为精致的或者闭公式与对象的无限序列之间的关系）；前期维特根斯坦和罗素的逻辑原子论的符合理论（真理成为命题与事实的结构同形）以及奥斯汀的符合理论（真理成为联结陈述与事态的"约定性关系"），并归为"强实在论"；最后，真理作为复制和反应物自身观念的"广义先验论"。苏珊·哈克认为在这种细致的分类下，我们很容易看出即便不接受"非实在论"，也并不代表就承认了"广义先验论"，我们仍然能够找到不同程度的基于"实在论"的立足点，而彻底抛弃实在论的基准则会导致"庸俗实用主义"。[1]

罗蒂对此的回应更多集中在"反实在论"的后果并不必然导向"犬儒主义"，问题仅仅在于"实在论"基准所要求的不同程度的"示真性"问题。在苏珊·哈克的理论中，只有被当作"证据的标准"才是平凡而又合法的，但是这同时意味着基于"实在论"的基准来划定标准需要在某处通过"停止"来给出证据，而这种"停止"对于日常生活中的情形来说只能是一种"不期而遇"：

> 我认为探索——尽我们所能地适合窜进我们以前的经验和信念的任何东西——是每个人都情不自禁地在做的某件事情。我们不需要某个称作真理的目标来把我们引诱到这个自动的自愿的与环境相协调的过程之中 [……] 证据的标准只有在如下情况下才引起人们的兴趣，有人告诉我们停止使我们的信念适合于我们的经验和我们的其他信念。但是没有人会那样做的。并且试图那样做的任何一个人

---

[1] [英]苏珊·哈克：《证据与探究——走向认识论的重构》，陈波、张力锋、刘叶涛译，第 187 页。

都将无法回答某个不同意见者的质问。[1]

罗蒂此处的看法某种程度上是与卡维尔的看法相似的，即"如何提出问题"对于日常语言来说才是根本性问题。"怀疑主义"的问题就在于，有些问题在其所要动摇的语言"在地性"中是无法被真正提出的。但从另一个角度说，"示真性"具体"时刻"到来的可能性是否也是被寓于日常语言当中的？这也是日常语言哲学所必须思考的问题，即我们应当知道的是"如何"（how）而非"什么"（what），也要知道日常语言中"必然性"的来源。在这一点上，如我们之前所看到的，卡维尔的日常语言观并不能完全等同于罗蒂式的或者戴维森式的日常语言观，他仍然试图发掘作为日常语言的"基础性"的范畴。正如苏珊·哈克也明确指出的，融贯论可以是"基础"的，而我们不能轻易抛弃"基础"这样一个词语。而这种"基础"，正如前文已经提到的，对于卡维尔来说是对于语言"在地性"中"必然性"（must）的觉知。这也就意味着，日常语言"在地性"中的个人也并非自然地落入极端的"共同体"外延之中。从这个角度看，我们仍然可以在卡维尔的日常语言观中看到早期罗素所说的语言的"逻辑结构"与世界的"同构性"：我们对于自己语言之中信念"基础"的觉知，同时也就是我们对于日常世界中诸多"概念"范畴，比如政治、道德、法律以及广义的"共同体"的清晰觉知。日常语言在卡维尔的看法中，既是反思的对象，也是反思本身得以可能的通道。

因此，这一时期的日常语言哲学所面临的问题是双重的，但与其说它更多的是在针对康德式的先验哲学，倒不如说是对于"极端外延主义"，或者更直接地说，一种"相对主义"发展趋势的焦虑。正如我们在苏珊·哈克的分析中所看到的，谨慎的日常语言哲学家一方面试图避免"先验论"的指责，另一方面又要避免陷入相对主义的庸俗融贯论当中，这种双重性某种程度上造成了日常语言哲学对于康德理论带有先入

---

[1] [美]赫尔曼·J. 萨特康普编：《罗蒂和实用主义——哲学家对批评家的回应》，张国清译，商务印书馆2003年版，第204—206页。

之见的"新阐释",即用一种"本体论"的思维来看待康德的"先验观念论"。这使得像盖耶尔这样的康德研究者以"本体论的实在论"作为标准来对康德的"先验观念论"进行评估。他认为只有通过"本体论的实在论"才能反驳唯心论。[1]

一旦认为康德是以这样一种"本体论"作为潜在目标,那么康德所给出的认识的"先验条件"当然就不如早期分析哲学所提供的逻辑形式更为清晰,甚至在某些层面也是不能自洽的。从蒯因的"本体论承诺"中也能看出这一时期语言哲学中的这种"本体论"倾向。这种被预先带入康德理解中的倾向,实际上反映出此时的日常语言哲学关注如何能够既脱离"广义先验论"的指责,同时又避免语用学层面的滥用。因此,像盖耶尔和斯特劳森这样的"康德研究者",其批评视角中隐而不显的基本立场即认为这种"本体论"是在日常语言的理性层面而非实用层面上被诉求的。他们对于康德的批评实际上可以被如此理解,即批判哲学的思维如何能够在日常语言的理性层面被表达出来。

这种日常语言哲学在当时思想环境下的潜在诉求在卡维尔的论述中尤为清晰,这也就是为什么虽然他的论述并不是最系统也不是最复杂的,但是却是最具有洞见性的。卡维尔对于日常语言哲学作为"批判哲学"之可能性基础的阐释之所以关联于怀疑主义的问题,实际上也是为了将日常语言哲学纳入"批判哲学"的语言"在地性"当中。正如我们在卡维尔的日常语言观中所看到的,他明确地将维特根斯坦的"生活形式"看作康德"先验范畴"在日常语言中的表现,并且将日常语言所呈现的相关"知识"超越于"词语的意义"的寻求之上。

因此,卡维尔所引导的日常语言哲学与怀疑主义相关性视角也可以被视为以蒯因为代表的"外延主义"转向的主要形式,即在保留早期分析哲学基本原则的基础上,拒绝走向以逻辑实证主义为代表的"概念分析"。在卡维尔的视角里,正如主流的后期维特根斯坦阐释所显示的那样,"概念分析"所带来的后果使得语言问题趋向于非此即彼的基于"真

---

[1] Paul Guyer, *Kant and the Claims of Knowledge*, p.281.

假"的判断，这也导致了研究者往往倾向于以另一种"普遍怀疑"来寻求解决怀疑主义所提出的问题。但是正如卡维尔始终强调的，对怀疑主义采取"一般性"（general）的解决方法，实际上反而是要去接受"怀疑主义"想要将我们置于的处境之中，是对于"怀疑主义"的"自我解释"。[1]卡维尔更倾向于否认的是这样一种观点：认为后期维特根斯坦所代表的日常语言哲学是将"怀疑主义"作为一个需要被驳斥的"外来威胁"。实际上，维特根斯坦反而是想要通过对我们日常语言中诸多"怀疑主义"倾向的研究显露出"怀疑主义"自身的疑难与自反。在卡维尔看来，这其实就是我们获得自己语言方式的基础所在。[2]

一 对"先验"的反思：日常语言视野下的"物自体"与"直接性哲学"

1. 问题的转化："先验哲学"的语言学维度

对于康德以及康德之前的哲学与认识论状况，日常语言哲学倾向于以特定的问题指向来统摄其中的共性，这就是"拒斥怀疑主义"。实际上，虽然对于"怀疑主义"的解决在当代视野下似乎是一个理所应当的视角，但是将其用于以康德为代表的早期批判哲学的评估则有可能成为一种"特选"的视角。因此，与其说日常语言哲学对于康德哲学的重估是对于这一认识论自身的反思和研究，不如说是通过占据这样一个位置而站到反击旧认识论的前线，从而获得当代"批判哲学"的重要地位。在《认识论的自然化》中，蒯因指出传统认识论在通过"知识证成"反对"怀疑主义"这一问题上倾注了极大的精力，但是这样的努力却是失败的。这导致了传统认识论逐渐开始走向一系列限制性的"自然化"进程。蒯因认为实际上人类并没有真的逃脱休谟的问题："休谟的困境同

---

[1] Stanley Cavell, *Conditions Handsome and Unhandsome: The Constitution of Emersonian Perfectionism: The Carus Lectures, 1988*, University of Chicago Press, 1990, p.35.

[2] Espen Hammer, *Stanley Cavell: Skepticism, Subjectivity, and the Ordinary*, Polity, 2002, p.31.

样也是人类的困境。"[1] 而对于笛卡尔来说，站在融贯论的视角，罗蒂提出笛卡尔的思想从另一个角度来看是有意地为"怀疑主义"及其相应的界限都盖上了一层面纱（veil-of-ideas）。[2] 这反而说明，实际上我们可以既不陷入笛卡尔的思想，也不必陷入现代怀疑主义与认识论界限的诸多纠葛当中。从这两位哲学家的言论中我们可以看出，将传统哲学的问题锚定在"怀疑主义"问题上，实际上是将整个哲学引向实用主义的重要策略。因此，如果将康德的"先验观念论"视为以"反怀疑主义"为原初问题意识，那么以日常语言学的角度来看，作为"策略"的"先验观念论"就应该接受基于语言学范式的改造。

事实上，康德本人没有明确提出自己的哲学具有针对"怀疑主义"的意图，但是他却明确指出过"怀疑主义"作为对于根本性问题的质疑方式，其中包含着其自身的"真理性"问题。比如在《任何一种能够作为科学出现的未来形而上学导论》当中，康德虽然指出休谟关于"不存在先天知识"的结论是"仓促而不正确的"，但是却并未将休谟作为一种"怀疑主义"的类型加以否认，而是承认休谟打破了他"教条主义的迷梦"：

> 问题不在于因果概念是否正确、有用，以及对整个自然知识来说是否比必不可少（因为在这方面休谟从来没有怀疑过），而是在于这个概念是否先天地被理性所思维，是否具有一种独立于一切经验的内在真理，从而是否具有一种更为广泛的、不为经验的对象所局限的使用价值：这才是休谟所期待要解决的问题。[3]

正是康德"批判哲学"的这一原初问题意识被日常语言哲学的视野

---

[1] Willard Van Orman Quine, *Ontological relativity and other essays*, Columbia University Press, 1969, p.72.

[2] Richard Rorty, *Philosophy and the Mirror of Nature*, Princeton University Press, 2009, p.140.

[3] ［德］康德：《任何一种能够作为科学出现的未来形而上学导论》，庞景仁译，商务印书馆1997年版，第8页。

重新捕捉。在康德看来，休谟所提出的问题显示了"怀疑主义"对于哲学的启迪作用。哲学应该提出的问题是什么？这一点需要从"怀疑主义"中获得。但假如这些"怀疑主义"问题中想要具有某些值得追问的"真理"，那么它就必须是对我们日常思维中某种真实焦虑的呈现，用蒯因的话说，它所提出的困境必须是"人类的困境"。休谟的"怀疑论"并不是一种"特设"（ad hoc）的"怀疑论"，正如康德指出，实际上休谟的困境正来自他从人类的日常思维中发现了"因果范畴"先天起源的必然性，但也是由于日常思维的这一来源，他认为只能从经验中人类所能运用的日常方式出发，比如经常性联想或者作为主观必然性的"惯习"来推衍这一先天范畴，正是由于将这一原则一以贯之才使他"遭遇"了怀疑主义的困境。

康德所举出的相对于休谟的反例是洛克，他认为洛克之所以没有"遭遇怀疑主义"，是由于他在经验之中虽然发现了这些"先天范畴"，但随即便将这种"发现"等同于可以从经验之中推衍出这些范畴。这种不一致使得洛克的"知识"实际上无视经验界限之所限，而膨胀到了一个非理性的领域。[1] 这种对应性的表述，实际上非常类似于罗素对于"迈农主义"的批判，即休谟的问题承认了某种跨界"僭越"的不可能性。而仅仅从对于经验界限的忽视上来看，虽然洛克面对的是直接的知识，但这种知识从其获得的整体性语境上来看，和"心理主义"并没有根本性的区别。

如果将康德的批判哲学落实于这一具体的问题意识上，正如盖耶尔所言，他的思想确实与早期分析哲学在很大程度上具有共性。首先，康德的批判哲学从最本然的层面看，可以被视为对同一问题的提问方式基于语言形式的转化。这种理性的思维方式正如前文所述，贯穿于从罗素到赖尔整个语言哲学发展的始终，而卡维尔通过语言"在地性"的申明明确了这样一种日常语言的理性方法。乔纳森·里尔曾在自己

---

[1] ［德］康德：《纯粹理性批判（第2版）》，李秋零译，《康德著作全集》（第3卷），中国人民大学出版社2004年版，第100页。

的著作中非常直白地表述了对康德"先验哲学"的日常语言理解：

> 在这里我并不意图对康德议题进行详尽的讨论，而只是要说明如果我们回到康德，对于作为反怀疑论模式的先验议题来说，我们会发现一种更为切实的理解方式[……]对于 X 的先验讨论也就是寻求为 X 建立一种正当性，而自然会带来具有反怀疑论的效果，事实上这也正是康德的先验演绎所做的事情。但是，确保这一正当性的方法不是将怀疑主义推向自身的悖论，也不是将"什么是 X"（what it is to be X）重新遮入其极广极深的无法把握的语境中。它面向的是"X 如何可能"（How is X possible），它直面这一问题，而不是怀疑主义的反讽。[1]

因此，从日常语言哲学的视角看，康德对于怀疑主义问题的回答也是出于一种"转念"。康德认为休谟问题反映了人类运用理性的客观综合时，总是自发地想建立"无条件的统一性"的原则，因而才遭遇了一种"完全自然的对立"："理性虽然由此得到保护，得以免除纯然片面的幻相所造成的一种自负信念的安睡，但同时也使它受到诱惑，要么沉浸于怀疑的绝望，要么采取一种独断的固执态度。"[2]因此，从积极的角度看，休谟问题作为康德批判哲学所要解决的基础性问题，是为了"增进理性的自知之明的意图"[3]。由此，"怀疑主义"实际上与知识的可能性问题相反相成，是知识何以可能的原初动力所在。从语言哲学的角度来看，这种对于"希望"的重拾是先在于康德自身的批判哲学之上的。

---

[1] Jonathan Lear, *Open Minded: Working out the Logic of the Soul*, Harvard University Press, 1998, pp.285-286.

[2] ［德］康德：《纯粹理性批判（第 2 版）》，李秋零译，《康德著作全集》（第 3 卷），第 277 页。

[3] ［德］康德：《纯粹理性批判（第 2 版）》，李秋零译，《康德著作全集》（第 3 卷），第 478 页。

2. 雅各比问题与"理论"的虚无主义：日常语言哲学视野下的康德与斯宾诺莎

"哥白尼革命"这一由康德自己在著作中提出的术语非常贴切地显现了其理论相比于传统认识论巨大的转折性意义，但也会带来很多关于"先验"的争议。正如前文所示，康德哲学的缘起通常被视为对休谟关于知识合法性问题的回答，而休谟问题的关键，如果我们比照于早期分析哲学反对"心理主义"的问题意识来说，也是对于"必然联系"（necessary connection）之确证的不可得，休谟认为在经验认识中我们无法获得这种联系，但是我们却总是如此进行思维。康德的"哥白尼革命"于是可以被看作通过先验的方法来重新确立这种"必然联系"，康德的革命在于逆转了传统的主客二元对立的观念，这种主客体之间的"必然联系"被转化为一种个人主体的常规属性。哲学上的"哥白尼革命"是一种"假说"，即我们对于外物的认识能力与对于自身认识之可能性的基本条件的发现是一体两面的，由此对主体认识条件的发现本身也就意味着先天综合的可能性。

这种转向在认识对象的层面就导致了康德的特殊划分，这就是关于"物自体"与"显象"的划分。这种转向对于主体认识条件的发现视角在《纯粹理性批判》中时而会展现出强硬的一面，它不仅仅意味着我们能够发现自身的认识条件，同时还意味着知性本身是自然规律的来源。但是正如盖耶尔指出的，这并不意味着康德将人的"立法能力"神话化，而是要反过来说明我们的知性以如此强硬的方式获得的认识结果不过是使得对象"显象"于我们。也正因如此，对象对于我们在直接性层面来说就是不可知的。盖耶尔认为，这意味着康德对于休谟怀疑论的拒斥是以某种笛卡尔式的怀疑论的视角展开的，即否认表象事物的方式和对象本身具有必然的联系。[1]

盖耶尔的这种看法虽然未必准确表述了康德先验哲学的本义，但是他确实代表了基于语言分析哲学看待康德的一类视角。以康德本身

---

[1] ［美］保罗·盖耶尔:《康德》，宫睿译，北京：人民出版社2015年版，第53页。

所设想的情况来看,"物自体"与"单纯的显象"之间的区分并不是一种"人类学"层面上的发现,而是为了展开一种"曲行论"的必要划分。如果把康德的"曲行论"仅仅看作一种可选择的方法,那么对于"物自体"的特设就是有待讨论的,而不是被无异议地接受下来。正如前文所说,实际上这样的视角表现为 18 世纪末对于康德批评的当代版本——雅各比的那一著名论断"没有物自身的假设,我们不能进入康德的批判体系,但有了这个假设,我又不能留在其中"——的重启。

雅各比认为在康德先验观念论中有两个互不相容的承诺。一方面,康德的"单纯表象"承诺了对于外部知觉(sense)的本然接受。但雅各比认为,如果没有一种真实存在的指向"真实事物"(real thing)的区分作为中介,从而存在一种切实的由一物联系至另一物的途径,我们的感知力实际上是没有意义的。因此康德必须预设"物自体"来保证我们对于对象感知的客观有效性。[1] 而这样一些关系,雅各比列举如"外在于另一个"和"组合"、"行动"和"激情"、"因果"和"依赖",诸如此类概念如果不是已经被涵盖在"真实与客观的决定性"当中,那么感知对于我们来说就是没有意义的(meaningless)。这种缺失导致雅各比觉得自己无法进入康德的哲学当中,只有跳过这些概念而接受"物自体"的设定。但另一方面,如果接受了"物自体"的概念,那就意味着尽管在先验观念论者看来我们认为独立于我们表象之外的对象和事物没有展示任何东西,但是它们仍然是"存在"于我们之外的,并且是我们所感知到的显象所指向的。如果是这样,雅各比认为毋宁说所谓的"内部存在"就仅仅是主观决定论的,而"客观真实"则完全是空洞的。[2]

雅各比对于康德"先验观念论"中这种不一致性的批判反而将康德哲学判定为一种"怀疑论"哲学。从获得关于外部对象相关知识的可能性这一点上来看,康德的先验观念论对于"物自体"与"显象"的区分

---

[1] Friedrich Heinrich Jacobi, *Main Philosophical Writings and the Novel Allwill*, McGill-Queen's Press-MQUP, 1995, p.336.

[2] Friedrich Heinrich Jacobi, *Main Philosophical Writings and the Novel Allwill*, p.334.

反而否认了这种可能。由此一来，康德的先验观念论就带有了笛卡尔主义的色彩。在康德《纯粹理性批判（第2版）》中著名的"反驳唯心论"出现之前，也就是在康德明确将自己区分于笛卡尔主义之前，笛卡尔主义的幽灵始终徘徊在康德的一些段落之上。比如，在康德定义什么是"先验观念论"并且将其区别于"先验实在论"的具体段落中，雅各比认为康德的如下表述并没有显现出与笛卡尔主义的根本性不同：一切可能经验的对象都无非是单纯表现，在我们的思想之外没有任何自身有根据的实存。[1] 正如亚瑟·柯林斯指出的，在当今新出现的康德解读中，仍然大量存在着这种基于笛卡尔主义的对于康德的理解。这种倾向未必表现在直接将康德等同于某种程度上的笛卡尔主义，而是过度强调康德论述中出现内部与外部感官的基础性区分的段落。[2] 这种理解倾向所针对的问题，仍然是雅各比所说的由于缺少内外感官必要的联系而无法进入康德体系的问题。

雅各比的第二个批判则表现在，如果我们接受"物自体"的设定而"强行"进入康德的体系，即我们迫使自己走出笛卡尔主义，则可选的另一条道路则必然跌入"现象主义"，也就是贝克莱主义的窠臼中，即我们只能退居到"单纯显象"的世界中。这样一种批判在语言哲学界的代表就是斯特劳森，在《知觉的界限》中他认为康德的区分会导致一种"先验的唯我论"[3]，这一问题在之前讨论我们与"规则"的"位置关系"的部分已经有过论述。简单地说，斯特劳森认为，康德实际上会同时陷入雅各比所批判的这两个困境当中，因为我们"被给予"的经验将不得不从"我们"（us）或者"我们的"（our）被降为"我"（us）和"我的"（mine）。此外，还有一个虽然有所不同但是也没有逃脱主观决定论的理解来自亨利希。他认为康德的理论在这一点上应该是对每一个人都清楚

---

[1] ［德］康德：《纯粹理性批判（第2版）》，李秋零译，《康德著作全集》（第3卷），第328页。

[2] Arthur Collins, *Possible Experience: Understanding Kant's Critique of Pure Reason*, University of California Press, 1999, p.155.

[3] Peter Strawson, *Bounds of Sense*, Routledge, 2002, p.196.

的，即康德假定所有被直接给予人类的知识材料都是"单纯而独立的质（qualities）"，因此它并不是我们在某一时刻感知到的复合物（complex objects）的某些方面。由此，在知识层面上，这些"数据"（date）所归属的对象我们将永远也无法遭遇："关于我们知识的一切物体都必须是被构建的。"[1]

当然，无论是从康德自己在《纯粹理性批判（第2版）》中"反驳唯心论"的部分，还是从其他坚持捍卫"先验观念论"的康德研究者那里都能看到，这样一些理解仅就康德本人完整的观念论系统来说是片面的，甚至是带有先入之见的。但在此要关注的是，这样一种18世纪末的批判倾向何以能够在当代语言分析的氛围下复兴，这实际上要追溯到雅各比问题的整体性原则之上。

雅各比对于康德的批判是伴随着其对于斯宾诺莎主义"泛神论"的批评一同进行的，两者都导向正统神学的彻底终结。事实上，雅各比对于两者的批判最初基于他们各自的哲学思想对上帝存在的看法。在雅各比看来，康德的划分实际最初反映在《证明上帝存在唯一可能的论谔》之中。康德在这篇文章中的核心看法是否定"存在"作为上帝的谓词，因为这样一来就意味着上帝的存在从属于"存在"的可能性，但是如果没有确实的存在也就意味着没有什么是可以被设想的，其后果就是没有任何事情是可能的。因此在康德看来，上帝的可能性先于存在是荒谬的。因此上帝的存在并不依赖于其能够被设想。[2]这样一来，上帝作为"物自体"的原型就完全无法被直接认识，但是它又要在人类的思维中占据一个重要的位置。

这样的理解在康德道德哲学里有着最为清晰的呈现。康德认为上帝的观念仍然是必要的，这是因为道德意味着我们要对抗"道德怀疑论"，即"好意不得好报，恶意获得胜利"。这种怀疑论可能是由全能主宰者

---

[1] Dieter Henrich, *Identität und Objektivität*, p.42. Cf. Arthur Collins, *Possible Experience: Understanding Kant's Critique of Pure Reason*, University of California Press, 1999, p.157.

[2] Beth Lord, *Kant and Spinozism: Transcendental Idealism and Immanence from Jacobi to Deleuze*, Springer, 2010, p.26.

的掌控所带来的，也可能是由于没有这样一个主宰者才导致的。因此，相信"好人有好报"也就必须设想有这样一个道德的"担保者"，这就是上帝的角色，但它只是作为"公设"存在，而不会在实践的进程中时刻在场：实践中的理性最终也仍然仅仅诉诸善意本身而已。但是仅作为"担保者"而不作为"先验主宰者"这一分野如何能够由上帝本身的存在加以区分？正如雅各比的批判中所显示的那样，这一问题在康德的处理中似乎是不一致且无法连贯的。康德本人在《纯粹理性限度内的宗教》中似乎也暗示道，在这一设想下上帝似乎必须以主宰者的身份对个体自由进行回馈，如此一来上帝仅仅作为"担保者"这一"内在公设"也就崩塌了，对于上帝作为"物自体"原型的设定也就变得不是很必要了。[1]

相比于康德通过设定不可认识的外部"物自体"来保障某种"内部自由"，斯宾诺莎的思想在雅各比看来则更加彻底，但是这也来自斯宾诺莎自身隐含的某种设定。在罗杰·斯克鲁顿的论述中，他先论述了斯宾诺莎的这个设定，即斯宾诺莎默认现实（reality）和概念（conception）是一致的（coincide），因此诸观念之间的关系能够被准确地对应于现实的诸关系之中。[2] 由此，如果存在"实体"（substance），那么它必定是通过其自身就能够被认识，而不必依赖任何外部事物。以斯宾诺莎的观点来看，这也就等于说"实体"可以"自我归因"（cause of itself），而与此同时由于不受"外物"决定，它也必须是"无限"的。由此，斯宾诺莎用"样式"（mode）替换掉了"属性"（attribute）这个术语。这个关键的概念替换意味着我们要么是"自因"的实体存在，而这对于人类来说显然是不可能的；要么就仅仅是"样式"，而这样一来我们的"存在"就是不充分的，需要依赖于外部力量。"样式"这样一个范畴实际上包含了我们所熟悉的其他诸概念：属性、关系、事实、进程以及个体。这些"概念"都只是不同的"样式"，是对于实体的基于"人类

---

[1] Dieter Henrich, *Between Kant and Hegel*, Harvard University Press, 2008, p.102.

[2] Roger Scruton, *Spinoza: A Very Short Introduction*, Oxford University Press, 2002, p.39.

的语言"的内在表达而已。[1] 上帝的实体于是就必然地被作为有限存在者的我们所表征；神存在于我们之内，这阐释了一种"一和一切"的看法。[2]

可以看到，康德和斯宾诺莎对于上帝存在的论证是非常不同的。如果从日常语言哲学的角度来理解，并且把上帝与世界以及人类的关系在那个时代看作相当于"规则"的"原理"，那么康德的"先验哲学"意味着我们要无时无刻意识到我们是在积极地履行我们的自由，这同时意味着我们也无时无刻意识到我们的自由所受到的限制。相对于休谟的"怀疑主义的绝望"来说，康德的"希望"的反面也同时是一种神学上的"绝望"，全然确定性的"规则"是永远无法被把握的，但是我们又必须在设想这样一种"规则"作为担保的条件下来行动与表达。从这一视角看，卡维尔所阐释的维特根斯坦对于"规则"的看法，即不存在外部的对于"规则"的遵守或违反的看法就非常类似于康德的立场。而从斯宾诺莎的角度来说，我们的行为本身是对于某种"实体规则"的"语言表达"，"样式"本身是语言性的，语言的结构即概念的结构，同时也是世界中诸多样态的结构。

实际上，正是从日常语言的视角出发，语言的逻辑表达式就不是外在于我们的，而是内在于我们或者说我们的语言当中的。我们才能够看到这两种思维实际上并非完全不能融合，而是可以被理解为相向而行的两个极点。在雅各比看来，斯宾诺莎的哲学代表了正统神学的终结，是上帝存在本身的"虚无主义"；而比照于斯宾诺莎，康德的思想则本身就是哲学的"虚无主义"。对于雅各比来说，斯宾诺莎哲学中具有确然概念的是"非存在"（nonbeings）或者说"显象"，只有"无限"才是真实的存在。虽然就这一层面来说，康德并没有什么针对性的观点，但雅各比认为至少在斯宾诺莎的哲学中"无限"仍然具有绝对的"真实性"与"可知性"，而在康德的哲学中，"物自体"则处于受限于"显象"的

---

[1] Roger Scruton, *Spinoza: A Very Short Introduction*, p.43.

[2] Dieter Henrich, *Between Kant and Hegel*, p.99.

限制性关系当中，由此他认为实际上康德哲学本身也是一种"非存在"的哲学系统。[1]

雅各比批判的立足点在于，他认为任何对于上帝存在的基于"哲学推论"的证明本身都会造成"虚无主义"，因为这有违当时人们关于信仰的"日常信念"。因为无论是斯宾诺莎求助于上帝在实体层面作为无限的一致性，还是康德求助于统觉的先验一致性，两者都在提出一种"全域性"的对于怀疑主义的清除方案，其代价就是对于"日常事物"的改造或者说扭曲，而这同时也就意味着是对人类视野的"制作"。而在雅各比看来，哲学家的任务应该是对于简单存在物的直接揭示，而不是对"无可证明者"相关"故事"（story）的创作，这是因为它们破坏了人类信仰活动自发的"权威性"，而受迫于"理论"的证明来理解和诉诸信仰。雅各比认为人类不能放弃的信仰基础就是对于真实存在的日常信念，这反而使得我们不必强迫自己总是要将自己置于信仰的直接挟制当中，无论是在思维上还是生活本身。[2]

至此可以看到，当代日常语言哲学对于批判哲学的理解在很大程度上可以被视为雅各比问题的当代版本，并且表现为从康德的"先验观念论"向斯宾诺莎"内在性"思想的滑动。实际上大多数日常语言哲学家或者有分析哲学背景的哲学家，都潜在地希望用斯宾诺莎的哲学来转化康德的学说，这也是雅各比所建议的。正如斯克鲁顿在阐释斯宾诺莎所强调的"人类的语言"（language of human）时所显示的那样，斯宾诺莎的"样式"不需要制造过多的区分性术语来为先验演绎做必要的准备，而只是指向"属性"向"样式"的转化。在日常语言哲学中，这一步骤实际上可以被理解为诉诸属性的"谓词化条件"。实际上，这也是斯特劳森对于康德哲学的基本看法，他认为康德的"先验观念论"仍然是在传统的本体论风格下展开的，"时空实体"（spatiotemporal entitles）在其中仍然是不可知的、非时空的本体（noumenal）存在。由此，斯特劳森

---

[1] Beth Lord, *Kant and Spinozism: Transcendental Idealism and Immanence from Jacobi to Deleuze*, p.40.

[2] Dieter Henrich, *Between Kant and Hegel*, p.111.

认为可以从分析哲学的角度为康德提供某种辩护或改造，也就是以经验为核心的演绎路径来转译康德的观念论：我们的经验是暂时的，并归于意识的连续统（possessing unity），由此带来的结果即得到一种关于对象范畴性（category-subsumed）的知识，这种知识鲜明地区别于我们平白的经验自身。由此一来，康德的批判哲学就可以保留"先验演绎"而不必保留"先验观念论"。斯特劳森的这种看法实际上将康德彻底纳入语言分析的思维方式当中，如此康德的诸多先验问题就被表现为诸多主题性的有待辩护的知识：时空、第一人称视角和索引词、谓词、实体、因果、先天知识以及关于我们知识对象的本然性。这些问题构成了日常语言哲学走向新的"批判哲学"的主要论域。[1]

虽然斯特劳森所代表的清除"先验观念论"的立场是有待商榷的，但是我们应该看到的是，斯特劳森之所以至少没有偏离康德的基本问题意识，就在于他仍然是一种对于认识视角的转变，而不是纠偏或者调节，这与康德想要彻底解决休谟问题的意识是一样的：我们必须彻底改变甚至舍弃一些东西，才能够获得对于同一问题的另一种解决视角。和康德的"哥白尼革命"一样，要成为新的批判哲学从而解决怀疑论的问题，只有彻底改变怀疑论得以可能的根基。

在这种改造中，比较直接地贯彻了语言分析哲学思维的代表人物就是詹姆斯·范·克利夫。他的问题可以说直接来自雅各比问题。他指出，通过引述康德的相关段落来解释对于对象的"先验区分"仅仅提供了一种语言上的证据(linguistic evidence)，这显然并不充足。因为他认为事实上康德似乎提供了相当多的其他信息，这些信息是从两种不同的世界视角（two-worlds view）来描述一种双重对象（double-object），而非同一事物之上的两个方面（double-aspect）。[2] 因此，他认为需要提供一种"一般性的论述"来显示这种对象究竟何以可能。

克利夫给出了三种不同的关系型模式：(1) 第三层是方形而第四层

---

[1] Robert Howell, "Kant and Kantian themes in recent analytic philosophy." *Metaphilosophy* 44.1-2 (2013): 43.

[2] James Van Cleve, *Problems from Kant*, Oxford University Press, 2003, p.145.

是圆形；（2）按照《新闻报》来说是诚实的，按照《时代周刊》来说是虚假的；（3）比艾德高而比弗雷德矮。克利夫指出由于第一种模式所讨论的是两个事物之间的区分，第二种模式谈论的是一种排斥性的区分，因此只有第三种才是我们所能描述的"关系属性"。克利夫认为，康德的区分只能在这样一种层面上被理解，即"内在属性"通过转化为"关系属性"显现自身。由此他思考了关于重量的例子，在牛顿之前，重量被理解为"内在属性"，而之后则被发现是一种隐藏的"关系属性"。但是克利夫暗示，这是由于牛顿"发现了"这一点，在此之前如果一个人说"我知道重量是什么"，他一定是指"我知道它是一种属性而不是关系"。比如说，我们可能永远无法知道单细胞生物是否处于一种"关系属性"当中。因此，有些事物我们就并不是在"关系属性"中来认识的，比如说形状，我们只能说它"呈现为如此这般"，而说它"只是在我们看上去是具有空间属性的"这样一个论断就是无意义的。[1] 因此，克利夫认为"重量"和"形状"是"无法类比"（disanalogy）的。

　　克利夫于是建议将康德的"显象"理解为布伦坦诺意义上的被思维行动呈现的"虚拟对象"："尽管这种存在是关联于更基本的诸实体的虚拟事实，但是它们确实存在，并且对于它们的量化也是正当的。"[2] 如此一来，康德的"显象"就被还原到了语言描述层面："虚拟对象的存在仅仅在言说（speaking）层面，说它们存在，这仅仅是对于某些确实的事物的速写（shorthand），这些事物是关于更基本的诸实体，由此它们是构造物（constructions）。"[3] 这种理解实际上是在用早期分析哲学的逻辑形式来改造康德的哲学。

　　克利夫的解读可以说代表了语言分析哲学对于康德哲学改造的最强硬的一种版本，他将康德的问题完全带入了斯宾诺莎以及罗素的范畴之内。但是对于雅各比的立场来说，这同样也矫枉过正了。事实上我们将会看到，真正"日常"的态度可能反而更接近克利夫关于"两个有限

---

[1] James Van Cleve, *Problems from Kant*, p.148.

[2] James Van Cleve, *Problems from Kant*, p.8.

[3] James Van Cleve, *Problems from Kant*, p.11.

制的世界"的划分这样一个阶段,即并不试图通过任何理论建构跨越这样一个阶段。在雅各比看来,真正的日常态度,同时也是真正的信仰态度应该是:让日常的归日常,让信仰的归信仰,如此我们才能保持"转念"的可能。实际上,当康德面对休谟问题的时候,他一样处于"两个世界"的夹缝当中,一种"不可类比"之中。"哥白尼革命"不仅仅是其革命的动机和结果,同时也是这样一种处境。我们将看到在卡维尔的论述中他着重使用了"不可类比"这个词。

实际上,在之前这些对于康德哲学基于雅各比问题的理解和论述当中,都隐含着一个共同的问题意识,那就是对于"对象"本体论层面的追问。对于雅各比来说,很显然他对于康德及斯宾诺莎的批判来源于对上帝存在的理论推衍。而克利夫的思路也秉承早期分析哲学对于对象之确定性的寻求来理解康德的"物自体"设定。实际上,从日常语言的视角来看待康德"物自体"及"先验观念论",其焦点都在于这样一个设定对于我们的认识来说是否是必要的,而不是要追问"物自体"和"显象"区分本身能够为我们提供关于"什么"(what)的知识。换而言之,"物自体"作为一种功能性的设定,其本身并不在任何"实指"层面提供关于外部事物知识的确定性基础,而是这样一个区分是否提供了认识活动得以继续下去的希望和动力,这才是康德治疗休谟"怀疑主义的绝望"的根本意图。正如普劳斯所分析的,"自在之物"实际上是"被当作如同本身自在之物"的缩写形式,因此康德实际上并没有将"自在物"理解为一种实存,它是一种能够让我们依据"曲行论"来进行认识的功能性设定。[1] 换句话说,"物自体"与"显象"的区分所承载的是"曲行论"自身的"意义"所在。在这一点上,我们在卡维尔和古斯塔夫森关于维特根斯坦"意义即用法"的解释中也看到了同样的"意义":重要的不是知道"什么",而是"什么"能够让我们进入一种语言或者理论话语的"在地性"当中。

---

[1] [美]亨利·E. 阿利森:《康德的先验观念论》,丁三东、陈虎平译,北京:商务印书馆2014年版,第78页。

站在语言分析哲学视角对立面的康德研究者阿利森就为"曲行论"进行了辩护。在阿利森的表述中,"曲行论"的一大特点并非主要表现在对于认识对象的确知上,而是在于通过形成一套"曲行"于不同范畴的认识系统,从而跨越休谟怀疑论中经验与先天范畴之间的鸿沟,这表现在其"曲行"的每个阶段,都是主客观不同范畴之间的参与和适配:

> 主张人类认识是曲行的,就是主张人类认识既需要概念也需要感性直观。没有概念就不会有思想,因此也不会有认识;而没有感性直观,就不会有任何东西被思考。康德在一段经常被人引用的文字里这样说道:"思想没有内容是空的,直观没有概念是盲的。"[1]

因此,克利夫基于早期分析哲学对于康德"先验观念论"的改造某种程度上是仅仅限于技术层面的,和后来的日常语言哲学观往往忽视罗素早期对于"亲知"的论述一样,语言哲学的关键并不全然在于对确定性的寻求,同时也在于始终保持反思的可能性。正如阿利森所指出的,康德的"哥白尼革命"的关键点在于改变了认识必须符合"对象"的认识模式,而在这种认知模式下所有的认识都最终依赖于对"如其自在"对象的直接亲知(direct acquaintance)。因此,从这个层面上来看,语言分析哲学的视角与康德哲学的视角在出发点上的对话就是关于如何看待"亲知":从罗素到维特根斯坦的大多数语言哲学家都认为,语言始终能够通过追问"刺透"直接经验,从而成为反思意义上的"亲知",而康德则通过"先验演绎"来刺透它。由此,无论对于语言分析哲学还是康德来说,阿利森的如下解读对于两者来说是适用的:

> 感性直观为心智提供的仅仅是有待概念化的原始预料,而不是有关对象的确定认识。将这样的认识作为曲行的,不仅需要材料在直观中被给予,还需要将它们置于某种一般的描述之下,或"在一

---

[1] [美]亨利·E.阿利森:《康德的先验观念论》,丁三东、陈虎平译,第32页。

个概念之中得到认识"。[1]

3. 基础信念在日常语言中的发现：日常语言批判的合理性

虽然克利夫的批判可以说是此类批判中最为强制性的，但也因此是最能反映雅各比问题的当代意义的。雅各比之所以将康德和斯宾诺莎两种无论出发点还是技术术语都截然不同的哲学家同时归为"虚无主义"，总的说来是为了表达这样一种看法：所有通过哲学体系的建构来彻底清除日常理性中的"怀疑主义"因素的理论行为，都会造成对日常事物的全盘清除。他实际上赞同休谟的看法，正是由于存在这样的"怀疑主义"空隙，才为信仰的直接性留出了空间。因此，对比于康德的"曲行论"，亨利希称雅各比的哲学为"直接性哲学"。但是，这种"直接性"并不意味着不掺入理性因素的纯粹感官认识。实际上，斯特劳森所代表的日常哲学思维的基本立场是：我们的非系统性认识或者预设，比如个体、殊相、范例、经验等等都不可能不掺入任何理性成分而成立，这是自然而然的。因此，用系统性哲学对其进行"观念论"意义上的改造，不但是不必要的，甚至有可能是矫枉过正。如雅各比所说，这反而会带来"怀疑主义"，即我们必须先行承认我们的日常认识以及日常信念是有问题的。

事实上，斯特劳森不仅将这种看法应用于康德的哲学上，在语言分析哲学内部的批判中他也坚决履行这一看法。其中最具代表性的例子就是他对于罗素"摹状词理论"的批判。斯特劳森指出，按照罗素对"逻辑主语"的理解，"法国国王是贤明的"这样的句子被带入这样不必要的分析之中：（1）必须先行承认其"语法形式"和"逻辑形式"之间的相似性会带来误解，因此才需要进行"摹状词"分析；（2）然后将"语法主语"视为"逻辑专名"，其意义即表明"语法主语"指向的个别事物，也就是说在使用"语法主语"的时候实际上在暗示一套替代性的

---

[1] ［美］亨利·E. 阿利森：《康德的先验观念论》，丁三东译，第113页。

"摹状词"。斯特劳森实际上指出罗素为了建构自己的理论而将这两个层次强行分开，但在被说出的语言中，后一个层面是直接的，而前一个层面未必会呈现，因而在很多情况下并不产生误解，我们不应先行地承认它。因此，指称和含义不应为了一种消除误解的意图而被预先地脱离语言的"日常使用"。如果这种预设的分离是不必要的，那么就"并没有什么逻辑专名，也没有什么摹状词"。[1]

事实上，卡维尔所抓住的也正是同一洞见："怀疑主义"与日常语言甚至日常理性是扭结、融合在一起的，任何系统性哲学都不可能在彻底清除"怀疑主义"的同时保留我们的"日常"。这种彻底清除的诉求也是"怀疑主义"的一种，因其想要将"日常世界"整合为"一个世界"。这其实就是我们在克利夫对康德的强制解读中所看到的深层问题意识：我们日常认识中的不同"标准"是事实存在的（比如我们所知晓的"重量"和"形状"的认识"标准"并不相同），同时我们尚不知道如何去进行"日常观测"的对象中也存在着有待析出的"标准"（比如我们可能还不知道单细胞生物的"关系属性"是怎样的），因此我们有着不少于一个的"可能的有限世界"，而对此是否一定有整合的必要？日常语言哲学要面对的正是这一问题。

盖耶尔对于康德的批判实际上也可以在这个层面上被理解。他对于康德的批判基于这样两个问题：首先，康德无论是在《未来形而上学导论》还是在《纯粹理性批判》的"综合"方法中，都将数学、自然科学以及哲学视为知识的基本要素；其次，为什么康德认为我们只拥有关于事物"显象"而非实体的先天综合知识，"为什么人类知识的自主性要付出如此高昂的代价？"[2] 盖耶尔随后以几何学为例，指出康德认为几何学的结论之所以是综合的，仅仅是由于他认为几何学证明所依据的公理本身是综合的，它只能依赖于空间及结构的先天直观，比如空间只有三个维度。但盖耶尔指出，实际上关于几何学的经验主义解释在康德同

---

[1] [英]P. F. 斯特劳森：《论指称》，A.P.马蒂尼奇编：《语言哲学》，牟博、杨音莱、韩林合等译，北京：商务印书馆1998年版，第419页。

[2] [美]保罗·盖耶尔：《康德》，宫睿译，第53页。

时期甚至之前就已经存在了，所以实际上这样一个基本要素也只是众中之一。[1]

另一位著名的康德研究者迈克尔·弗里德曼也直接指出，康德哲学实际上受制于一种"纯粹几何学"的预设，但实际上这并不是唯一可能的几何学，这种几何学"是在一个特定的公理系统中，关于命题之间的形式或者说逻辑关系的学说（study），也就是欧几里得几何学的公理系统"，由此它是先天的和确然的，而无涉空间直觉或者任何其他经验。但此外还有一种"应用几何学"（Applied Geometry），它所关涉的是这样一个公理系统在现实世界中的某一特定解释下的真伪问题。在这种几何学中，特定的公理系统的真或者近似真就既不是先验的，也不是确然的，而是更多关涉对经验型的研究（investigation）。弗里德曼指出现代科学对于几何学的运用实际上更倾向于后者，他引用爱因斯坦的话："一旦几何学的诸法则（laws）指向现实，它们就不是确然的；而一旦它们是确然的，它们就不是指向现实的。"这一表述几乎就是雅各比对于康德"物自体"概念批判的一种逆向转化。也就是说作为认识论基础的"担保者"是不确然的，但是不能因为这种不确然就宣称基础是不存在的。而更值得注意的是，弗里德曼在这篇文章的起首引用的正是维特根斯坦在《逻辑哲学论》的4.0412节："由于同样的原因，观念论诉诸'空间的眼睛'来观测空间关系的观念论解释是不充足的，因为它不能接受这些关系的多样性。"[2]

正如大多分析哲学视角下的康德哲学解读所示，这些解读在批判"先验观念论"的同时也都大多肯定了康德"反思"和"经验类比"的部分。这实际上也可以用康德自己的某些思想来加以解释：对于日常语言视角来说，如果它没有完全脱离早期分析哲学的视角而成为一种极端语用学的形态，那么"先验"就可以被理解为日常语言那个隐而不显又必须被设想为存在的"担保者"。这也就是为什么卡维尔敢于大胆地把维特根斯坦的"生活形式"类比于康德的"先验"，并且进一步

---

[1] [美]保罗·盖耶：《康德》，宫睿译，第66页。
[2] Michael Friedman, "Kant's theory of geometry." *The Philosophical Review* 94.4 (1985): 455-456.

指出作为日常语言"先验范畴"的"生活形式"主要是由伦理因素构成的。[1]

由此,在日常语言的视角看来,康德的"哥白尼革命"并不是将认识论的核心从对象转向观测者,而是转向了某种"基础信念"。因此什么是"先验"的,实际上也是对于某种"基础信念"基于语言秩序的表达。问题的关键在于,日常语言中的何种机制能够让我们践行日常语言中的"基础信念"?也就是弗里德曼所说的公理系统是在何种特定的解释下被理解,由此我们才可能在不预设纯粹公理的基础上进行认识和判断,这才是我们日常中的真实认识情形:和"重力"成为"关系属性"一样,"基础信念"总是被"发现"的。斯特劳森就很恰当地给出了"转向观察者"这样一种机制是如何能够在日常语言中被发现的:

> "我"这个语词可能由(且仅仅由)无数人当中的任何一个正确地用来指称他本人。说出这一点也就是说出了关于"我"这个语词的事情:在某种涵义上,也就是给出了这个语词的意义。这是关于语词本身所能说出的那种事情。但是,关于"我"这个语词本身,说它指称着某个特定人物却是毫无意义的。[2]

因此,在日常语言哲学的视角下,对于对象或者事情的"判断"未必一定要通过"先验观念论"的"曲行"来达成,它可以是雅各比所说的"直接性哲学"。参照斯特劳森对于"我"的解读,关于日常语言中的判断机制就是要寻找这样一个词或者说应用概念,这个词或者概念可以在无数事情当中的任何一个之中加以应用,并恰当地指向一种判断。但是关于这个词或者概念本身,说它指向某个特定的"外部标准"却是

---

[1] 有些康德研究者对于"哥白尼革命"意义的解释,为了避免争议直接采用了否定论证的方法。详见 A.C. Genova, "What Kant Did Not Mean?" *The Southwestern Journal of Philosophy*, Vol. 6, No. 1 (1975):107。

[2] [英]P.F. 斯特劳森:《论指称》,A.P. 马蒂尼奇编:《语言哲学》,牟博、杨音莱、韩林合等译,第 423 页。

毫无意义的。这个承担了日常语言中判断机制的词或者说概念，就是卡维尔从维特根斯坦的思想中提炼出来的"标准"（Criteria）。

二 日常语言中的怀疑主义因素

1. 实证的转化：从逻辑的真到日常语言的真

卡维尔之所以将"标准"这个词视为维特根斯坦思想的核心概念，是因为这个概念的出现和展开伴随着日常语言哲学中一个类似于康德"物自体"与"显象"区分问题，即"印象"或者说"感觉材料"的问题。罗素与早期维特根斯坦虽然在具体逻辑形式的表达上有异议，但也都把命题看作符合世界之中事实的基本形式。罗素认为能够形成判断的依据只存在于命题之间，因此无论是"亲知"还是"感觉材料"都要被转化为诸命题形式。而反过来它们能够以命题的形式表达出来，则它们的现实性就得到了保证。正如在罗素的思想中存在着两个不尽相同的层面：一方面是关于"亲知"的对于个体经验的确认，另一方面则是中立的对于事实符合的逻辑表达。而"感觉材料"的问题很显然处于这两个层面的扭结之中。

罗素自己也确曾正面讨论过这个问题。在1914年的《物的感觉材料的关系》一文中，罗素运用了"取消主义"的视角来融贯两个层面。他指出对象及其"感觉材料"之间的关系是无法被确证的，我们能够确证的只是"时常被发现在一起"的对象之间的关系。但对于自身的认识情况来说，我们所能得到只是感官上的项（sensible term）。而其他的项，比如说物理上的因果关系，从根本上来说我们是没有能力发现的。这也就是说，任何超出我们经验之外的断言依据都是不足信的。由此罗素得出了一种被称为"中立一元论"的立场，这种立场在对象和"感觉材料"之间提供了命题性的中立描述，即对象的存在就是关于对象的"诸多事情"，由此则不必讨论是唯物的还是唯心的问题。不过，就这样的"中立"的形式来说，仍然是与事实相符的逻辑命题。这就使得

"中立一元论"虽然是一种语言描述，但与此同时也呈现为所谓的"新实在论"：

> 我们现在掌握的就仅仅是关于什么真的存在的图画。意识不再能够被设想成比如一道光，它照亮了这个超有机（extra-organic）的世界，而是被设想为像画家的帆布或者照相底片，对象自身是不可感知的，只是在这些东西上面被呈现出来。[1]

在前期维特根斯坦的思想中，相关看法也基本如此。而在其后期思想中，和前期思想最鲜明的对立也就表现在他不再认为"感觉材料"能够通过命题而被认识："那里有把椅子，这是从我们获得的感官印象里推论出来的么？——我怎么能从感官印象中推论出一个命题？那么，是从描述这一感官印象的命题中推论出来的吗？不是。"并且他在该节将问题直接指向了"中立一元论"会导致对于现实图像的符合这一潜在的后果：

> 例如我看着一张照片说"那一定有过一把椅子"，甚至说："从我所看到的推断那有把椅子。"这是个推断没错，但是这不是逻辑推断。推断是向判断的过渡；因此也是向与判断相应的行为的过渡。"获取结果"对我来说不仅是话语上的，同时也是行动上的。（PI，486）[2]

与前期不同，后期维特根斯坦不再认为有一种统一的方法能够将"那里有把椅子"通过还原为一定数量的关于"感觉质料"的命题而被认识。他转而指出，"对象"与"感官印象"之间的复杂关系中实际上

---

[1] Edwin Bissell Holt, et al, *The New Realism: Coöperative Studies in Philosophy*, The Macmillan company, 1922, p.4.

[2] Ludwig Wittgenstein, *Philosophical Investigations*, G. E. M. Anscombe, trans., Basil Blackwell, 1986. 后文中同书标识书名简写（PI）及对应节数。

存在着不同的"语言游戏",而如果认为能够将不同的"语言游戏"还原为统一的关于"对象"与"感官印象"之间的关系,必将是错误的。在 353 节中,维特根斯坦明确指出,命题的确证方式不过是对于"你如何指谓"(How do you mean)这个问题的一种特殊的回答方式。因此,"中立一元"不是由逻辑命题来承载的,而是由语言直接引发的断言行为本身。

由此,和康德的"哥白尼革命"一样,后期维特根斯坦实际上将其思想重心完全放在了语言自身。这意味着,语言本身并不是对于诸多经验归纳之后的表达,而是语言本身是诸多经验事例的聚集处:不是语言能否准确地表达客观事实,而是诸多客观事实不断加强语言的丰富性,从而我们能够越来越"熟练"地掌握语言,反过来就能更"强"地表达客观事实。维特根斯坦在"标准"与"征候"(Symptoms)之间做出了关键性的比较:

> 当语法游移在标准与征候之间时,我们会倾向于认为存在的只有征候。比如我们说:"我们从经验中获知气压表降低是下雨的征候,但是我们同样也获知当出现如此这般的湿和冷,或者如此这般的视觉印象也是下雨的征候。"有人会说在后一种情况里我们的感官印象有可能欺骗我们。但是在这里他没有看到这样的事实,即哪怕是错误的显像也是关于下雨这件事的精确表达,它是基于那里"在下雨"这个清晰的定义之上的。(PI,354)

维特根斯坦在这里的意思是说,在我们现实的认识和判断中实际上并不存在"对象"和"感觉材料"之间的关系,这样的关系只存在于语言之中。"征候"所表达的是对一个事情所做出的判断的证据,之所以我们往往认为"气压表"作为证据是比个人感官印象更为"充分"的证据,实际上这里存在两个层面上的充分性:其一,气压表似乎比个人感官更不容易出错;其二,气压表作为一个外部标准(Standard)可以免除个人判断的责任。第一个层面通常被理解为概率上的问题,但是就这种"比较"来说,我们又需要提供其他的"证据"来证明气压表确实比个人感知在作为"下雨"的征候这件事上更为"准确",而实际上这是无法被充分做到的。比如确实有很多患有风湿疾病的人,其相关部位的疼痛作为下雨的征候准确度极高,而仪器则有可能出现故障。因此,维特根斯坦的"标准"并不是为事情提供相应的证据,而是说"下雨"这个词暗示了各种不同的经验情境,而在那些让我们学会"下雨"这个词的经验情境及其描述中,"下雨"就能够获得它的"依据":"标准"就是一个概念如何被返还到它所由来的经验描述当中这一行为自身。当一个人说"要下雨了,因为我感到湿冷",只要我们能够获得这句话要表达的意思,那么它就提供了一个"标准",这个"标准"本身的合法性无所谓是否被怀疑。但是当一个人说"要下雨了,因为我的手表停了",我们就无法直接获得这句话要表达的意思,我们会继续追问对方为什么要这么说。此处他可以提供一个进一步的解释,比如"因为每次下雨我的手表都会停,因为我的手表具有这样的功能",这样的表达实际上也同样提供了"标准",但却是无意义的重言式,它无法强化我们对于"下雨"这个词的理解,由此它与"下雨"并不处于"同一种语言"之中。

至此我们可以看到,卡维尔之所以重视维特根斯坦"标准"的概念,与其所强调的语言的"在地性"问题息息相关,也与他对于"语法规则"的理解不可分割。将判断"标准"向语言还原,这意味着这样一个关于判断的思维转向,即一个人所能够做的判断取决于其判断"标准"的建立这一行为本身,而对于一个判断所能够申明的理由,最终就是我如何在我的语言中获得关于一个概念的"意义"。参照康德的"先天综合判断如何可能"的问题,围绕着"标准"这一概念,日常语言哲学可以说提供了自己的解答:"先天综合判断"之所以可能,在于我们对用于判断的语言的掌握是可能的。而语言习得的可能,正如我们在卡维尔关于"实指"的原初功能处所看到的,是基于主体间性的伦理奠基,它构成了真正的"中立一元"。

2. 判断与"标准"（Criteria）[1]：日常语言的"调值"

卡维尔在《理性的申明》中详尽论述了"Criteria"这一概念。他从具体的语言运用事例中来提炼"Criteria"这个词的适用语境：美国官方所"制定"的评估别国政府是否稳定的"标准"；文学理论家认为一首诗能否在情感上打动他是唯一的评价"标准"；对于非洲传统的看法从原来的原始和不可想象，现在已经转化为以知识和人文为"标准"的视野；精神分析学家认为将评估婴儿精神的"标准"用于成人是不可行的；分类学家发现任何一个单一的"标准"都不能凭借自身就建立一个身份分类，但是所有的"标准"综合起来就能够起到整体上的决定性作用；大学招生所列出的对于学生各个方面的要求，而除了这些"标准"之外，还希望能够丰富招生的多样性；马克思认为瓦列夫斯基关于印度也存在"德国—罗马"式的封建主义所采用的"标准"是有问题的，因为他没有考虑到农奴身份在印度并不具有实体意义上的重要性……卡维尔对上述语境的不同意图进行了提炼，它们分别对应：关于官方权威；关于权威的接受模式；关于认识论目标；关于候选对象；关于身份概念；认识上的特定标准；等等。卡维尔指出，在所有的这些使用了"Criteria"这个词的语境中都存在如下几个层次："Criteria"是被特别设立的规范（specifications），给定的个人或者群体通过它来指向一个处于特定事态中的事物，这个规范界定了这个事态；而这个事态被包含于其所满足的那些规范之中。[2]

卡维尔的例证揭示了这样一个事实，在大多数使用"Criteria"的官方语境中，这个词多和某种权威性或者个体性的因素相关联，而这种权威"标准"的制定与外部的"Standard"处于相对分离的关系之中。卡维尔举例说，当我们完全用分数这样的东西来作为评价标准时，我们就更多地在依据"Standard"。比如在跳水比赛中，裁判对入水给出 5

---

[1] 由于在中文中不容易找到相应的词汇来区分"Criteria"和"Standard"，故卡维尔所说的"标准"一词在下文中直接以"Criteria"及其名词形式"Criterion"的英文出现。

[2] Stanley Cavell, *The Claim of Reason: Wittgenstein, Skepticism, Morality, and Tragedy*, p.10.

分，这个分数的意思并不是说运动员的这个动作有50%的概率满足了裁判员对于入水这一特定事态的"Criteria"，而是以某种"完美入水"的"Standard"来看，他满足了50%的程度。处于"Standard"之下的事态比照于"标准程度"上的事态，可以在程度上进行判定。相反，当我们说有50%的概率下雨时，并不是说此刻的事态满足了50%的关于下雨的"Criteria"，而是说有50%的概率关于下雨的"Criteria"可能被满足。[1]对于下雨这件事的"Criteria"来说，要么发生，要么不发生，不存在程度上的差异。

官方对于"Criteria"与"Standard"两者的使用处于两个相对分离但是又具有包含关系的层面，前者往往旨在昭示判断的权威性，而后者往往旨在昭示判断的公正性。但是卡维尔指出，维特根斯坦的"Criteria"与官方用法相比呈现出的意义有不可类比（disanalogy）性：

第一层次的不可比性在于"Criteria"与"Standard"的包含关系上。在官方用法中，两者都表征了被特别设定的评价条件，在该条件下，对处于特定事态中的某事或者某人进行判断。但实际上有所不同的地方在于，前者用来判断对象属于某一特定的类别，即他被纳入评价的身份和资格；后者则是关于对象满足这一身份和资格的相关"程度"。比如分数作为"Standard"来评价学习掌握的程度，如60分、75分、90分等，而"Criteria"用来判断学生的"及格""良好"和"优秀"，两者实际上没有必然的从属关系，但是在官方用法中，后者要从属于前者，两者是彼此分离但又同时出现的。

根据卡维尔的解读，在一个事态中，维特根斯坦的"Criteria"与"Standard"的分离关系是无法被识别出的，但这是因为后者实际上未必会出现，即使出现，也是在"Criteria"先于它的情况下才有可能出现。在个人层面拥有一个关于某物如此这般的"Criteria"，同时也就是知道这个"Criteria"是否适用这个问题本身。也就是说一个对象，当它在一个问题中被"Criteria"所判断，其所被判断的是：要么它是这一问

---

[1] Stanley Cavell, *The Claim of Reason: Wittgenstein, Skepticism, Morality, and Tragedy*, p.12.

题中所能够被判断的事物，否则它在这样一个问题中就不能被识别。比如在医疗的例子中，医生对于病人病症基于"Criteria"的判断实际上在于，要把病症归为哪一类具体的医学范畴才能识别，进而才能够依据"Standard"来判断疾病的程度。卡维尔指出，在通常的观念中，对于"Criteria"的怀疑实际上即认为其是脱离"Standard"，处于"Non-Standard-Cases"当中。这种质疑实际上是在质疑"Criteria"对于对象非此即彼的归类并没有考虑到"全部的可能性"（for all eventualities）。这表面上看是在质疑我们判断的准确程度，实际上却彻底取消了我们做出判断的可能性。

卡维尔举出勋伯格的无调音乐为例，如果我们问："我们可以说这个作品是有调的吗？"如果我们缺乏某种决定性的"Criteria"来对它进行归类性的判断，我们就只能倾向于回答"是"或者"不是"，但这实际上是在表达我们不能分辨这个问题的意义所在。而我们之所以无法清楚地回答这个问题，是由于勋伯格的"无调式音乐"本身是革命性的，它提供了新的音乐类型，我们对它的理解并不处在从"有调"到"无调"的程度变化当中。因此求助于"Standard"的程度判断能够得出的结论只会是："它比贝多芬的早期作品更无调，但是比约翰·凯奇的作品更具有调性。"[1] 而这一判断是毫无意义的。

第二个不可比的层面在于，在官方的用法中，作为一种显而易见的评估序列，"Criteria"总是被给予预先存在的候选对象，因此官方用法的"Criteria"总是使得这样的评估显得尽可能地理性、一致、融贯、非人为以及更少的随意性。也就是说，这样的"Criteria"是被我施于已知类别的对象的。但是在维特根斯坦处，"Criteria"是关于做出断言这件事情本身的：并不是以什么"标准"来评估一个已知的对象是否符合要求，而是以什么"标准"我才能说我获知了那个对象。比如一个人是否牙疼；他是否在读、思考、相信、希望；是否在自言自语；是否在注视某个形状或者颜色；等等。这样的"对象"和概念都不是被预

---

[1] Stanley Cavell, *The Claim of Reason: Wittgenstein, Skepticism, Morality, and Tragedy*, p.14.

先归类的（unspecial）："我们可以说，它们就是日常对象以及关于世界的诸概念。"[1]

在这一不可比的层面上，卡维尔显现出了维特根斯坦对于"Criteria"的独特理解及其关键所在。实际上，正如我们在前文所看到的，官方对于"Criteria"的用法反映了雅各比问题中所批判的康德式的认识论起点，即对认识相关问题的起点首先放在对于认识"对象"的理解和处置上，对象被置于一个"如其自在地被思考"的层面。后期维特根斯坦彻底改变了这种以"对象"本身存在状态的思辨为出发点的思维方式。这种转变的关键在于，认识对象是由我们的认识行动本身所揭示的对象，我们对于对象的认识就是去发现对象是如何落入我们的概念之中的。由此，卡维尔将日常语言哲学、实用主义和先验观念论沟通了起来：

> 在我的描述中，维特根斯坦的"Criteria"作为必要的概念要先于一个对象的身份或者说知识，并且作为知识的序幕，这也唤起了杜威式逻辑的一个主题，同时也唤起了观念论传统的一个看法。根据这种看法，如果尚不知道我们可以使用哪些述谓（predicates）来把握相关的知识，我们也就不可能知道要判断的主题是什么。[2]

卡维尔对于维特根斯坦这一层面的阐释转变了关于人类知识有限性的理解，这种有限性并不受制于关于世界的真命题积累的可能性，而是在于某一特定的历史时期内我们概念外延的有限性。而正如我们在前文所提到的，在康德式的观念论中，人类知识的有限性同时也使得人类认识的自主性成为可能。但正如盖耶尔所指出的，在康德的设计中，通过将对象的自身存在界定为不可知，自主性的实现在"直接性"上付出了相当大的代价。而卡维尔实际上指出，维特根斯坦从日常语言出发，也就是从认识活动自身的自主性出发，从而给出了关于知识的经验直接性

---

[1] Stanley Cavell, *The Claim of Reason: Wittgenstein, Skepticism, Morality, and Tragedy*, p.14.

[2] Stanley Cavell, *The Claim of Reason: Wittgenstein, Skepticism, Morality, and Tragedy*, p.17.

的进程描述，这种进程使得经验的直接性能够直接通过充实我们的概念而形成知识：

> （维特根斯坦的）研究描述了如下三个主要的步骤：（1）我们发现我们正想要知道关于一个现象的某些知识，比如：疼痛，期望，知识，理解，产生一个看法［……］（2）我们将我们对这些现象所做出的陈述保留下来。（3）我们问我们自己，是什么"Criteria"让我们能够言说我们所说的东西（并且还能够继续以这样的说法继续言说下去）。[1]

这一认识流程不再依赖于认识对象的存在方式应当如何被设想这一问题，而是依赖于以日常语言为载体的永续的认识自发性。在这一进程中，关于对象的知识不断地被语言所充实或者说强化。这一过程就其呈现来说，不必进行一种二元的辩证思维，而直接表现为我们对日常语言掌握的熟练程度，即我们是否充分进入一种语言的"在地性"当中。在维特根斯坦看来，和"实指"的功能一样，"Criteria"所激发的是关于"判断"这一概念的"生活形式"，即我们通过判断来理解我们如何获得什么是"同意"（agreement）、接受（accepted）以及判断的给予（given）这些日常概念，是这些概念而非对象知识构成了我们关于"判断"的理解：

> "Criteria"作为一些基质（突显、标明、特别说明），其寓于可能被做出的确定的判断之中（即一种非随意性）；基于"Criteria"之上的同意就意味着使得对于"同意判断"这一行为成为可能。而在维特根斯坦的论述里，甚至看上去我们建立"Criteria"的可能也需要建立在一种先在的对于判断之同意的基础之上。[2]

---

[1] Stanley Cavell, *The Claim of Reason: Wittgenstein, Skepticism, Morality, and Tragedy*, p.29.

[2] Stanley Cavell, *The Claim of Reason: Wittgenstein, Skepticism, Morality, and Tragedy*, p.30.

在《哲学论稿》中，卡维尔列举了"暗示"这一甚至没有诉诸语言层面的行为是如何成为"Criteria"的。一个学生在象棋游戏中陷入僵局，老师用眼神给了他一个表面上意义不明的暗示，随后学生按照这一暗示走出了老师希望他走出的一步。我们可以保留下在这个特殊事件里暗示所被给出的陈述，这个事例就给出了关于如何给出以及如何接受一个暗示的"Criterion"：

> 由此它就成为语法的一部分[……]关于服从于这样的一个姿态这件事情，这就是我们所说的"接受一个暗示"的某种意思；这也就是说，服从于这样一个姿态这件事情，就是我们接受或者理解暗示的"Criterion"。[1]

卡维尔以这个例子说明，人类的认识自主性并不依赖于对于"认识对象"的某种特殊设定，因此并不像康德或者罗素所说的那样，某种"先验"观念的建立不必是以"认识对象"的"可知"与"不可知"之间的某种辩证关系所引发的认识论来建构。实际上，在前期思想中，维特根斯坦就已经开始否定这种认识论模式的前设建构。在《逻辑哲学论》中，"可知"与"不可知"的界限在形而上的层面上是绝对的，是不能通过逻辑形式而被转化为始基的。在后期的日常语言思想中，和斯特劳森的看法一致，维特根斯坦思想的转变在于，我们实际上无法先验地知道这种"可知"与"不可知"的辩证关系是否存在于某种特定理论——无论是"先验观念论"还是"摹状词"——的候选之中。因此，实际上卡维尔所指出的"官方用法"不仅仅出现在"官方文件"中，他同时也在暗示传统上作为"官方"哲学的"非日常"建构方式如何影响了我们对于语词的日常理解：我们倾向于认为"标准"总是对"候选对象"的评价，这样的"标准"就只能是受制于外部权威的符合论的标准。而对于维特根斯坦来说，"判断"作为一种行为，其之所以能够被自主地做

---

[1] Stanley Cavell, *Philosophy Passages: Wittgenstein, Emerson, Austin, Derrida*, Blackwell, 1995, pp.153-155.

出,在于它"先验"地在语言中直接表现为"认同"(agreement)这一"生活形式"本身,这种"认同"——

> 在这里并不是走向或者达到关于一个特定事情的认同,而是我们自始至终都存在于这种认同之中,处于和谐之中,就像音高或者音调,或者钟表,或者称重刻度,或者数据列表。人类群体在语言本身的和谐(überein)中找到了符合(stimmen),也就是说,他们在互相表达中诉诸语言,一种上下贯通的共调(attuned)。[1]

基于某些音乐概念来阐释日常语言哲学是卡维尔的论述特色之一,这得益于在正式进入哲学学习之前他曾是一名音乐系的学生。在音乐中,指挥的记号和随之而来的演奏行为是音乐语言的基本实现形式,而这一实践也渗入了他对于日常语言的理解。[2]虽然卡维尔没有明确地指出,但是从他对勋伯格以及音乐"调性"的提及来看,显然有意地关涉到另一相关的解释路径,这一路径是通过阿多诺对勋伯格"无调式"音乐的评论而展开的。就勋伯格本身对于音乐的阐释而言,其与卡维尔对日常语言的解读具有很高的相近性。在《新音乐、过时的音乐、风格和理念》一文中,勋伯格的论述始于对当时音乐教学不重视音乐现场的"亲知"经验的批判,并最后将重点落在了"生活世界"与音乐之间的关系上:

> 长发过时了,是因为劳动的女人认为它碍事。当描绘现实生活的自然主义兴起,19世纪诗学里的感伤言辞就过时了,因为前者就是当人们想要做实业的时候谈论问题的方式。烛光过时了,当人们发现它的作用微乎其微,也就不需要仆人做这件工作了[……]日常的元素在所有这些例子里都反映了我们生活形式的变更。那么在音

---

[1] Stanley Cavell, *The Claim of Reason: Wittgenstein, Skepticism, Morality, and Tragedy*, p.32.
[2] Stanley Cavell, *Little Did I Know: Excerpts from Memory*, Stanford University Press, 2010, p.87.

乐中也是如此吗？[1]

勋伯格本人并没有对这一问题做出正面的回答，但很显然在他看来，"调性"音乐的问题就在于对它的思考往往脱离"生活形式"。在《阿多诺与勋伯格未回答的问题》一文中，莫里·迪宁拓展了勋伯格这一潜在的思考层面。在勋伯格看来，"调性"音乐反映的是超出生活层面的理念（idea）。"音乐材料"用以证成一个理念，创造一个被沉思的对象。"调性"音乐与理念的适配就如同"手套适手"一般。[2]

因此，在我们谈论"调性"音乐的时候实际上并不存在这样一个问题，即"什么是有调的？"因为我们对于音乐的一切谈论都处于"调性"的"音乐空间"之中。这样一个空间并不是从外部被给予音乐作品的，而是任何的音高和调值都只是在这一空间里才能够获得定位。迪宁指出，实际上"调性"的问题在时下的流行音乐已经不存在了，在"流行音乐"中不存在一个一般性的"音乐空间"："音乐的日常要素如今可以在音乐的主题、节奏和弦程（chord progressions）中被发现，并且在各自特定的空间中呈现作品的调性，这就是音乐的血肉。"[3] 在这个层面上，勋伯格区分了"日常态"（quotidian）和"理念态"（ideational），前者对应"风格"，后者对应"理念"：

> 对勋伯格来说，风格是呈现一个理念的方式。比如说，一个一般化的音乐空间需要通过特定作品的调性所呈现的空间来表征（或者说具体化）[……] 调性风格可以改变，但是音乐空间的理念则被保留了下来 [……] 对勋伯格来说，这个被保留下来的理念是先验

---

[1] Arnold Schoenberg, *Style and Idea*, Open Road Media, 2014, pp.118-119.

[2] Murray Dineen, "Adorno and Schoenberg's Unanswered Question." *The Musical Quarterly* 77.3 (1993): 417.

[3] Murray Dineen, "Adorno and Schoenberg's Unanswered Question." *The Musical Quarterly* 77.3 (1993): 417.

的、不变的。[1]

可见，勋伯格对于音乐的理解有别于阿多诺，而更趋同于卡维尔。在迪宁的阐释中，虽然勋伯格的"无调"音乐在当时是极其特殊的风格，但是放在后来的流行音乐中来看，它也只是"流行音乐"的一种样式而已。正如卡维尔所说，"无调"音乐并不是相对于"有调"的"无调"，而就是新的"音乐形式"，它不是基于某种新风格而对故有的音乐理念的否定，而是拓展了一个"不可比"的音乐空间，这未必需要某种辩证法才能够解释：

> 风格这一范畴的提出，反映了勋伯格想要勾勒一种音乐与生活状况之间的关系，这就是他对于这个问题的回答。是的，在人的存在模式和音乐经验之间存在着这样的关系，它仅仅是在风格层面，即一种音乐理念的表征模式。[2]

根据勋伯格自己的表达，迪宁的修辞需要做一些调整：并非"仅仅是在风格层面"，而是风格作为音乐的"Criteria"本身呈现于理念的前在证成之中："（一个作曲者）从来不是从想象一种风格出发，而是被对于某一理念的证成行为无休止地占据。一切都会在与理念的符合中完成，外部表象也必会充分。"[3]

从勋伯格和卡维尔的一致性上来看，音乐风格或者日常语言并不是通过制定某种风格或者某种"标准"，以之作为"证据"或者"武器"来符合或者否定理念或者理性权威。"风格"和"Criteria"处于这样一种"反抗"的逻辑当中：任何新的表征都必须建立在判断主体已经预先

---

[1] Murray Dineen, "Adorno and Schoenberg's Unanswered Question." *The Musical Quarterly* 77.3 (1993): 418.

[2] Murray Dineen, "Adorno and Schoenberg's Unanswered Question." *The Musical Quarterly* 77.3 (1993): 417.

[3] Arnold Schoenberg, *Style and Idea*, p.121.

进入新理念的认同之中这一基础之上,"认同"意向先于理念自身而存在,故而一个理念存在的可能性就在于它可以不依靠其他理念而被创造。理念自身的存在证明了理念自身的可创造性可以是"无根"的,其可能性就存在于我们在其中所经验到的"认同行为"。如此一来,我们对于理念的符合和遵从本身就蕴含了我们的创造和反抗,也就是勋伯格所说的"风格"和卡维尔所说的"日常语言"所寓于其中的"生活形式"。在这里,卡维尔实际上所强调的就是维特根斯坦式的"生活形式的先验性"。

反观阿多诺的阐释则实际上将勋伯格的思想在一个更强的立场上展开。阿多诺将勋伯格的立场带入了深层的怀疑主义立场当中,即对启蒙主义原则中"理性"的强烈批判,"调性"音乐的一致性与和谐性表现为施压于主体性之上的暴政。而相对的,流行音乐则是"愤懑的听者"的模式,其意图在于屏蔽主体性的冲动而代之以一种拟态(mimetic)的冲动:"这样的听者,这种非人化的聆听将表现本身的正当性置于作曲本身的洞见之上——这就是风格。"[1]阿多诺认为在勋伯格的时代,自由与艺术的自主性是联系在一起的,因此对于新的音乐风格的开发仍然是给予艺术人性化的理解,是自主性的自由。但随着社会中人性化的消弭,艺术的自主性也在不断丧失。因此,给予"艺术人性化"理解的自主性必然会越来越失去它的力量。[2]由此,阿多诺认为必须将勋伯格关于风格的论述视为一种"否定性"思想,而非一种自主形成相应音乐理念的肯定或者持续证成行为。

从卡维尔的视角看,这无疑是给勋伯格自己的思想又蒙上了一层特定的哲学色彩。在《音乐创作》一文中,卡维尔指出哲学家对于艺术的批判总是基于自己所处时代的经验和材料,并由此得出一套批评模式去塑造对于其他时代艺术作品的看法。他于是问道:如果我们和这些哲学

---

[1] Murray Dineen, "Adorno and Schoenberg's Unanswered Question." *The Musical Quarterly* 77.3 (1993): 420.

[2] Murray Dineen, "Adorno and Schoenberg's Unanswered Question." *The Musical Quarterly* 77.3 (1993): 421.

家没有同样的问题意识，那么他是否还能理解这些批评？

> 事实上我读到的很多以无调音乐为主题的批评者，他们都将这种音乐和所谓的"有调"音乐做对比；像乔治·卢卡奇这样的批评家则从 19 世纪资产阶级的现代主义与现实主义的比较开始说起；克莱门特·格林伯格则会写道"从吉奥托到库尔贝，画家的首要任务就是从平面上的三维空间幻象里挣脱出来[……]在这种空间幻象或者说对于它的感知中，（以现代主义的视角看）我们失去的要远比我们填入其中的图像多得多"。那么，如果我们并不具有这种现代经验，我还能够理解这些批评吗？[1]

在卡维尔看来，所有这些从外部施加的"标准"都不能让我们理解音乐或者艺术自身的"生活形式"，处于辩证法内部的"否定"的特设作为一种"内部抵抗"无法通过"创造"而彻底地脱离旧理念：对于旧理念的批判就是创造并进入新的理念之中，而不是在"程度"上针对旧理念的否定，这是由于旧理念在日常语言的理性中不被理解为一个"对象"，而是一种"生活方式"。我们自由选择的可能性不在于是否反对一种"生活方式"，而是我们能否拥有另一种新的"生活方式"。在这个层面上，勋伯格和卡维尔式的思想实际上就超越了"怀疑主义"能够对人们的认识施加影响的层面，对于建立在"认同"和"创造"本身这样"非认识"的基础信念之上的"日常语言"思维来说，"怀疑主义"失去了其能够怀疑的"对象"。

与阿多诺的"辩证法"思维不尽相同，卡维尔认为日常语言并非对于某种"和解"的寻求，这样的"认同"是先在的，并不需要哲学式的论证才能被澄清。正如维尔默所说，阿多诺最终在"自然美"中看见的是"尚未存在的、获得和解的自然的密码，这一自然超越了将生命划分为精神和物质的区分方式，最终调和并扬弃了这一区分方式，而彼此各

---

[1] Stanley Cavell, *Must We Mean What We Say?: A Book of Essays*, p.184.

异的众多事物在未受伤害的情形下以非强迫的方式共处"[1]。而从卡维尔的思想出发,"Criteria"是我们对于这种"自然"的预先把握。我们并不是"通过"否定辩证法发现了它,而是这样一种对于"认同"的预先把握为我们包括否定在内的一切活动提供了可能,这是由于任何一种旧哲学的、怀疑主义的或者经验性的信念,如若不拥有其所属的"生活形式",则就是不可能的。

3. "Criteria"的认识论地位:怀疑主义与日常语言的共生性

通过对维特根斯坦"Criteria"的解析,卡维尔旨在将日常语言哲学阐明为雅各比式的"直接性"哲学,他在这里转变了一个讨论传统认识论的问题视角。卡维尔的日常语言观突出的并非日常语言"相对主义"的特质,而是突出日常语言不以"认识对象"为核心的特质。对于"认识对象"的各种预处理实际上都是对于某一中介存在方式的处理,或者说一种魅化。如前文提到的卡维尔对波尔"规则"看法的批判所示,对于"规则"的"中介化"理解无法摆脱以"认识对象"为核心的认识论观念,而这种观念从机制上无法完全抵御由自身所生成的"怀疑主义"因素。因此,日常语言哲学的这一转化的关键立场在于,对于任何认识来说,"权威"或者说"可信"的中介都是不必要的。因此,对于卡维尔来说,"怀疑主义"实际上不是认识论的外来敌人,毋宁说是对于某种认识论的沉迷发明了其相应的"怀疑主义"类型。

由于卡维尔独特的"非哲学"的论述方式,有很多阐释者没有抓住卡维尔论述"Criteria"的真正意图,这也佐证了传统认识论根深蒂固的影响。其中比较典型的一个误解来自斯蒂芬·马尔霍尔,根据他的理解,卡维尔所阐释的"Criteria"实质上仍然是一个"Standard",即提供了一种"概念应用的标准(Standard)"[2],因此"Criteria"本身为词

---

[1] [德]阿尔布莱希特·维尔默:《论现代和后现代的辩证法》,钦文译,商务印书馆 2013年版,第12页。

[2] Stephen Mulhall, *Stanley Cavell: Philosophy's Recounting of the Ordinary*, Clarendon Press, 1994, p.80.

项的"用法设立了一个语法规则"[1]。此外,"Criteria"还提供了诸概念之间的关系性序列。以上所有这些"Criteria"的功能形成了"语言的语法架构(Framework)"。[2]马尔霍尔实际上把"Criteria"和"语法"理解成了一种关于"标准(Standard)的标准"。虽然马尔霍尔认识到"Criteria"可能是一个更为决定性的层面,但是他仍然没有摆脱对于基础性权威进行深层转移的传统观念。尽管这种理解使得固有的基础得以虚化和拓展,但整个基于符合论的权力结构并没有发生根本性的转变。正如我们在前文看到的,卡维尔虽然认为"Criteria"所关涉的"生活形式"层面确实是比"规则"更基本的制约层面,但是它并不是"规则的规则",而是"遵守规则"这一"行动"作为基础层面本身。卡维尔明确说道:"'遵守规则'这件事情是没有规则的。"[3]

马尔霍尔的解读很快遭到了其他研究者的批评,其中比较有代表性的批评来自斯蒂芬·埃菲尔德。埃菲尔德指出将卡维尔阐释中的"Criteria"最终诉诸"语法架构",实际上仍然没有摆脱传统认识论中的"中介性"权威:"在我们偶然的(contingent)认同行为和反映与我们对特定的判断和蕴意的认同所基于的高阶结构化特征之间设定了一个中介。"[4]这种设定表明马尔霍尔仍然前在地认为我们在日常语言中的交互理解受制于或者说诉诸一个给定的建构或者说规范。而对于卡维尔来说,"Criteria"仅仅是一个关于我们准备做出的判断的"函项"(functions),而非一个独立存在的、我们切实的或者潜在的判断能够确切指向的基础,实际上没有任何"概念"受制于(bound)日常的"Criteria"。[5]事实上,在我们的日常判断中真实发生的,是我们在对某一个判断的认同行为中揭示出了使得这样的判断行为得以可能的

---

[1] Stephen Mulhall, *Stanley Cavell: Philosophy's Recounting of the Ordinary*, p.152.

[2] Stephen Mulhall, *Stanley Cavell: Philosophy's Recounting of the Ordinary*, p.171.

[3] Stanley Cavell, *Must We Mean What We Say?: A Book of Essays*, p.50.

[4] Steven G. Affeldt, "The Ground of Mutuality: Criteria, Judgment and Intelligibility in Stephen Mulhall and Stanley Cavell." *European Journal of Philosophy* 6.1 (1998): 7.

[5] Stanley Cavell, *Conditions Handsome and Unhandsome: The Constitution of Emersonian Perfectionism: The Carus Lectures, 1988*, p.90.

"Criteria"："我们是在维特根斯坦所说的'在判断中认同'（PI，242）中进行'认同'这一行为的；并且他所说的我们使用语言的能力就如同基于我们'生活形式'中的认同。"[1]

因此，"Criteria"之所以能够直面"怀疑主义"的攻击，实际上由于它可以在两个层面让"怀疑主义"的攻击"失靶"（pointless）。从判断自身的层面上来看，"怀疑主义"主要的攻击点在于判断依据的不充分性上，但是以卡维尔的视角来看，确实我可能得出一个"错误"的判断"结果"，但是我依然已经正确地进行了"判断"这样一个行为。在早期的分析哲学视野中，弗雷格实际上就已经注意到了日常语言中的这一问题，并在"概念文字"的构建中为其留出了空间，即对于"⊢"这一"判断符号"的引入。戴维·贝尔在《弗雷格的判断理论》中着重阐释了这个符号在弗雷格体系中的作用。他指出虽然在"判断符号"不参与其中的表达式中，真值也能够以某种句子命题（sentential）的形式被指涉，但与此同时这样的真值也是完全缺乏"判断力"（assertive force）的，而在日常语言中对"判断力"的需求则是不可或缺的："一个陈述句的名词化往往是脱离判断力的，同时也就不可能在'某种句子的命题形式'的直接语法转化行为中得到它清晰的句子命题形式。"[2]

贝尔进而举例"2+3=5"这个句子的两种表达情形：当弗雷格使用"—2+3=5"的时候，其语言表达形式对应"2 加 3 是 5"（2 plus 3's equaling 5）；而"⊢2+3=5"则对应"2 加 3（在求等这一判断中）等于 5"（2 plus 3 does equal 5）。[3] 在对"判断符号"的进一步诠释中，贝尔也使用"承诺"（promise）这个词来作为范例，这与卡维尔的举例也不谋而合。[4] 贝尔指出"我承诺……"这一"述行运算符"（performative operator）指向一种"一般性的认同"（generally acknowledged），它必须伴

---

[1] Stanley Cavell, *The Claim of Reason: Wittgenstein, Skepticism, Morality, and Tragedy*, p.30.
[2] David Bell, *Frege's Theory of Judgement*, Oxford University Press, 2002, p.13.
[3] David Bell, *Frege's Theory of Judgement*, p.24.
[4] Stanley Cavell, *The Claim of Reason: Wittgenstein, Skepticism, Morality, and Tragedy*, p.27.

随着相继的行动:"在'我承诺明天回来'这样句子表述中,说话者不是在报告或者描述一个承诺的行动,而是承诺的继行(promising)。"但是"承诺"这个词也可能被用于报道和陈述,比如在过去时态(I promised to come)或者第三人称(He promised to come),因此就需要"判断符号"来界分对于判断这一事态的报告与作为判断这一行为的"继行性":

> 判断符号被用于标识出断言行为,但是却不是对于这一行为的报告,相反,它是在自身的发生中(occurred)建立起实质性的表达的真值条件[……]对于弗雷格来说,也就是将"P"的指涉从它的真值中变换到它的通常(normal)意义(sense)中。[1]

贝尔在此实际上指出,在弗雷格的形式逻辑思想中已经考虑到"真值条件"作为"述行条件"表征的可能性。也正因此,很多弗雷格的批评者都将批评的焦点集中在诸如缺乏"第一人称"视角的考虑,以及无法区分表达式中的"变元"究竟"是"对象还是概念的问题。[2] 这实际上都是由于忽略了弗雷格"判断符号"的这一理解维度所造成的。

因此,和罗素的"亲知"一样,即使是在高度追求形式化客观性的分析哲学时期,日常语言的这一层面也是被特意保留的,这就是为什么弗洛斯达尔认为分析哲学与后来的日常语言哲学的一致性表现在"判断"问题上。[3] 这一保留可以被直接总结为这样一个看法:语言不仅仅是指称和描绘外部事物的中介工具,其自身也分为若干不同的应用类型,它不仅仅具有"从物"的一面,同时也有"从言"的一面。而后期维特根斯坦与奥斯汀的思想实际上指出"从言"才是日常语言所主要面

---

[1] David Bell, *Frege's Theory of Judgement*, p.98.

[2] 比较有代表性的批判可见 Ian Proops, "What is Frege's 'Concept horse Problem'?" Peter Sullivan and Michael Potter, eds., *Wittgenstein's Tractatus: history and interpretation*, Oxford University Press, 2013, pp.77-79.

[3] Dagfinn Føllesdal, "Analytic philosophy: what is it and why should one engage in it?" Hans-Johann Glock ed., *The Rise of Analytic Philosophy*, p.3.

对的层面,且主要表现为"继行",也就是"以言行事"。从这个角度看,日常语言哲学实际上重新肯定了休谟对于因果关系在经验中表现为"先行后续"的看法,"休谟问题"由此就不再是一个怀疑主义的"绝望",而是将其纳入我们之前已经讨论过的"意义即用法"的视角之中:由此休谟难题就可以直接被表述为"因果即相继",一种类似于"意义用法论"的"因果继行论"。使这种"理论"得以证成的,在于"判断"这一行为自身:归纳逻辑由于总是伴随着判断行为,由此是被"时时刻刻"加以辩护的。由此因果性就不是关于"程度"或者某种实在的理念,而是我们对于经验表达自身进行不断"强化"这一行为本身。

将这一阐释思路较为直接地运用于归纳逻辑的例子来自尼尔森·古德曼。古德曼提出,归纳问题的意义并不是"获得不可获得的知识的问题,或者解释我们事实上不具有的知识的问题"。这恰恰是"怀疑主义"的发力点。无论是演绎还是归纳,只要"当情况已经表明,一个演绎论证遵照了逻辑推理规则时,我们通常就认为它得到了辩护,不需要继续问什么东西为规则作辩护"。而对于这种规则自身运作所带来的辩护,也并不像一般哲学家所认为的那样来自某种自明的公理(比如弗雷德曼眼中的康德),或者根植于人类心灵的本性(比如笛卡尔主义):"它们的有效性依赖于它们与我们实际作出和认可的特定演绎推理的一致性。如果由一条规则导出了不可接受的推断,我们就会把此规则作为无效的而加以抛弃。"[1] 并且古德曼还特别指出,从传统的视角看这样的解释难免会陷入"循环论证",但是这种循环是一种有价值的循环:"辩护的过程就是在规则与被接收的推理之间进行相互调整的一种微妙的过程;并且彼此需要的唯一辩护就存在于达成的协议中。"[2]

古德曼对于归纳逻辑有效性的辩护可以被视为对卡维尔对于"Criteria"的正面总结,虽然这样的直接概括在卡维尔和维特根斯坦的

---

[1] [美]纳尔逊·古德曼:《事实、虚构和预测》,刘华杰译,商务印书馆 2007 年版,第 80—81 页。此处古德曼用"演绎逻辑"为例,旨在说明其和归纳逻辑的共通性在关于规则有效性辩护上的共通性。

[2] [美]纳尔逊·古德曼:《事实、虚构和预测》,刘华杰译,第 82 页。

文本里是很少见的，但是无论是在弗雷格和罗素的分析哲学、古德曼的唯名论哲学还是卡维尔的日常语言哲学里，其共同点都在于语言总是存在一个"非还原"的层面。从前文对弗雷格和罗素的阐释中我们已经看到，将两者对于语言表达的逻辑清晰程度的追求看作一种"还原论"和"符合论"实际上都是偏颇的。这些批判所忽略的是，所有这些以语言性思维为载体的思想都不仅仅甚至不主要指向固有的对象和外部标准，而更多是关于投射、预测以及自主性。这些才被以上这些哲学家视为日常语言之中最为基础的要素，故而日常语言最重要的特质就是关于"继行性""可预测性"以及"可辩护性"。在卡维尔看来，日常语言的基点在于："我们何以继续。"[1] 因而，怀疑主义对于这种日常理性的有效质疑应当是关于"何以为继"的问题，而关于"何以为继"的印证将永远都是由行动本身来作答：我们能够"继续"，这本身证实了我们的"Criteria"的有效性；而如果我们无法"继续"，这也并不意味着我们能够通过参照某种"可续性"的外部标准在某种"不充分"的程度上行动，而只能意味着这一"Criteria"所寓于的"生活形式"的彻底终结。由此，卡维尔的日常语言所表征的日常理性在"保守"和"激进"两个层面上超越了由传统哲学所培养的"怀疑主义"：在身在其中的行动者那里，行动与认识得以稳定的基础信念是更为切身的"体用不二"，而其反面也并不求助于第三方的中介性代理或者调节，而只能是整个"生活形式"的彻底变革。

为了凸显维特根斯坦寄托在"Criteria"这个概念上的激进变革性，卡维尔针对性地批判了以马尔科姆和阿尔布莱顿为代表的一种解释路径。根据卡维尔的概括，在这种解释视角中，"Criteria"被解释为指向"建立某物存在的确实性"。在这种概括中，马尔科姆和阿尔布莱顿认为对于"Criteria"本身的申明是对于"怀疑主义"所提出的问题的正面回答，即通过逻辑上的必然性来确立关于某物必然存在的确实性。这种解释之所以认为自己正面据斥了"怀疑主义"，是由于它认为对于

---

[1] Stanley Cavell, *The Claim of Reason: Wittgenstein, Skepticism, Morality, and Tragedy*, p.29.

"Criterion"的满足（satisfaction）就是关于某物之存在的多元逻辑建立，并认为这是超越"怀疑主义"之上的。在马尔科姆的相关论述中，我们关于"疼痛"的定义以及其存在的确实性可以在多种必然性之中得到，因此并不存在某种单一的"怀疑主义"所指向的以"征候"为前涉的"存在"及其不确定性问题。[1] 马尔科姆和阿尔布莱顿都将这种存在的建立寄托于"逻辑上为真"的必然性[2]，由此，对于问题中某物的"非存在"就得以被排除，从而就撤销了"怀疑主义"的质疑目标。

这种看法实际上将维特根斯坦的"Criteria"带回到了类似于罗素的"摹状词"的处理方法之中，即通过将某一"虚拟物"（缺乏存在确实性的对象）纳入某种逻辑表达形式之中，使其具有某种"逻辑的真实性"。但需要注意的是，正如我们已经在前文分析过的，罗素的"逻辑真实"和"现实"之间的符合关系是他所说的"同构"意义上的符合，将"虚拟物"纳入摹状并不是为了在现实层面实现或者加强这种逻辑确实度，而仅仅是为了将其纳入与外部事实的"同构性"之中。从某种层面上说，摹状词确实更接近于维特根斯坦的"Criteria"，因为两者都不是关于"何物存在"的，而是关于"存在如何"。卡维尔非常清楚地点明了这里容易出现的混淆：

> "Criteria"是"关于something's being so"的，其意义不体现在告诉我们何物存在，而是关于某物如其身份（identity）所是，不是关于"***being* so**"，而是关于"**being *so***"。"Criteria"不决定陈述的确实性，而是决定陈述中所运用的概念的适用性。[3]（黑体为原文所有）

在这一直观的对比中实际上包含了两个层面的申明：首先，"Criteria"

---

[1] Norman Malcolm, "Wittgenstein's Philosophical Investigations." George Pitcher, ed., *Wittgenstein*：The Philosophical Investigation, Macmillan and Co Ltd., 1966, pp.84-85.

[2] Rogers Albritton, "On Wittgenstein's use of the Term 'Criterion'." *The Journal of Philosophy* 56.22 (1959): 854-856.

[3] Stanley Cavell, *The Claim of Reason: Wittgenstein, Skepticism, Morality, and Tragedy*, p.45.

是关于"如此这般"而非"何物存在";其次,马尔科姆和阿尔布莱顿的理解潜藏着一种"何物存在"与"如此这般"之间的符合关系,比如在马尔科姆的理解中,疼痛的"Criterion"也就是在"确定的情形下"的"疼痛的表征"(pain-behavior)。马尔科姆将维特根斯坦所说的"仅仅在确定的周边状况下"(only in certain circumstances)理解为我们需要排除那些假装的、排演的关于疼痛的表达。[1] 反过来说,这样的理解潜藏着这样一个预设,即存在我们所知的关于疼痛的自然表征,比如呻吟和抽搐等行为,这些行为之所以是自然的,是被某些比如神经学上的"真实"所保证的。因此,对马尔科姆和阿尔布莱顿的这种理解的完整表述应当为,"Criteria"是被某种客观存在的"对象"与"表象"之间的确切关系所例证的"标准",比如当一个呻吟、抽搐发生,我们就可以把它看作疼痛的自然表征行为,我们的"Criteria"建立于此是因为在确定情形下"疼痛"确实存在。

卡维尔指出这样的理解是不符合维特根斯坦的本意的。这种对于"假装"和"排演"这样的"非确定的周边情况"的排除并不是对某种"周边情况"类型的排除,而是对于意向性行动的排除。这也就是说,在这种向"标准状态"的还原中,存在的是关于"疼痛"这件事情的"名词化"报告。卡维尔通过引用维特根斯坦自己的表述来说明,在行为的模仿或者比照中,他并没有特意排除任何意向性行为。[2] 排除意向性行为而使得"疼痛自身"(pain itself)被报告,实际上就已经先在地将"呻吟"这样的行为划归到"疼痛行为"当中了,由此"Criteria"的符合就只是对于标准表征在程度上的符合。这种鉴别确定性的方式将无法逃脱"怀疑主义"的攻击,因为在这样的理解中,"Criteria"总是在"看上去"的层面被观测的。[3]

卡维尔指出马尔科姆式的理解的核心问题在于误解了"假装"并不是对于某种客观存在方式的报告,它本身来自我们基于"Criteria"的一

---

[1] Stanley Cavell, *The Claim of Reason: Wittgenstein, Skepticism, Morality, and Tragedy*, p.42.

[2] Stanley Cavell, *The Claim of Reason: Wittgenstein, Skepticism, Morality, and Tragedy*, p.43.

[3] Stanley Cavell, *The Claim of Reason: Wittgenstein, Skepticism, Morality, and Tragedy*, p.42.

个判断，对于"Criteria"的激活是我们判断其意向性行为的基础。卡维尔举了一个很特殊的例子，假设我们看到一个人在痛苦地抽搐，于是我们询问他哪里疼痛，这个人回答说我并不是在表达疼痛，而是在叫我的宠物，然后有两只花栗鼠从门外跑了过来。[1] 卡维尔指出，在这个例子中，实际上没有人在"假装"，而是大家都在以自己"Criteria"来做出判断，"呻吟"这一行为在不同的说话者那里落入了不同的"概念"之中，而就"情形"自身来说则并没有什么不同。因此，卡维尔指出关键性的误解在于，并不是排除"假装"或者说"非确定性的情形"提供了"Criteria"，而是我们在"Criteria"的激活中来判断什么是"假装"：

> 仅仅是因为"他在假装"或者"他在排演"，又或者是因为"那是一个恶作剧"，等等，这些都满足了我们关于一个人"没有"在疼痛之中的解释（因为它的"继行性"显现 [turn out] 是他没有在疼痛之中），而他所假装的，必然（must）恰恰就是疼痛这件事，他所假装的必然是处于疼痛之中的某个人的一个主要的表征部分，恶作剧也依赖于激起疼痛这回事，等等 [……] 对我来说是这样：在所有这类情形中，一个人所满足的"Criteria"都是关于我们是如何在指向他人的活动中运用疼痛这一概念的。[2]

因此，"Criteria"所关涉的并不是"对象"的秩序，而是人类语言和惯习上的秩序，比如在通过"呻吟"呼唤宠物的例子中，两位说话者的区隔实际上是绝对的：这个例子可能意味着在同样的情形中，两者被激发的概念类型是完全不同的，在卡维尔看来，这也就意味两者语言的"在地性"是全然不同的。这同时也就意味着两者的差别并不在于"疼痛表征"这件事情上，也不仅仅是在这一特定的情形上两者没有共识，而是意味着两者不处于"同一种"语言当中，这实际上也

---

[1] Stanley Cavell, *The Claim of Reason: Wittgenstein, Skepticism, Morality, and Tragedy*, p.89.

[2] Stanley Cavell, *The Claim of Reason: Wittgenstein, Skepticism, Morality, and Tragedy*, p.45.

意味着"呻吟呼唤宠物者"被排除出了"呻吟作为病痛表征者"的"共同体"之外。

实际上，在中国的寓言故事中，有一则寓言可以作为理解卡维尔关于"Criteria"解释的绝佳例子，这就是"狼来了"的故事。在故事中，屡次假装有险情而呼喊"狼来了"的恶作剧者之所以最后被抛弃，并不是因为他违反了某种客观的关于"不能说谎"的道德律令，而是由于他的多次呼喊使得自己关于"狼来了"这一语言的"Criteria"逐渐脱离了共同体原有的"语言在地性"。当他最后一次呼喊时，村民并不是通过狼是否"真的"来了而做出不去理会的决定，而是村民已经无法"理解"呼喊者关于"狼来了"的意思究竟是什么。呼喊者通过自己的行动树立了一种"新的语言"并为之负责，在卡维尔看来这才是日常语言之中"Criteria"这一机制的真正意义：问题在于人们是否能够通过语言互相理解，而不在于语言所指向的事实是否具有确定性。由此伦理性就是语言本身得以可能的"先验范畴"，它基于行动上的承认，而不是某种客观的抽象道德教条。但是反过来，对于这一故事的这种解释也蕴含了一个对于"共同体"道德判定的限制："共同体"对于个体的脱离是自然的"接受"态度，而不是对个体的一种来自公意的"惩罚"。

由此卡维尔指出，之所以日常语言的这一机制能够不受"怀疑主义"的困扰，恰恰是由于"Criteria"自身就是日常语言之中"怀疑主义"的基因，因为这一概念意味着我们的判断合法性实质上总是自发形成的，其目的性不指向任何客观性，而是指向理解与认同。想要通过怀疑动摇日常语言的共同体，从客观性原则上来说永远都是合法的——因为其本身没有绝对的客观性基础，是主观的和自发的；而从行动上来说，动摇又异常困难——因为其本身的未定性是在行动的认同之中形成的，这就意味着个体的脱离只能以重建"另一种语言"的方式来进行，同时意味着彻底的革命性。由此日常语言自身内部的"怀疑主义"基因实际上比外部的"怀疑主义"要更为彻底，同时也更不容易被推翻。在某种意义上说，"Criteria"就是一剂疫苗，使得日常语言的有机体在具有免疫力的基础上免于来自外部的"怀疑主义"的攻击：抵御外部"怀疑主义"的是我们自身的"语言能力",而这种能力凌驾于"共同体权力"之上。在传统认识论中,这种"能力"被理解为描述与认识外部世界的能力,但在卡维尔的理解中,这种能力是关于我们学习语言、进入某一共同体的"能力"。同时这也就意味着我们超出已有语言,脱离并构建新的共同体以及我们的"世界"的可能性:"我们与世界的关系是将其作为一个整体与之相关联,或者将他人作为一种普遍存在而与之关联,而不是关于一个知晓者的位置,在这个位置上,知晓将其自身构建为确实的。"[1]

　　从更根本的层面上来说,卡维尔对于怀疑主义的问题实际上仍然秉承了其早期的一个基本观点,即与我们的语言相关的"世界"或者说语言的"在地性"是怎样的,往往可以被直观地表现在提问方式上,我们的"Criteria"往往是被特定的提问方式所引导的。因此,怀疑主义之所以难以被克服或取消,正是由于传统认识论将我们生活世界的基本要素定位在了"对象秩序"或者说"知识秩序"上。虽然自康德以降直至20世纪的语言哲学都不同程度地要转化或者说虚化这一个"硬核",但是以对象为核心的认识论方式仍然根深蒂固地表现在诸多维特根斯坦阐释者的理解中而又难以被察觉。卡维尔要提醒研究者注意的是,"怀疑主义"本身实际上也是一种"行为",其自身也表现为一种"实指"的怀疑。因此,我们仍然可以像理解语言学习中的"实指"功能那样来理解"怀疑主义":与语言学习中肯定性的"实指"行为正好相反,"怀疑主义"的主要意图是将我们在语言学习中所获得的"生活世界"抽离掉,它所威胁的不是知识的确定性,而是引导我们否弃我们在语言学习中获得的与世界及他人的沟通方式本身。克服"怀疑主义"实际上意味着要接受它是我们在语言学习过程中所习得的一种自然的可能性倾向,正如卡维尔所说:

　　　　如果事实上我们所共享的,或者说所建立的"Criteria"就是我

---

[1]　Stanley Cavell, *The Claim of Reason: Wittgenstein, Skepticism, Morality, and Tragedy*, p.45.

们在语言之中所能思考以及沟通的条件本身，那么怀疑主义就是这种条件的一种自然的可能性。对于怀疑主义理解的最好立场，就是将其揭示为对于思考与沟通自身的威胁，如此一来，"Criteria"就是属人的，对我们来说，没有什么比它更自然的了。[1]

三 "常识"与认识活动的主体性权威批判

1. "常识"作为"强立场"："反怀疑主义"与摩尔的"零和游戏"

正如我们在康德的"哥白尼革命"问题中所看到的，这一认识论转变包含着两方面的内容：一方面是关于事物本身作为认识对象的存在和显现方式；另一方面是关于观察者的观察位置和视角的问题。从这个层面反观早期摩尔和罗素的"常识"和"亲知"观，其所谓的"中立一元论"实际上就仍然可以被分离出一个"二元论"的视角，由此摩尔式的以"常识"反对"怀疑主义"的方法在日常语言的视角下就仍然存在值得反思的地方，而这种反思同样也发生在卡维尔对于早期奥斯汀思想的批判之中。

在早期分析哲学中，虽然"常识"和"亲知"对于逻辑形式的建立具有不可忽视的奠基作用，但是就本身的辩护方式上来说其立场仍然采取了一种"弱立场"。这种"弱立场"之"弱"就表现为，面对"怀疑主义"对于我们"常识"或者"亲知"知识的质疑，我们永远都可以通过将其质疑转入具体可理解的问句中加以回应。在这个层面上，摩尔的"常识"概念和卡维尔所强调的语言的"在地性"问题是异曲同工的，即卡维尔所说的"可回答的问题才是有意义的问题"。但在之后的发展中，摩尔和罗素实际上走向了两条不同的道路。在罗素看来，对于"怀疑主义"和"心理主义"的拒斥在他的理论中是完全通过与外部世界同构的语言逻辑形式来达成的，这也就是为什么罗素对于比如

---

[1] Stanley Cavell, *The Claim of Reason: Wittgenstein, Skepticism, Morality, and Tragedy*, p.47.

"感觉材料"和"对象"之间的关系本身也仅仅持一种模棱两可的态度,而只是表示这一问题仍然需要被纳入命题逻辑中才能被谈论。与罗素不同,摩尔则试图通过强化"常识"自身的立场走向对于"怀疑主义"的正面抵抗,这就是其分别发表于1925年和1939年的《保卫常识》和《关于外部世界的证明》两篇著名论文中所体现出"常识"策略由弱转强的过程。

在早年的《保卫常识》中,摩尔仍然采取一种较弱的立场,这种立场之"弱"甚至可以被理解为关于人类知识在人类学层面的研究。在这一时期,摩尔在遣词上不仅仅停留在"常识"这个层面,甚至倾向于使用"老生常谈"(truisms)这个词汇来表明其立足点的平常性。[1]摩尔指出,关于这些"老生常谈"他可以列出一系列的相关命题,这些命题被视为"例证"(examples),比如"此刻存在着一个活生生的人类身体,那就是我的身体","这个身体在过去的某一个时刻出生,而它持续存在至今,尽管他不是一成不变的","自从这个身体出生一来,每时每刻都存在着许多其他的事物,它们具有三维的形状与尺寸,我们与它们的距离或近或远","同样,这类其他事物就这么存在着,与这个身体有所联系",等等,摩尔指出这样的命题自己可以列出一个长长的列表[2],他们都是关于自己、自己的身体及"更早时候"的问题。摩尔认为这些命题之所以是真的,是由于绝大多数的人类(他没有说"所有")所属于的那个类别都是可以用这些命题来描述的,无论我们何时写下这些命题,它总是指向一个存在于之前时间中的我们自身。由此,凡是就这些基本命题所展开的质疑,实际上都指向"某个之前已经知道它的时刻的我们"[3]。因此,但凡最终能够符合这些基本命题的其他命题也都是可知的。

---

[1] G. E. Moore, "Selected Writings." Thomas Baldwin ed., *International Library of Philosophy*, 1993, p.107.

[2] Annalisa Coliva, *Moore and Wittgenstein: Scepticism, Certainty and Common Sense*, Springer, 2010, p.15.

[3] G. E. Moore, "Selected Writings." Thomas Baldwin. ed., *International Library of Philosophy*, pp.108-109.

摩尔进一步回应了两种可能出现的攻击。首先，有些哲学家始终认为在这些基本命题的列表中，总有"部分错误"出现（partially false），也就说它们是可疑的，因此符合它的其他命题就是错的。摩尔指出，这实际上并不是关于"真"这个词的日常用法，在日常用法中，我们说有"部分错误"的意思是说它不是绝对真的，也就是说它是"部分为真"的。因此，对于常识的怀疑之所以可能，只是由于它在接受了"部分真实"的基础上对其他的部分给以怀疑。其次，有些哲学对比如"地球在多年之前就已经存在了"这样一种表达的正当性予以质疑，认为这样的"表达"至少在某些"部分"是错误的。摩尔指出，这也是由于这些哲学家没有在日常用法上使用"表达"这个词。在哲学家们看来，这样一个"表达"牵引着其他一系列的命题，那么这样一个"表达"是否真的以确定的方式"表达"了其他的命题，这一点总是值得怀疑的。而摩尔明确说道："我所列出的这些表达，每一个读者在读到它们的时候都能够理解我的意思 (understood me to mean)。"[1] 因此，和上一个问题一样，当哲学家对于"表达"在命题秩序中的确实性予以怀疑时，他也已经接受对于"常识命题"的"日常表达"的合法性。因此，摩尔认为任何对于"常识"的"怀疑主义"都会陷入自我矛盾的境地之中。

可以看到，摩尔在《保卫常识》一文中所提出的拒斥"怀疑主义"的思路与后来维特根斯坦和卡维尔的思路是非常一致的，即关键问题不在于回答"怀疑主义"的问题，而在于表明"怀疑主义"自身的可能性实际上是由"常识"或者日常语言所引导的，由此哲学的"怀疑主义"问题都可以被转化为在日常用法上对方"究竟"在问什么。但是摩尔的问题在于，他并没有像维特根斯坦和卡维尔一样将发展的方向引向日常语言，这主要是由于他的"常识"还是以唯心主义为假想敌的。安娜丽萨·科雷瓦非常精准地点出了摩尔从"弱立场"升级为"反怀疑主义"的"强立场"的转折点，因为摩尔想到唯心主义的怀疑论可以采用的辩

---

[1] G. E. Moore, "Selected Writings."Thomas Baldwin. ed., *International Library of Philosophy*, p.110.

解就是实际上它们不将物理对象视为基础范畴，对于唯心主义来说"常识"可以仅仅关于"心灵事实"（Mental fact）。[1]

对此，摩尔实际上采取了和罗素一样的思路，他指出任何思考者都不可能"逻辑地"将"因果性"建立在"心灵事实"的基础上。虽然摩尔赞扬罗素的摹状词提供了一种"一般性描述"，但他自己却从来没有试图建立这种描述形式。实际上，在相似的问题上罗素的态度是，命题逻辑以及"摹状词"之所以值得被采用和建构，并且以之来实现"心理主义"的现实性，主要是由于它更好地实现了我们在日常语言中寄托的认识上的"需要"，比如表达的确实性和可推测性的需要，这已经不是简单的对于"常识"的维护了，毋宁说是"常识保护法"。而我们从卡维尔处看到的则是进一步的推进：日常语言的任务不是"捍卫常识"，也不是满足"确定性"和"可推测性"的需要，而是关于建构"更好"或者"新"的日常及其相关问题。相反，摩尔始终在宏观的原则上捍卫常识，也就是不断强化关于"常识"的不可否认性。

这一点可以说鲜明地表现在他与罗素关于"感觉材料"的不同态度上。相比罗素的"归谬"，摩尔对于"感觉材料"的态度更为强硬。他认为虽然他也可以理解"感觉材料"理论中对于感知一个实体的诸多方式的细分，但无论如何区分："那个被经验到的实体在所有情况下都一定是与其被经验到的那个事实或活动相区别的，因为，我们说它是被经验到的，意思就是说，它与别的什么东西有某种关系。"[2] 摩尔认为，无论是物体还是颜色，说它们被经验到，就是说它们处于这样的区别与联系当中。因此，摩尔干脆取消了"感觉材料"这个概念，而通称为"可感物"。[3] 摩尔使用这个概念旨在说明一个问题，即唯心主义在对于外部事物的认识上抽离了一个认识论环节，即"我"对于"外物"的认识是通过"我"的一个认识行动指向一个"可感物"，而这一"可感物"是否存在，并不依赖于我们是否"经验到它"。摩尔分析了唯心主义所

---

[1] Annalisa Coliva, *Moore and Wittgenstein: Scepticism, Certainty and Common Sense*, p.20.
[2] ［英］乔治·摩尔:《哲学研究》，杨选译，上海：上海人民出版社2009年版，第131页。
[3] ［英］乔治·摩尔:《哲学研究》，杨选译，第132页。

设想的"我"与"外物"之间的"直接领悟"这种说法,他指出在"外物被某物直接领悟"这个意义上,这一"某物"是否"值得称为'我'"这一点是尚存疑问的。[1]

这个问题在前文所提到的《逻辑哲学论》中的"唯我论"问题中就已经触及:如果"可感物"于此一感知之中的那一实体处于这样一种直接的关系中,则根据"可感物"的多个侧面,就可能存在多个这样的实体,而其中任何一个都不值得被称为"主体"意义上的"我",而只能是"我"的"复数偏执狂"的"非认识主体"的存在状态。[2] 因此,摩尔认为在我们的"常识"认识中实际上存在着两个阶段:第一个阶段是我正通过某种行为指向一个"可感物"(我正在感知、注意);第二个阶段是"可感物"作为那个对象的表征而被表达("这是一只人类的手"之中"这"[this] 指向"显现为一只手"[to be a hand])。这样一个认识图景就符合了摩尔所列出那些"不可怀疑"的"常识"的命题列表,它区分了"我们所经验的那个可感物的存在和我们经验到它们这个事实"。[3]

摩尔这种通过"常识命题"使得"怀疑主义"陷入自我矛盾境地的策略是非常特别的,这首先表现在它本身就是一个"乞题"的策略,因为任何怀疑主义者也都必须接受"常识列表"中关于说话者"自身存在"和"外部事物"存在的命题,否则怀疑者本身就无法成为一个"怀疑的主体"。但是摩尔所忽略的问题是,在真实的日常生活中,我们往往不会也不太可能总是"乞题"到如此基本的"常识命题"的具体内容之上。所以在日常行为中,如果我们要运用摩尔的策略,我们需要明确的不是这些"常识命题"本身的内容,而是在每一个认识活动中是什么占据了"常识"的位置。而占据这一角色位置的诸多命题

---

[1] [英]乔治·摩尔:《哲学研究》,杨选译,第 135 页。

[2] 伯纳德·威廉斯极具洞见地指出了维特根斯坦前后期的核心区别,就在于从"第一人称复数的观点"与"第一人称单数的超验观点"之间的区分中留存下来关于"我们"的可能性。详见[英]伯纳德·威廉斯:《道德运气》,徐向东译,上海:上海译文出版社 2007 年版,第 213 页。

[3] [英]乔治·摩尔:《哲学研究》,杨选译,第 142 页。

对于我们时下所面对的问题来说就是"常识"本身，命题的具体内容则可以因时因地因事而异。而从这个角度上说，"常识"有时恰恰不是"不可质疑"的，"常识"之所以为常识，反而在于它是永远可以被质疑和被打破的。

克雷瓦准确地指出了摩尔策略的三个主要问题：第一，这些"常识命题"在其策略中归根结底起到的是"证据"的作用，"证据"的有效性在摩尔的策略里很大程度上依赖于时间上的先行性："我知道"取决于我和外物"从之前的某个时间持续存在至今"这一点而获得合法性。但是克雷瓦指出，我们的很多"证据"实际上是在当下的秩序中被提供的，比如说"我知道我有一个身体"是因为我此时可以看到它并感觉到它，我关于"世界在之前存在"的知晓可能来自我的先祖的记录或者我的历史学习。第二，关于外部世界、时间和空间存在的"老生常谈"完全可能仅仅是一种信息，我们只是在我们的语言学习或者"语言游戏"中"了解"了这些，但是它们从来就没有以摩尔这样明确的命题形式被我们所知。第三，因此，如果我们不能说清楚从这些命题出发来如何分析什么是"我知道"，我们也就不能说清楚我们是如何知道这些命题的，而如此一来摩尔的策略就不可能达到他所设想的全局性的"反怀疑主义"的效果。[1] 总的来说，克雷瓦的解读显现了摩尔策略中的一个本质性的意图，即将以认识对象为核心的认识方式转移到关于认识主体的权威之上，"常识"在其策略中实际上成了对于认识主体权威的约束机制，但是这种约束也仍然服务于这种权威的确立。

如果说在《捍卫常识》之中，摩尔策略中这种权威意识还没有完全显露，那么在《关于外部世界的证明》中，这一问题就暴露得非常明显了。在这篇文章中，摩尔也提到了康德，他认为康德给出的关于外部事物唯一可能的证明方式，就是将对于"存在于我们之外之物"的证明转化为"外部直觉的客观真实性"的证明。[2] 摩尔指出，康德所遭遇的问题实际上在于他将几种关于外部事物的表达视为同义的，而摩尔认为唯

---

[1] Annalisa Coliva, *Moore and Wittgenstein: Scepticism, Certainty and Common Sense*, p.24.

[2] George Edward Moore, *Philosophical Papers*, Routledge, 2013, p.128.

一符合"常识"的关于外部事物存在的表达就是"在空间中能够被遇见的事物"。[1] 正是基于这样的常识性表述,他给出了著名的"举手的摩尔"的证明方式:

(1)这有一只手;(2)这是另一只;(3)这有两只人类的手,这是关于在空间中遇到的外部存在物的总结,这一总结蕴含了(4)存在物理对象;由此证明(5)存在一个外部世界。[2]

摩尔的这篇论文引起了马尔科姆的关注,后者仍然将摩尔的证明方法归结为关于在语言中提供"确实性"的问题。只不过和马尔科姆对"Criteria"是关于"对象存在"的解释不同,在对摩尔的理解中,他将"确实性"的问题归结为认识主体关于确定性的表达。对于马尔科姆来说,摩尔的证明也就是对于"我知道"这一表达意义的分析,它没有为"怀疑主义"留下任何怀疑的余地,摩尔在其中建立了环环相扣的以"常识"为核心的命题蕴含关系。但是,正如克雷瓦所指出的,虽然摩尔用非常精细的命题蕴含关系建立了回答"常识问题"的"脚手架",但是整个过程反映在日常语言的问答上,实际上只是一个反讽式的回答:"你怎么知道?""因为我就是知道。"[3] 用维特根斯坦关于"脚手架"的比喻来说,如果我们扔掉"摩尔的脚手架",剩下的将只是重言式的自我表达。

摩尔的问题实际上从一个非常重要的层面佐证了为什么除了诉诸日常语言自身的"主体间性"这一机制之外,任何对于确定性的寻求,无论是基于对象的还是基于认识主体的,都不能提供一个真正的日常方案,两者都将导致我们的生活世界和日常表达难以继续下去。摩尔的策略最终表现为一种与"怀疑主义"同归于寂的方案,除了认识主体的自我确证和外在于这一确证的"常识"灌输之外,没有任何中介机制可以

---

[1] Annalisa Coliva, *Moore and Wittgenstein: Scepticism, Certainty and Common Sense*, p.25.

[2] Annalisa Coliva, *Moore and Wittgenstein: Scepticism, Certainty and Common Sense*, p.26.

[3] Annalisa Coliva, *Moore and Wittgenstein: Scepticism, Certainty and Common Sense*, p.34.

保留"生活世界"的"可继性";简单地说,这种反"怀疑主义"的策略,以维特根斯坦的视角来看,是一种"零和"的"语言游戏"。

2. 认识主体的指向:对早期奥斯汀的批判及"一般对象"(generic object)

正如前文所提到的,摩尔问题是当时日常语言哲学发展中的一个重要背景,并且反映了对于康德问题从认识主体一方加以化解的努力。而在卡维尔对于奥斯汀相关问题的批判中所体现的,也是卡维尔对于"摩尔问题"的彻底批判。

摩尔和奥斯汀都是对卡维尔的哲学思想有着重大影响的哲学家,而奥斯汀对于卡维尔的影响则是更直接的。1955年,卡维尔现场聆听了奥斯汀的著名讲座"如何以言行事",以及参与了由他的研究生所记录的《哲学讲稿》的编辑工作。在《理性的申明》开篇卡维尔写道:"这些材料,以及记录材料的过程激发了学生们——我们当中的一些人称之为'日常语言哲学'——这也解开了我思想的缰绳。"[1]因此,卡维尔所接受的奥斯汀的思想已经是后者成熟期的日常语言思想了,而在《理性的申明》的相关章节中,卡维尔所批判的主要是奥斯汀前期思想中的某些缺陷,奥斯汀自己后来也发现这些缺陷并做出了修正。因此卡维尔的批评并不是由于不知道奥斯汀本人的修正,而是他从自己的视角出发以奥斯汀的早期思想为例,以此揭示当时对于日常语言哲学的理解中的一些顽疾。

《他人心灵》是奥斯汀早期思想的代表作,在该文章中,奥斯汀所针对的问题与"摩尔问题"是相似的。作为日常语言哲学的开创性人物,奥斯汀拒斥"怀疑主义"的主要论争点在于对"我知道"这一表述的日常语法分析上。如果说摩尔的策略是表明"我知道"这一表述本身总是指向一些不可否认的"常识命题",那么奥斯汀的策略则是表明"我知道"这一表述所指向的"对象"的类型与"怀疑主义"所指向的

---

[1] Stanley Cavell, *The Claim of Reason: Wittgenstein, Skepticism, Morality, and Tragedy*, p.XV.

类型是完全不同的。奥斯汀所举的例子是"花园地上有只麻鸦",他指出当我们申明我们具有这样的一个知识的时候,我们实际上在表达这样几个层面,即我必然已经:

(1)在一个我能够亲知麻鸦的环境中受过相应的识别训练;
(2)对当下的这个情况曾有过相应的确定性契机;
(3)学会了如果识别和分辨麻鸦;
(4)成功地将这个对象识别和分辨为一只麻鸦。[1]

奥斯汀认为通过这几个申明,我们对于"你如何知道"的回答就足够了(enough),因为前两个层面保证了我们能够将当下的情形和对象归入某一确定的类型当中,而后两个层面则说明我们就此取得了相应的效果:"我说这就足够了,是指对于它(有原因支持,并且关涉着当下的意向和认识目的)'不可能'是别的什么东西这个层面来说是足够的,没有其他的选择余地,没有其他可竞争的描述。"[2]

很显然奥斯汀对于这一问题的回答没有将其还原为某种"常识",他所确立的实际上也是关于"某物存在"的"Criteria",因此正如上文已经提到的,根据卡维尔的观点来看,奥斯汀的"Criteria"必然不同于维特根斯坦的理解。但是与摩尔以及马尔科姆的理解有所不同,奥斯汀是从认识程序的角度来提供这一"Criteria"的。实际上在前文对于日常语言哲学"前史"的梳理中可以看到,这也并不是奥斯汀首创的视角,实际上它非常类似于石里克为"亲知"对象提供一个"科学认识"的程序保障这样的实证主义思路。但需要指出的是,在逻辑经验主义的立场中,认识对象并不是任何关于"对象"真实性的回答,它们都只是被用以巩固科学认识整体性的"科学对象"。从这个角度上说,它们同时也就是"材料"。

有了这个背景,我们就能很直接地抓住卡维尔对于奥斯汀这一"实

---

[1] J. L. Austin, *Philosophy Passage*, Oxford University Press, 1979, pp.79-80.

[2] J. L. Austin, *Philosophy Passage*, p.84.

证"方式批判的关键点。卡维尔问道,当奥斯汀认为自己的"程序"对于"对象存在"已经足够的时候,它如何能够"足够"地证明,比如说那只麻鸦不是一个模型呢?卡维尔的这个疑问并不是单纯的抬杠,实际上正如他在批判马尔科姆时所指出的,奥斯汀实际上和马尔科姆一样,他们所建立的"Criteria"是关于"某物(真实)存在"的。这就是使得他们必须预先排除"假装"和"伪装"这类"非标准"行为,比如说这只在奥斯汀"Criteria"下的麻鸦就必须"预先"地不能是一个伪装成真麻鸦的模型。卡维尔指出,奥斯汀希望通过自己所制定的认识程序的"Criteria"来提供关于某物真实存在的表述,但实际上他无法做到这一点。[1]

因此,无论是马尔科姆还是奥斯汀,他们对于"Criteria"所进行的流程设定,无论是逻辑上还是程序上,都需要一个关于"标准情形"的预先设定。这种潜在的预设所导致的结果,就是在奥斯汀程序中(2)和(4)实际上仍然是卡维尔所说的"官方标准",即关于"麻鸦"这个名字如何严格指涉一个认识对象的外部设定。[2] 因此,卡维尔指出,奥斯汀认识程序的实质基础,实际上是认为我们对于外部对象的认识都是关于"特定对象"(special object)的认识,由此所带来的结果就是我们与外部事物及世界的认识关系是落入一个个具体的"例证"之中的。而如何确定哪些"例证"是可以被采用的,我们就仍然要寻求进一步的外部权威标准。[3] 与奥斯汀的认识论相反,传统认识论则是对于"一般对象"(generic object)的探寻:

> 这样的对象呈现于认识论者,他不是在与他物的区别中识别它的,也不是将其视为具有特殊面貌的或者其他这类的对象。对他而言不如说是无法被特殊识别的东西,如果他能够感知到它,它可以是任何东西,一种通性(thatness)。对他来说,向他而来的是一个

---

[1] Stanley Cavell, *The Claim of Reason: Wittgenstein, Skepticism, Morality, and Tragedy*, p.50.

[2] Espen Hammer, *Stanley Cavell: Skepticism, Subjectivity, and the Ordinary*, p.44.

[3] Stanley Cavell, *The Claim of Reason: Wittgenstein, Skepticism, Morality, and Tragedy*, p.52.

孤岛，一个周身空无的躯体，或是一块孑然一身的陆地。[1]

卡维尔实际上指出，奥斯汀式的拒斥"怀疑主义"的方式，实际上是将我们与外部世界的关系理解为特殊的、存在于判例之中的特定认识关系。和摩尔不同，这一时期的奥斯汀的策略实际上并没有直面怀疑主义关于"外部世界存在"的问题。这就是为什么我们说摩尔在"常识"的"弱立场"上是与维特根斯坦的"Criteria"基本一致的。无论是"常识"还是"语法"，它们的"Criteria"首先都是包容性而非排斥性的，它所保证的是所有"如此这般"的对象都能够落入我们关于对象的"概念"当中。因此，正如卡维尔的质疑所显示的那样，对于"语法"而非特定的"认识程序"的"Criteria"来说，即使那只麻鸦是一个麻鸦模型也并不影响判断行为自身的"正确给出"。这里起奠基作用的不是对于"麻鸦"名实相符的严格指称定义，而是我们能够彼此理解这一判断，且知道如何进一步去认证它。

因此，在卡维尔看来，奥斯汀在这一时期所忽略的问题是，"你如何知道"这个问题的核心并不在于"你如何知道某物（存在于那儿、是什么、是否名副其实）"，而是"是什么让你能够做出这个判断"以及"什么让你认为这个判断是有意义的"，这是传统认识论关于"一般对象"所提出的问题的正确转化形式。正如我们在卡维尔关于"实指"问题的阐述中所看到的，在我们原发的认识和语言学习中，"实指"虽然表面上以名实相副为目的，但实际上却是通过伦理奠基的"曲行"迫近这一目的。这一"实指"行为所发挥的实际作用在于指向一个"一般对象"，从而在教与学两者之间建立起一个可依凭的"外部世界"。对于认识对象的本然判断如果没有这样的"一般对象"以及"外部世界"作为奠基，奥斯汀式的关于"特定对象"的认识是无法自然展开的。这一展开只能依靠"严格指称"行为，而这种行为恰恰是与维特根斯坦的"Criteria"对立的外部权威的自我确证"标准"。

---

[1] Stanley Cavell, *The Claim of Reason: Wittgenstein, Skepticism, Morality, and Tragedy*, p.53.

可以说，后期摩尔和奥斯汀代表了日常语言哲学向语用学的转向，在这一脉络上还包括比如戴维森以及格赖斯这样的人物，维特根斯坦的后期思想往往也被划入这一转向当中，但卡维尔对于"Criteria"的阐释将后期维特根斯坦从中挽救了回来，从而避免了对于后者的理解走向相对主义。卡维尔实际上树立了一种关于语言哲学不同流派划分的独特标准，这种标准主要体现在，具有日常语言旨趣的哲学家，无论是分析哲学还是日常语言哲学，实际上都强调世界、对象和经验的"普遍性"存在，它们作为"可以是任何事物的某物"与认识主体遭遇，而认识主体所能做的，是使其落入"概念之网"，从而成为我们的"对象"。在之前的论述中，早期的摩尔、罗素、弗雷格、后期维特根斯坦都属于这类"日常"哲学家，只是途径各异：摩尔通过"常识命题"、罗素通过"摹状词"、弗雷格通过"数"的直观、后期维特根斯坦通过"语法"……这些"概念之网"在卡维尔看来都是康德意义上的"先验"。因此，语言哲学对于康德哲学的超越并不在于否认"先验"，而是在于接过继续澄清这一范畴的思想史任务。

由此，在对于早期奥斯汀的批判中，卡维尔给出了自己解决"雅各比问题"的策略。他认为"物自体"问题的疑难在于，我们仍然倾向于将这一概念理解为"特定对象"的特殊存在状态，其所遵从的"语法"仍然是关于"特定对象"的"Criteria"。因此，这一疑难的原因在于我们倾向于认为是"外部"和"世界"落入这一对象自身之中，而非对象落入我们之于世界的概念之中。这就是为什么康德认为贝克莱式的将"时空"理解为落入对象之中的"属性"最终会导致"先验实在论"，而这又大概率会导向"外部权威"。因此，对比于奥斯汀，卡维尔指出康德"物自体"实际上不是关于"物"的，而是相对于"特定"的"一般"，它标识了我们的认识可能性如何在"我们的世界"之中得以践行和拓展：

> 确实，康德的观念给出了关于知识的界限，但也同样显示了知识的可能性。比如说显示了知识的界限并不在于有什么事物是超出

知识之外的，而是说人类的能力、责任感和欲求所揭示出的世界只靠对于知晓事物的能力是无法勘尽的。[1]

3. 反对"强立场"：对怀疑主义的"低估"与"高估"

卡维尔对于基于特定认识秩序反对"怀疑主义"的"强立场"的批判，实际上也是对于日常语言哲学过度语用学倾向的批判。这种倾向的根本问题在于，它没有理解日常语言自身运作的奠基并不是秩序性的，而是伦理性的。这种伦理性奠基的"概念之网"之所以能更好地拒斥"怀疑主义"，反而是因为它引导了"普遍存在"秩序之下的怀疑主义落入日常语言伦理性的理解之中，从而避免了"特定对象"与"一般对象"之间互相僭越所带来的"非理解"与"非承认"。简单地说，对于奥斯汀的问题"你如何知道那有一只麻鸦"，卡维尔的回答应该是："那我们一起去看一看吧。"而摩尔通过"手"这一"特定对象"佐证"一般对象"的问题则在于，他忽略了当他在课堂上以老师的身份做出这一行为时，学生之所以认同，更多的是由于"实指"行为中所激发的伦理行为：学生前在地愿意跟从老师给出的案例，而尚未关涉"手"是否存在的问题。这两个问题的共同症结就表现在，他们都认为"我知道"是保证知识确定性的最基本的意向行为表达。但对于卡维尔来说，日常语言中最基本的意向性表达应该是"我承诺""我负责"这样指向他人的理解和自身的践履行为。

在奥斯汀的早期思想中，奥斯汀自己实际上已经隐约意识到这个问题。比如在《他者心灵》中曾有这样明确的表述：

> 除非我们相信我们的对手想要获胜，否则我们就不能展开这个游戏。如果他没有这样想，那么它就不是个游戏，而是其他的一类事情了。所以除非我们相信他人是要给我们传递一些信息，否则我

---

[1] Stanley Cavell, *The Claim of Reason: Wittgenstein, Skepticism, Morality, and Tragedy*, p.54.

就不会和他人说话了。[1]

也就是说，实际上奥斯汀很明确地意识到关于认识论的程式本身是一套"语言游戏"，但是他没有认识到的是，日常语言中的真实情况并不在于我们是否在已有的诸多游戏之中选择了其中一种并投入进去，而是我们始终处于"游戏"之中。这一"游戏"的"目的性"不在于"想要取胜"，因为这就意味着"游戏目的"只在终结处显现：游戏的胜负最终仍然取决于一个外部判定，但游戏的"规则"的首要"目的"是保证游戏自身的持续进行。[2] 从这个角度来说，"规则"本身是调节性、被承认及商议性的，其主要保障的概念是关于公平、尺度一致以及互动的可能。[3]

奥斯汀在这个问题上的不清晰就表现在，在早期思想中他确实试图在"表述性内容"（constatives）和"施行性内容"（performatives）之间建立语言形式上的联系，从而沟通起"我知道"和"我相信"之间的鸿沟。但是他没有意识到，这一"鸿沟"的弥合并不在于我的一个"意向性行为"指向或者施予一个"表述性"内容，而是"对象"由于落入我们的意向性的"概念之网"中而获得了相应的表述形式。前一种理解必将诉诸一个外部权威的判定，而不是我们在"生活形式"中自发的"Criteria"。这也就是为什么在《如何以言行事》中，奥斯汀在"表述"和"施行"的区分之上加入了"以言行事"（Illocutionary acts）这一著名概念。在塞尔的解释中，与卡维尔的分析一致，他将奥斯汀早期的言语行为理论称为"特定理论"（special theory），而将后期成熟的理论称为

---

[1] J.L. Austin, *Philosophy Passage*, Oxford University Press, 1979, pp.79-80.

[2] 但此处需要注意的是，"游戏"是否可以在无关"分出胜负"的条件下成立，一个"不可能获胜"或者完全脱离胜负判定的"玩法"是否还能称为"游戏"？这一问题仍然有待讨论，比如[美]艾伦·伍德：《康德的理性神学》，邱文元译，北京：商务印书馆2014版，第12页。

[3] 阿尔布雷希特·韦尔默就提供了一种从伦理学对话的角度理解康德哲学的途径，详见阿尔布雷希特·韦尔默：《伦理学与对话》，罗亚玲、应奇译，上海：上海译文出版社2013版，"一个康德式的评注"一章。韦尔默即前文提及的维尔默。

"一般理论"(general theory)。奥斯汀这一转变的根源就在于,他发现做出一个陈述或者给出一个描述实际上总是一个行为,这一行为总是为一种承诺和保证的意向所奠基。[1]这也就是说,奥斯汀发现人在语言中获得知识的基础并不在于认识行为与认识对象之间的连接关系,而在于语言本身所表露的就是我们"能够获得知识"这一信念本身,否则我们就无法在知识问题上运用我们的语言。

因此,卡维尔对于梅茨、波尔、马尔科姆以及早期奥斯汀的批判最终都可以归结到同一个问题,那就是"怀疑主义"之所以对我们的日常信念来说是棘手的,实际上是由于我们尚不知道我们需要保卫的"日常"本身是什么,而这些批评者由于各自也没有真正明晰这个问题,反而可能强化了关于我们日常知识的不确定性。这些研究者往往低估了"怀疑主义"自身之中所蕴含的"真理性"内容——认为只要提出一种日常的关于确定性的获取方式就能够证伪"怀疑主义"的命题;同时也高估了"怀疑主义"对于知识确定性的执着——认为"怀疑主义"的核心目标在于达成关于认识对象的"不可知论"。卡维尔实际上指出的是,"怀疑主义"的威胁在于它试图彻底扭转或者颠覆我们关于可知性的全部基础,因此关键的问题在于我们要认识到我们的可知性究竟奠基于何处。

卡维尔认为维特根斯坦的"语法"就指明了"怀疑主义"所要真正颠覆的东西,"语法"颠覆的后果,就在于阻碍我们对他人诸多状况(欲求、疼痛、困惑)基于"生活形式"也就是"语法形式"上的理解。而对于"Criteria"概念的凸显也是为了说明,阻止这种颠覆的最佳方法,就是要意识到"颠覆"自身的可能性已经被我们在"语法"与"生活形式"之中先在地把握了,由此即使对于我们现有境况的颠覆和扭转也并不来自外部的施压,而在于自身"转念"的可能,这种革命的动力在"语法"之中具有一种内在的、先天的"动员机制"。卡维尔总结道:

---

[1] John Searle, "Austin on locutionary and illocutionary acts." *The philosophical review* (1968): 406.

在维特根斯坦看来，心灵与世界之间的鸿沟实际上是闭合的，或者说它们是如此直接地扭结在一起的，这种扭结就来自我们对某种具体的人类生活形式的接受和增益，这就是所谓的人类的"习俗"（convention）。这就意味着，"鸿沟"这一概念本身源自一种特殊的意图，这种意图或者说愿望是想要逃离（将自己保持为"陌生人"或者"疏离者"）那些被普遍分享的"生活形式"，也就是放弃了保持这一"生活形式"的责任。[1]

---

[1] Stanley Cavell, *The Claim of Reason: Wittgenstein, Skepticism, Morality, and Tragedy*, p.109.

第五章　文学语言中的"至善论"与"事物"：卡维尔的浪漫主义诗学

导言　实用主义或其他：卡维尔与美国本土美学思想

在前文的论述中可以看出，卡维尔的思想来源与问题指向是丰富而切实的。从这些具有思想史深度的问题意识中，卡维尔的日常语言思想希望呈现出能够融合这些不同问题脉络的整体性。这也就是为什么卡维尔的著作都是以"写作"的方式呈现的，既无明确的能够被提炼为"标签"式的"理论"，也没有学院式的学术"逻辑结构"，而更多的是以"写作"践行其自身的日常语言观，以作家而非哲学家的笔调"强化"和"呈现"其思想面貌。这种风格一方面使得对于卡维尔进行"学院式"的研究是非常不容易达成的。而另一方面，这种作家式的思想呈现打破了诸多语言范式的隔膜，使得卡维尔的思想可以更直接地与道德、文学、政治等思想领域相关联。实际上，卡维尔在美国学界的影响力更多地就来自他所提供的这种共通性。

这种共通性以及日常语言作为某种思想风格的整体呈现，使得卡维尔的思想尤其是其文学思想形成了一种整体性的文化阐释。由于卡维尔将爱默生与梭罗等美国本土作家作为主要的阐释对象，因此他也往往被视为一位对于美国文化中的本源思想进行刷新的当代思想家。这也使得卡维尔往往被划归到美国本土哲学，即"实用主义"的脉络当中。由此，对于卡维尔思想的理解在文化层面就落入了另一个美国本土的问题意识脉络中，即"实用主义"对于"分析哲学"的反抗。这一脉络可以看作"日常语言"与"分析哲学"对立叙事的美国版本。

事实上，确有很多其他对于美国本土思想特性的讨论与卡维尔的日常语言思想十分相近，并且也蕴含着很多前文所提到卡维尔的思想中的基础性要素。托克维尔在《论美国的民主》中就论述了美国人的哲学方法，他认为美国可能是世界上最不注重哲学的国家，没有自己的学派，对欧洲互相对立的学派也非常冷漠而无知。但是这并不是托克维尔对美国思想的贬斥：

> 我们又不难发现，几乎所有的美国居民，都在用同样的方法指导他们的头脑，根据同样的准则运用他们的头脑。也就是说，美国人虽然从未下过工夫界说他们的标准，但他们却有一个大家共通的确定的哲学方法[……]美国人不读笛卡儿的著作，是因为他们的社会情况不需要进行思辨的研究；而他们之所以要按照笛卡儿的名言行事，则是因为这个同一社会情况自然地使他们的思想接受他的名言。[1]

假如将这段论述转译为卡维尔式的表述，实际上就是在说明对于"怀疑主义"的消解从广义的思想文化层面来说就是通过转译入本土语言的"在地性"中，从而溶解于日常的"生活形式"之中。事实上，这些被美国文化消解于"生活形式"之中的思想，恰恰产生于欧洲宗教冲突最为严重的一个历史阶段，17世纪末的英国，天主教、国教和清教激烈的冲突造成了宗教共通性的丧失，上帝这一共通性信仰的客体降格为世俗权力争夺的对象，这使得当时的英国处于另一意义上的"上帝已死"的社会境遇当中。宗教信仰开始被政治侵入，从而使得"政教问题"成为一个切实影响世俗生活的社会问题。[2] 洛克的思想正是在这种

---

[1] [法]托克维尔：《论美国的民主》，董果良译，北京：商务印书馆1988年版，第518—519页。

[2] Greg Forster, *John Locke's Politics of Moral Consensus*, Cambridge University Press, 2005, pp.21-26.

危机意识下才应运而生，这也就是为什么他希望"常识"能够直接反映某种"先天"的东西。虽然在认识论的角度上，他的做法遭到了康德的批判，但是从政治历史语境上来理解，他的认识论反映了一种使超越的宗教性回归"常识"的努力。而另一方面，美国本体思想在其形成时期还关注一种"原发的人类学，常人的社会学以及苏格兰启蒙时期的道德哲学"。思想史学家高兹曼将美国的思想进程描述为"从潘恩到实用主义"的进程。[1]

这种趋近于世俗生活的思想氛围所代表的"世俗主义"往往被理解为文化与思想深度上的缺失，或者"流于世俗"的非严肃思想。但实际上有很多美国学者指出，这种理解是基于欧洲中心论的误解。美国的本土宗教意识确实建基于所谓"世俗主义"之上，但是在《美国宗教民族主义的起源》中，山姆·哈塞尔比认为即使在当代，仍然有很多学者没有厘清这个词的意思。哈塞尔比论说了美国宗教的"世俗主义"进程。首先，"政教分离"是其核心诉求，弗吉尼亚的运动使得这种想法成为可能，对于英国国教特权的反对使得弗吉尼亚一些激进的宗教和福音派转而支持政教分离，这是因为他们反对国教治国，而由于国教与英国的联系，独立战争期间理所应当地受到了打击。其次，"世俗主义"要求宗教信仰私人化，但这种私人化意味着宗教信仰必须将自己控制在田园牧歌式的自我关怀内，而不去冒犯公共道德，尤其是不去干涉国家和市场："以一般的方式在一般的场合谈论'信仰'在社会中就是一种典型的世俗话语，而这也许应该算是美国世俗主义的最大胜利。"[2] 最后，"世俗主义"反而希望宗教信仰和活动能够衰弱一些，他们开始主动要求信仰远离政治，从而保护宗教的纯洁性。

哈塞尔比的这一论述也非常契合卡维尔的相关思想，即美国思想的"世俗主义"的"世俗化"不是参照欧洲这一外部标准得出的。"世俗主义"的"世俗化"就是其"Criteria"自身，是由自身的斗争所得出

---

[1] William Goetzmann, *Beyond the Revolution: A History of American Thought from Paine to Pragmatism*, Basic Books, 2009, p.18.

[2] Sam Haselby, *The Origins of American Religious Nationalism*, Oxford University Press, 2015, p. 27.

的，因此这种"世俗化"也就具有相当程度的稳定性。因此，卡维尔的"Criteria"某种程度上可以被视为美国"世俗主义"的要义所在。比如，哈塞尔比并没有把新英格兰的"新教革命者"称为"世俗主义"者，这一在欧洲被看作资本主义的进步力量的宗派在美国反而具有反动性，因为它仍然建基于上帝的强在场，其代表人物蒂莫西·德怀特曾指责美国政府的无神论倾向。哈塞尔比举出了卡尔·马克思写于1843年的《犹太问题》作为回应。在文中，马克思准确地指出美国作为一个"完美的基督教国家"把"宗教降格为公民社会诸多要素中的一个"。虽然马克思基于其无产阶级立场，指出美国把信仰和公民自由限制在了"国家"的范围之内，但是他对美国宗教世俗化意图的理解是正确的。[1]

由此可见，美国本土思想的可理解性非常依赖于对其原初"在地性"的识别，而美国本土思想的衰落以及走向"实用主义"的历程也反映了"在地性"缺失所带来的"哲学化"与"实证化"后果。理查德·阿尔德里奇在关于卡维尔与美国思想的文章中提到，在后来的哲学教育中，"美国哲学"已经失去了自身独特的本土性，并且被逐渐边缘化了。皮尔斯、詹姆斯、杜威直到罗蒂的转向"仅被当作边缘的历史来讲述"，美式哲学与美学逐渐变成了现代意义上对于"世俗化"的"专题性"研究："无论是在认识论还是政治学中，只有被看作审问或者对错误的回击中才能被识别。认识论和社会理论本身的远见性被回避了。"[2]

以卡维尔的视角来看，现代意义上的"世俗化"之所以产生，恰恰是由于对"世俗"这一概念自身识别语境的丧失，这也就是为什么在卡维尔的时代实证主义开始不断侵蚀美国原有"世俗主义"的原初意义，而变成了："关键的概念是'应对'（coping），其重点并不是'达成人类的命运'。"在这种世俗化的氛围中，根据阿尔德里奇的解读，哲学被理解为全然"中立"的领域，与美国的政治事业一致，服务于建

---

[1] Sam Haselby, *The Origins of American Religious Nationalism*, p.28.

[2] Richard Eldridge, "Cavell on American Philosophy and the Idea of America." Richard Eldridge ed., *Stanley Cavell*, p.172.

立"准家庭"(quasi-familial)式的工作友谊或者活动,即来自政府权威带来的"外部标准"下的和解,仅仅以此来克服个人旨趣而形成的公共性。[1]

正因此,卡维尔在区分"Standard"和"Criteria"时着重区分出一种"官方用法",以及一种"外部标准"。无论是哲学的、政治的还是道德的,它之所以是权威或者调和,其"合法性"总是源于"生活形式"的割裂。这就是为什么卡维尔将自己对于维特根斯坦要义的理解定位在人类心灵与世界之间的"鸿沟"上,这一"鸿沟"的"意义"所在就是让我们认识到,其产生的原因就在于我们试图逃离自己的"习俗"与"生活形式",并且免除了将"生活形式"维持下去的责任。[2]这种对于"生活形式"自发性的维持及理解被外部权威所剥夺,这不仅造成了本土原初思想的"中空",更深重的后果是造成了社会建构的动因与结果之间的逆转。在评价托克维尔对于美国思想的阐释时,皮埃尔·马南非常精准地指出了这一点:

> 为了说明人民主权在美国的重要性,托克维尔运用了他曾经用来描述社会状况的同样的术语:和社会状况一样,人民主权是"源发性原则"。然而,先前人民主权原则曾经被认为是民主的社会状况可能产生的两种政治后果当中的一种。现在,以人民主权形式出现的政治,似乎从结果变成了原因。[3]

在美国的这种社会思想进程中,"实用主义"虽然作为一个标签通常被视为一种对抗分析哲学思潮的美国本土哲学,但实际上它也存在着内部的不一致。其中有一部分可以被视为与卡维尔的思想基本一致,且

---

[1] Richard Eldridge, "Cavell on American Philosophy and the Idea of America." Richard Eldridge ed., *Stanley Cavell*, p.173.

[2] Stanley Cavell, *The Claim of Reason: Wittgenstein, Skepticism, Morality, and Tragedy*, p.109.

[3] [法]皮埃尔·马南:《民主的本性——托克维尔的政治哲学》,崇明、倪玉珍译,华夏出版社2011年版,第59—60页。

更接近这一思想流派的原初旨趣；而另一部分则正如很多研究者所指出的，在表面的相似性之下隐藏着某些根本性的差异。美国实用主义传统始于皮尔斯，1878 年在其著名的《如何让我们的观念（ideas）清晰》一文中，皮尔斯表达了他所认为的哲学当务之急：

> 一个清晰的观念就是一个能被如此理解的观念，即无论我们在何处遇到它我们都能够认出它，并因此对它不会犯其他错误。如果它对于这种清晰性（clearness）来说是失败的，那么我们就说它是晦涩的（obscure）。[1]

因此，皮尔斯的实用主义首先是鼓励人们对于晦涩观念的怀疑，他认为这是苏格拉底当初重建哲学的第一步；其次，他点出了自我意识（Self-consciousness）的重要性："自我意识通过我们的基础性真理滋养着我们，并由此去决定什么才是符合理性的。"这一点对于皮尔斯来说比实证更为重要："不仅仅从外部看是清晰的，而且辩证的讨论必须无法呈现出丝毫的晦涩之处才行。"[2] 这种看法和卡维尔是一致的，这是由于皮尔斯看到了"言说"或者说"语言"的重要性，"清晰性"在他的思想中与语言表达不可分割。

但实际上，与卡维尔同时期的美国思想界缺乏这种对于"生活形式"和"语言"自身作为理性原发区域的认识。在与分析哲学思潮的对抗中，承担起与"实证"对抗任务的是另一极的"信仰"和"工具化"的实用。在"信仰"一极，美国本土思想的复兴被寄托在了威廉·詹姆斯身上，詹姆斯思想的研究者布鲁斯·威尔希尔就尤其重视詹姆斯作品中所表现出的"精神性"。在《威廉·詹姆斯的精神性》一文中，他深情地描述詹姆斯之于信仰问题的个人体验。威尔希尔指出詹姆斯是在极

---

[1] Charles Sanders Peirce, "How to make our ideas clear." *Popular Science Monthly* 12 (January 1878): 286.

[2] Charles Sanders Peirce, "How to make our ideas clear." *Popular Science Monthly* 12 (January 1878) : 287.

致的个人躯体的体验下得到这种"实用主义信仰"的，他曾经描绘了处于严重的精神麻痹症中的极端体验，一种"对于自我存在的深深恐惧与巨大战栗"。在詹姆斯之后的论述中，对于"自身存在"恐惧感的克服来自"信仰意志"（will to believe）：

> 要点在于：在我们做某事的时候，只有信念才能激发出我们做此事所必需的能量。在这样的情形下，"我能"作为一种信念于人的内心被发出，它是有力且有分量的，它创造了一个能够实现的依据。"我能"和"我发誓"是同等的。[1]

在这里，詹姆斯诉诸"我能"和"我发誓"这样的主体意向性行为，表面上与卡维尔及维特根斯坦的相似度是很具有迷惑性的。但是由于我们之前已经阐释了卡维尔对于早期奥斯汀认识论的批判，这里就不难理解为什么他的日常语言思想与詹姆斯版本的"实用主义"有着根本不同。在《卡维尔与美国哲学》一文中，拉塞尔·古德曼着重分析了卡维尔及维特根斯坦与詹姆斯思想的差异。在《宗教经验种种》中，詹姆斯提出宗教语言是基于"用"（used）这样一个观念，上帝不是被"知"的，而是"作用"。[2] 而在《实用主义》中的相关章节里，"信念"被詹姆斯视为一个"最终"的而不是"原初"的区域，实用主义于是指向于一个实用性的"结果"。用詹姆斯自己的话来说，在这种态度下，一切的理论都成了"工具"，而不再服务于"解谜"（answers to enigmas）。由此，詹姆斯的实用主义和卡维尔所批评过的很多日常语言研究者一样，最终都要诉诸外部的强力。

因此，皮尔斯与詹姆斯最根本的不同就在于，皮尔斯所追求的清晰认识不可能是信仰或者启示性的经验，也不是对于理性主义的贬低。这

---

[1] Bruce Wilshire, *Fashionable Nihilism: A Critique of Analytic Philosophy*, SUNY Press, 2002, p.131.

[2] Russell Goodman, "Cavell and American Philosophy". Russell B Goodman ed., *Contending with Stanley Cavell*, Oxford University Press, 2005, pp.112-113.

并不是说皮尔斯的目标比詹姆斯的目标更难以抵达，而是由于皮尔斯的"实用主义"是不涉及"真理理论"的，他只是要我们澄清我们的观念即可。这意味着"真理"是一个伴随物，而不是一个需要达到的目标，或者一个确切的在场。因此，实际上在詹姆斯的著名讲座之后，皮尔斯并不认可两者是同一类哲学家。对于卡维尔来说，詹姆斯在这一时期所占据的位置，在很大程度上就是"语用学转向"在日常语言哲学中所占据的位置。

实用主义传统中另一位主要人物约翰·杜威则有着更为复杂的面相，在《人类的本性与行为》中他表述了自己所理解的实用主义的有效性不在于如何"到达"，而在于"行进"本身：

> 如果说旅行本身比到达是更好的事情，这是由于在达到这件事情就恒常地发生在我们的旅行当中（旅途的终点，如果有，就存在于这一路上的每一步当中），如果达到就是旅行的前设目的的话，那么最好的方式就是去睡觉或者死亡。[1]

显然和詹姆斯不同，杜威所强调的实用主义不是以"结果"而论的实用主义，而是始终处于进程之中的实用主义。以皮尔斯为参照，如果说詹姆斯所认为的"达到明晰"就是达成被信仰保障的信念，那么对于杜威来说，"明晰"就意味着不断掌握"一手经验"。"经验"之所以需要明晰，是由于它在过去的时代更迭中已经被覆盖（overlaid）和饱和（saturated），已经被解释和分类标准所填满，杜威称之为"物质化了的成见"（material prejudices）：

> 即使它们是真的，随着它们的来源和权威性逐渐不被人知，那么哲学就是对于这种成见的批判。这些来自过去的反应结构凝聚到一起，被焊入（welded）真正的物质性的一手经验（first-hand），并

---

[1] John Dewey, *Human Nature and Conduct*, Henry Holt and Company, 1992, p.282.

有可能成为丰饶的官能，只要它们是被一手地勘测和反思的。如果没有这种勘测，它们常常会被混淆（obfuscate）和扭曲。当它们勘测和被释放，清晰与解放（一种可能突如其来的解放，在使之清晰的过程中）便会随之而来，哲学的一个伟大的目的就是完成这个任务。[1]

对杜威来说，世界是历史中被蒙尘的事物的存在地，实用主义的任务在于将事物的历史沉积变为此刻和现在的。杜威在实用主义的传统中占据的位置类似于罗素在语言哲学中的位置，两者在走向具体的科学方法之前都强调对于"经验"的刷新。但是，由于仍然将核心立足于对象的处置上，从杜威的基本信念出发将走向"工具性"的科学方法。而对卡维尔来说，他从美国作家，尤其是爱默生和梭罗的作品里看到的无疑要更为彻底。阿尔德里奇如此总结卡维尔对梭罗和爱默生的选择：

> 追随着爱默生和梭罗，与维特根斯坦、海德格尔、柏拉图和卢梭一道，卡维尔所给出的形象并不是通过达成自由转换而来的幸福，幸福不被理解为一种自由，而是一个人对自己所说和所做的充分主宰。这是一种重生的视角：弃绝工具性，进入对于转变的承诺与表达的力量当中。[2]

因此，卡维尔意图通过其文学批评来表达的观念确实可以被看作本土思想的重申，但却要远远超出分析哲学与实用主义的对立。这种对立可以被视为发生在语言哲学思想史之中诸叙事冲突的美国版本。其中的问题正如我们已经看到的，大多已经呈现在卡维尔对于其他日常语言学者的批评当中了。卡维尔对于文学的寄托显然要比日常语言哲学内部的批评更加深远。如果说美国的实用主义传统是挽回美国原初思想的现代途径，旨在寻找更好的中介方法，那么卡维尔认为日常语言哲学所带来

---

[1] John Dewey, *Human Nature and Conduct*, p.37.

[2] Eldridge Richard, "Cavell on American Philosophy and the Idea of America." Richard Eldridge ed., *Stanley Cavell*, p.174.

的则是一种回到本源的彻底扭转和再造。并不是关于改变掌握知识的具体方式,而是重新奠基我们与世界、他人和自我的关系。正如他在《发现即奠基》中说道:

> 哲学始于遗失,在遗失之中找到你自己,这就是维特根斯坦多多少少要告诉我们的[……]如此这般的遗失(loss is as such)不是被克服,它自身总是连绵不绝,每一个新的发现都引起一个新的遗失(奠基就是每一个发现的给出)[……]在爱默生、弗洛伊德和维特根斯坦那里,从遗失中恢复就是对于一个世界的发现,是世界自身的归来,是我们向世界归去。其代价就是我们必须放弃一些东西,放手一些东西,去承受自己的贫困。[1]

一 在"文学"与"哲学"之间:文学的"自我"与"至善"

1. 日常语言的斯多亚主义因素:卡维尔文学"至善论"的潜在思想基础

卡维尔所揭示的语言哲学的整体面貌实际上是"非工具性"的。而从这一时期日常语言哲学潜在的"斯宾诺莎主义"背景,以及卡维尔本身的思想指向与使用的概念及修辞方式来看——比如"至善论"(perfectionism)和"现代怀疑主义"——都指向一个与斯宾诺莎主义息息相关的思想史背景,这就是"斯多亚学派"的相关思想与逻辑学。斯宾诺莎与斯多亚学派的关系自其思想产生以来,从莱布尼茨到黑格尔都一直被不断论及。在《世界历史哲学讲演录》中,黑格尔更是表述道,斯多亚学派和斯宾诺莎就已经被视为以其自己的方式清晰地表达了一种观念论的形而上学,并称之为"理解的形而上学"。[2] 从这一脉络上看,如果说卡维尔代表了当时日常语言哲学界的"斯宾诺莎主义"复兴,那

---

[1] Stanley Cavell, *This New yet Unapproachable America: Lectures after Emerson after Wittgenstein*, Living Batch Press, 1989, p.114.

[2] Jon Miller, *Spinoza and the Stoics*, Cambridge University Press, 2015, pp.1-2.

么斯多亚学派则是这一复兴背后的隐藏角色。

这一隐藏背景的线索，就是在这一时期重提斯多亚学派逻辑思想的代表人物恰恰就是卡维尔在《言必所指?》中所批判的梅茨。在《斯多亚逻辑》一书中，梅茨清晰地介绍了斯多亚逻辑学的基本特点，他的意图是希望通过斯多亚学派在逻辑上的某些"缺陷"来衬托出逻辑实证主义，尤其是卡尔纳普系统的优越性。他开篇立意地指出相对于现代逻辑来说斯多亚学派的两个特点：首先，斯多亚逻辑中的指称是以"物体"或者"躯身"（bodies）为外延的；其次，斯多亚逻辑在句子的指称问题上没有"真值"的观念。在斯多亚逻辑中，关于存在的命题包含了三个要素：首先是意指（significans）或者说符号（sign）；其次是意指所产生的意义（significate）；最后才是所知的存在物。

> 第一个要素，比如说声音，它指向一个外部存在，而这个被发出的声音本身就是外部存在的一个例证。这个声音和那个存在物都是物体，或者说物理对象。而第三个要素实际上不是一个物体，而是被描述为"由声音以及我们的理解通过潜在的与思想结合而揭示的'确切的实体'"。这就是为什么野蛮人听到希腊人的语言时却无法理解他们的意思。[1]

可以看到，梅茨对于斯多亚逻辑的概括实际上就是卡维尔用以反对他的立场。梅茨在语言学习的过程中阐释斯多亚逻辑的具体运作，这一运作完全契合卡维尔所描绘的通过"实指"到达语言"在地性"的进程。这个事实至少可以从一个侧面证明，当卡维尔站在逻辑实证主义对立面以捍卫日常语言哲学时，他可能比其他日常语言哲学家有着更明确的思想史指向，这也使得他的表述能在很大程度上保持了整体性的面貌。

梅茨接下来又论述了斯多亚学派代表人物塞涅卡对于这一逻辑程式

---

[1] Benson Mates, *Stoic Logic*, University of California Press, 1961, p.11.

的日常阐释。比如，当一个人说"我看到卡托在走路"，其中包含了两部分的内容：一方面，我的感官的直接性让我的眼睛和心灵看到和直觉到的是一个"躯身"，而我所说出的则是一个"声音"；另一方面，我所要意谓的（mean）不是一个"躯身"的客观存在，而是关于一个"躯身"存在的确认（affirmation），或者说"命题"（proposition），或者说一个"断言"（assertion）。简单地说，在塞涅卡看来，我的意谓和我所谈论的东西是非常不同的：我所"意谓"的就是这一"断言"自身，而不受制于我所要谈论的对象，后者只是我说话的一个前在的动因，而不是我的表达所指向的"目标"。由此，正如第欧根尼告诉我们的，演说（speech）与单纯的说话（utterance）全然不同。后者只是声音被发出，而前者则是被"说出的话语"（discourse），这才是真正的"言说"（Lekta）。[1]

实际上，梅茨已经清楚地看到了日常语言哲学从斯多亚逻辑那里所继承的东西，但是显然逻辑实证主义不认可或者说没有看到的是，这种逻辑的轴心就在于"自我"在语言以及逻辑中的位置或者说角色。在斯多亚逻辑中，"声音"的发出本身就是将说话者自身作为一个"例证"给出，由此，在这样的语言中，卡维尔所说的现代"怀疑主义"所依凭的"世界之外的整全的自我"是不存在的。说话者发出"声音"与其所指向的"对象"在这一判断行为中都是"躯体"，处于鲜活的共存关系之中。这同时也意味着说话者不是躲在语言的背后，但凡作为一个说话者和发语者都已将自己投入"联合性"（oikeiosis）当中[2]——"说一种语言"在斯多亚逻辑中就意味着将自己暴露在一种处境中：

> "Oikeiosis"这样一个原则包含了所有种类的动物（也可能包括植物）以及对于任何这些事物的阐释（或者说阐释能力），其中对于人的这一部分是最为重要的。这一概念有一部分的应用是一种关于人类发展的理论，一种用以解释道德心理及意向（或者其他相关

---

[1] Benson Mates, *Stoic Logic*, p.12.

[2] "Oikeiosis"的意思接近于"联合"（alliance），是斯多亚伦理学中的一个重要概念，用于表示利己与利他之间不可分割的关联。

的东西）在人生中各个阶段的理论。是这样的理论支持着斯多亚学派中那些关于人类行为最终目的相关概念。[1]

正如我们在阿利森那里看到的，人在语言的给出中成为一个"躯体"，这也就意味着被投入与众多"躯体"共存的世界当中，这是斯多亚逻辑下所给出的人的自然存在状态，表现在卡维尔的思想中，就是语言所提供的"在地性"与"必然性"的原初状态。这同时也就意味着关于外部世界的知识都被从"对象性"的知识转化为一种处境性的"自我知识"，而这也正是卡维尔由日常语言转向道德与政治问题的基点：

> 如果我们接受"一种语言"（一种自然语言）就是母语持有者所说的那种语言，而说一种语言就是对之熟练掌握，那么问一个语言的熟练掌握者"如果……我们应该说什么？"或者"在什么情形下我们可以说……？"这些问题，实际上就是要求这个人去说关于他自己的一些事情，去描述他所做的一些事情。所以，所谓方法的不同，就是指不同的掌握自我知识的方法。[2]

由于"自我"在整个斯多亚逻辑中的奠基地位，使得其逻辑系统由意向所引领，这就使得斯多亚学派的知识是在一个系统中被认识和传递的，"真"在这一系统中并不是"什么为真"这种意义上的知识。正如塞涅卡在《道德书简》里所说，这样一个教授程式所清晰给予我们的是知识的"种子"而非知识本身。而这种知识观使得我们可以恰当地谈论比如人的"内在能力"或者人之存在的"自然倾向"这样的问题。其所生成的更重要的观点在于："我们知识的有效性如此一来就不是超然脱世的（otherworldly），比如在柏拉图主义的滥觞中那样。"[3]

---

[1] Jon Miller, *Spinoza and the Stoics*, p.103.

[2] Stanley Cavell, *Must We Mean What We Say?: A Book of Essays*, p.66.

[3] Robert Sharples, *Stoics, Epicureans and Sceptics: an Introduction to Hellenistic Philosophy*, Routledge, 2014, pp.21-22.

因此，卡维尔对"至善论"这一概念的凸显，实际上所凸显的是一种斯多亚式的"日常语言"或者说"日常逻辑"。日常理性要求人类诸"理性范畴"不是通过知识秩序的"转译"构成整体性的人类世界，而是要探求一种语言机制，使得我们能够在言说这些范畴的行动中把握其意义。语言与其说为我们提供了相应的知识，更根本的则是在言说行为中总是能够"暴露"我们的位置。这种由"外部知识"向"自我知识"的转变使得我们能够探寻各个不同语言范畴"普遍性"的源泉。由此，"至善论"就成为"日常认识理性"与"道德理性"之间的融贯概念[1]，表现为"自我知识"对于"外部知识"的奠基作用，同时也就是卡维尔日常语言思想中所强调的"伦理性"对于日常理性奠基的概念。所有关于知识的"怀疑主义"的提问句式都在"至善论"的概念中被转化为关于我们行动的"理由"的申明：

> 我们用诸如"你怎么知道？"或者"你为什么相信？"来质询对于知识的申明，我们可以说这实际上让我们断定的是我们所处的位置（正如奥斯汀所指出的，你的"信实 [credential] 和事实 [facts]"，你的所学与所感知）是否足以让我们能够做出断定。而关于道德正直（rightness）的质询（无论是关于任何行动或任何判断）是以"你为什么这样做？""你怎么能这么样做？""你在做什么？""你真的考虑过你所说的话吗？""你知道这意味着什么吗？"提出的，现在我们可以这样说，对于这些申明的断定就是要去断定你的位置是什么，以及去挑战这些位置自身，去质询你所占据的位置是否足以支撑你已经进入的那些申明。[2]

在这种斯多亚式的语言逻辑中，一个人的自身得以被"塑造"，这实际上就暗示了人自身的存在样态不再是预先的"整全"的样态。一个

---

[1] Matteo Falomi, "Perfectionism and Moral Reasoning." *European Journal of Pragmatism and American Philosophy* 2.II-2 (2010): 91.

[2] Stanley Cavell, *The Claim of Reason: Wittgenstein, Skepticism, Morality, and Tragedy*, p.268.

有待被塑造的而非预先具有整全性的"自身"在斯多亚逻辑中就被理解为"躯体"(body)。说话者在日常语言中与外物建立起一种鲜活的共存关系,在这种关系中,所谓"普遍性"就不再是知识秩序层面的"共性",而只能是"活着的存在"。正如维特根斯坦在《哲学研究》中所说:"人类的躯体(body)是其灵魂最好的图示。"[1]"躯体"这一概念就替代了"认识主体"的概念,变动与发展也不再被默认为建立在某一恒常不变的基础之上。比如西塞罗就做过这样的比喻:假如有人说一个人的牙齿和头发是在他的躯体上自然生长出来的,而这个躯体却不是一个会同样成长的自然有机体,那么他也就不会理解为什么自身能够不断改善的东西要远远比其产物更加完美。因此,在这种逻辑中,"普遍性"并不指向客观知识的积累,一个"活着的有机体"的根本存在方式在于其能够成长和发展。[2]

因此,继承了斯多亚学派和斯宾诺莎主义的共通性,卡维尔将这种日常语言中所隐含的指向"自我知识"托付给了文学语言。文学语言的核心作用不在于其是否反映了现实或者提供了相应的文学知识,而是在"文学行动"中,无论是作者还是读者,他们是否敢于接受自身在语言之中的这种自我凸显,这要求文学行动者在语言中重新生成自己的主体及其位置。对卡维尔来说,文学语言所彰显的是我们是否"敢于存在"[3],即敢于言说斯多亚学派式的日常语言,它是"演说"而非喃喃自语。

文学语言作为"至善论"的语言,就意味着说话的主体敢于将自己"投入"现实被听到的语言当中。而从这个层面上讲,文学语言作为日常语言的根源,它揭示了隐藏在"语词意义"背后的语言使用者的原初意向:说话意味着打破缄默,意味着在实质的表达中背离自己所默许的沉沦状态。卡维尔在文学语言上所寄托的实际上是日常"生活形式"作为"自因"的展现,并且通过基于反实证主义的推衍,将这种"自因"

---

[1] Ludwig Wittgenstein, *Philosophical Investigations*, G.E.M. Anscombe. Trans, p.178.

[2] Michelle Lee, *Paul, the Stoics, and the Body of Christ*, Cambridge University Press, 2006, p.47.

[3] Stanley Cavell, *In Quest of the Ordinary: Lines of Skepticism and Romanticism*, p.107.

完全脱离于所谓的"客观性知识"而加以理解。"怀疑主义"之所以如卡维尔在对"Criteria"的阐述中所显示的那样，是作为日常语言得以可能的"基因"般的存在，根本的体现在于说话者或者说文学语言中的行动者其自身存在状态总是可疑的、不定的甚至是处于危险当中的，这才是"人性"的根本之所在，是卡维尔所认为的文学语言所呈现之处：文学语言所要表明的是文学行动者对于自身存在之可疑状态的处置。

正如前文所提到的，美国原初精神中的"世俗化"原则标明了一种清晰的界分：一面是宗教精神上的私人性，一面是投入公共空间中的非精神性的现实生活。实际上与综合性的中介调和不同，"世俗化"所要求的是情形的可界分性基础上的"统一"(unified)。在斯多亚式的逻辑下，"躯体"是由可清晰界分的各"部分"所构成的，由于能够分辨出作为其自身独立存在的个体，我们才能够理解一个结构或者一个统一体是如何被"生气（pneuma）所融贯"的。[1]因此，卡维尔将"怀疑主义"称为"可能是最核心的世俗空间"。[2]如果说在斯多亚的语言逻辑中，说出一段话就意味着自己对于所说物的断言，并且将自己投入对这一断言的审视之中，那么"怀疑主义"的语言就不是关于外物是否存在或是否可以被知晓的语言，而是主动将自己抽离出已有"生活世界"的语言："研究我们自己，也就是将我们放到'语言游戏之外'来言说，在自然的生活形式之外来思考，甚至站在它的对立面来思考，因为这一生活形式曾经束缚了我们所拥有的语言表达。"[3]卡维尔视这种对于"自我知识"的"怀疑主义"为人类的本性所在，即"怀疑主义的真理"。

这意味着，原初的文学语言必须是一种遗世独立的语言，在"怀疑主义"的自我克服中通过重新树立自我的言说位置完成对于"世界"的全然革新，并以此在斯多亚式的逻辑中成为能够不断革新的个体，其总

---

[1] Stanley Cavell, *In Quest of the Ordinary: Lines of Skepticism and Romanticism*, pp.49-50.

[2] Stanley Cavell, *In Quest of the Ordinary: Lines of Skepticism and Romanticism*, p.5.

[3] Stanley Cavell, *The Claim of Reason: Wittgenstein, Skepticism, Morality, and Tragedy*, p.268.

是要比有机体的"产物"更为"完善",这就是卡维尔在文学语言中所发现的"至善论"的含义所在。卡维尔指出,文学语言作为一种"人性的修辞",根据维特根斯坦的看法,其自身也是一种"生活形式",而这一"生活形式"就是一种"变容"(transfiguration):"一种激进的变革,但其动因来自内部,而不是通过任何事物而达成的……可能呈现为一种激进的革新(行动上或者感觉上),或是激进的保守主义;路德就具有这样的知觉;卢梭和梭罗也是如此。"[1]文学语言被卡维尔看作一种对于人性修辞的充分表达,是我们本性与实践之间内在关系的重塑,即一种"再生"(rebirth)。[2]

2. 从"我思"到"自立":"文学语言"作为"哲学语言"的奠基与实现

在用日常语言抵御实证主义思潮的相关论述中,卡维尔始终秉承着这样一个原则,即认为真正的以日常语言为载体的思维方式能够超越"中介性"的权威。而哲学语言往往没有意识到的是,一旦以"知识秩序"来建构一种指向"确实性"的语言思维,那么在这种建构中所发生变化的就不仅仅是事物自身与世界的关系,而是说话者自身的存在位置和方式已经发生了根本性的变化,这是在卡维尔看来维特根斯坦所要揭示的最根本的问题。实际上,在对于说话者位置有意或无意的忽视中,任何知识话语都是围绕着一种潜在的诉诸"他律"的话语而展开的,这正是卡维尔希望通过对文学语言的阐释来彻底克服的一种蕴藏在语言中的权力诱惑。因此,在卡维尔有关文学思想的讲演录中,同样也收集了对于典型的"权力中介"话语模式的批判。通过理解这些批判,能够让我们更好地理解卡维尔所要摆脱的"知识秩序"的话语模式是如何潜在地蕴含在我们习以为常的规范性话语当中的。

---

[1] Stanley Cavell, *This New yet Unapproachable America: Lectures after Emerson after Wittgenstein*, p.44.

[2] Richard Eldridge, "Romantic Rebirth in a Secular Age: Cavell's Aversive Exertions." *The Journal of Religion*, Vol. 71, No. 3 (1991): 411.

在《关于日常的争论》中，卡维尔讨论了当时日常语言学界的一个公案，即克里普克的"卡法"(quus)问题。在《维特根斯坦论规则与私人语言》一书中，克里普克设计了这样的一个能够体现维特根斯坦"规则"观自相矛盾的分段函数式：

$$x \oplus y = x+y, \text{ if } x, y < 57$$
$$= 5 \quad \text{otherwise.}^{[1]}$$

这个函数式的意思是：当某一种规则，比如"加法"运用到一定界限的时候，超出这一界限的运算结果就会被无效化,比如"68+57"，根据"卡法"的结果应当是"5"。但是克里普克指出，这是因为我们先通过之前的加法得到"125"，然后再通过分段函数的限制而用"5"替代了这个结果。克里普克问道，那么我们难道就"不知道""68+57"会有"125"这个答案吗？

> 但是如果这是对的，那么我所曾指（meant）的那种功能就理所应当的没有关于它的事实（be no fact about），而如果确实没有我"过去"所指的这种特指的功能，那么"现在"的规则也就不存在了。[2]

克里普克认为这就是维特根斯坦所给出的悖论：我是否确实有着过去的那些"事实"，我们是否确实"知道"它们曾经是什么，对此我们很难在"现在"否定它。[3] 这个巧妙的设计一时间得到了很多人的追随，但是也有一些对维特根斯坦的思想有着深刻理解的学者指出了其中的问题。其中比较著名的一个反驳来自同为"新维特根斯坦"一派的麦克道威尔，他指出克里普克的解读主要基于他的这样一个看法："无论何时我心中有什么，在未来以'不同的方式进行解释'这件事上我

---

[1] Saul Kripke, *Wittgenstein on Rules and Private Language: An Elementary Exposition*, Harvard University Press, 1982, p9.

[2] Saul Kripke, *Wittgenstein on Rules and Private Language: An Elementary Exposition*, p.13.

[3] Saul Kripke, *Wittgenstein on Rules and Private Language: An Elementary Exposition*, p.14-15.

都是自由的。"[1] 麦克道威尔指出，这说明克里普克潜在地认为只有通过某种后验的阐释，心外的东西才谈得上是否与心内的东西相符，而如果不进行这种后验阐释，那么就仅仅是"在那里"（thing in the mind just "stand there"）而无法被习得或掌握的。[2] 麦克道威尔指出克里普克忽略了这种可能，在很多情况下我们是通过即时性的尝试或者反应来习得语言的用法和规则的，因为在原初的语言环境下，我们尚不具备阐释的能力。实际上，儿童的语言学习就是这种情况，但即使如此，儿童仍然能够对别人的话进行反应，并且通过实践尝试来"习得"语言。

麦克道威尔从语言习得的角度对克里普克加以反驳，但是这种反驳中所蕴含的更深层的问题则远远不止这一算式本身。克里普克式的语言观把我们的语言视为遵循客观程序规则的行为，而非维特根斯坦所说的"语法规则"。在克里普克的语言观下，我们是"用语言来交流"而非"在语言之中交流"。此种语言观所承诺的是这种个体的存在方式，即"未来"某一时刻的"自由"依赖于对"过去"或者"眼前"规则的屈从，而基于这种客观限制而承诺的"未来的自由"又给予这种限制以当下的合理性。然而，这一未来的"自由"完全脱离了我们此刻的处境，实际上正是这种"脱离"才造成了克里普克所发现的"悖论"。正如我们在斯多亚式的语言观中所看到的，语言作为"躯体"化的存在，"自由"只能基于对"自由"的先在承诺才能够被理解和言说。因此，如果一种"自由"是被承诺的，那么它必然是基于"至善论"之上的自由，而不可能来自与其逆反的前在的"非自由"：并不存在从此刻之苟全而生成的未来的自由。

因此，一种语言之所以能够被理解，并不像克里普克所认为的那样，即似乎维特根斯坦反对"私人语言"的方法，就是要完全地将个体交给"公共性"，意义的获得就是去知道在某一"语言游戏"中那些被

---

[1] Saul Kripke, *Wittgenstein on Rules and Private Language: An Elementary Exposition*, p.107.

[2] John McDowell, "Meaning and Intentionality in Wittgenstein's Later Philosophy." *Midwest Studies in Philosophy* 17.1 (1992): 44.

"许可"(licensed)的确定的"步骤"。[1] 卡维尔指出,在这里克里普克实际上替换了维特根斯坦原来的用词"倾向于"(inclined)[2],从而否认了我们对于自由或者服从的选择从根本上来说必须来自"私人"的决断倾向,而这种"倾向"就在于我们必须通过言说才能使得我们投入世界的建构和理解当中,否定了这种倾向,则所有对于语言与认识问题的质询都无从发起。卡维尔指出了绝大多数的研究者实际上都误读了维特根斯坦对于"私人性"的理解:

> 就我对于《哲学研究》的理解来看,这样的公共许可和其中所要反对的"私人性"并无任何不同[……]维特根斯坦说我们"倾向于"去说,这并不是说我们必须去继续说什么,而是:我倾向于对一个邀请说是,而同时我也在考虑可以去拒绝它,我对于给出我的答案在每个时间点上总是有所踌躇。在维特根斯坦的场景里,当一个老师说"这就是我所做的",他难道没有想到拒绝这么说的可能么?这个指令里没有表达出任何犹豫吗?克里普克所添加的解释让我感到烦闷,在他的解释里,我们的行动是毫无缘由的:"我们毫不犹豫地行动,盲目的行动"[……]如果我接受了这种盲目的邀请,我就无法考虑那些显而易见的风险(我的位置、我的笨拙、我的误解)。如果我盲目地服从一个人的命令,我就会心有不甘地或者欣喜地放弃我为自己行动所应该承担的责任。如果我盲目地从先知那里得到了保证,我就看不到其他的选择了。因为在这种对于规则的遵从中再也不存在什么能够名状的值得考虑的风险以及我的责任,无论是勉为其难的还是被欣然接受的都已经被事先抽离,再也看不到另外可能的解释。这种理解最后落实到我们身上的是这样一个看法:规则就是一种强制性的力量,它超越于所有我们知道的东

---

[1] Espen Hammer, *Stanley Cavell: Skepticism, Subjectivity, and the Ordinary*, pp.24-25.

[2] Stanley Cavell, *Conditions Handsome and Unhandsome: The Constitution of Emersonian Perfectionism: The Carus Lectures*, 1988, p.70.

西之上。[1]

因此，在卡维尔的思想中，"至善论"是关于语言持有者的行动"倾向"，即我们总是将我们的判断和承认在这种"倾向"中加以履行。无论是肯定的还是否定的，我都作为自身暴露在这样的"倾向"当中，这使得我的行动是具有"必然性"的，它必须区别于对于"至善"的目的论理解。

卡维尔在对于约翰·罗尔斯的批判中进一步阐释了这一点。在《正义论》中，罗尔斯将"至善论"作为目的论加以理解。在他界定的"温和的至善论"中："社会被建制以诸多制度，并且以此去界定个人的责任与义务，从而在艺术、科学和文化中实现人类美德的最大化。"[2] 卡维尔指出，这样的理解恰恰是爱默生和尼采这样的思想家所反对的。"至善论"不是关于任何给定事物的最大化结果，我们的文化领域并不是由这种目的论所塑造的，而是由我们投身于"自我"之中的起始行为所塑造的，其途径总是爱默生所说的"对于世界的转化"："在我们发现这种可能性之前，没有什么是值得被最大化的。"因此，在爱默生和尼采这样的思想家那里，"至善"所希望被普遍分享的东西是"自我批判"的能力，即指向个人能够到达的更进一步的位置："这种能力投身于对'尚未获得的自我'的获得之中，在这样一个公理之上，每个自我都被看作一个道德意义上的人。"[3]

实证主义语言观的立足点在于语言意义的确实性和可验证性，与之相反，处于道德、政治以及文学语言中的相关问题则要更为潜在也更为一般化。在这些具体的应用范畴中，由个体生发的语言或者行动总是天然地处于"悖论"当中，并且越是向个人的内在性下探——比如向政

---

[1] Stanley Cavell, *Conditions Handsome and Unhandsome: The Constitution of Emersonian Perfectionism: The Carus Lectures*, 1988, p.71.

[2] John Rawls, *A Theory of Justice: Revised Edition*, Harvard University press, 2009, p.325.

[3] Stanley Cavell, *Conditions Handsome and Unhandsome: The Constitution of Emersonian Perfectionism: The Carus Lectures*, 1988, pp.48-49.

治、道德和文学——就越是遭遇"悖论"：私人表达与公共话语、个人意志与道德责任以及文学中的虚构与现实。在大多数关于个体自由实现的理论话语中，这种来自个体的"悖论"往往被视为客观存在的疑难，而只能通过综合的方法才能加以解决，这样的话语无论其表现形式如何，本质上都是康德关于"先天综合判断"可能性论证的延续。在卡维尔的批判中，日常语言视角下康德哲学的当代焦虑被进一步明晰，即"先天综合判断"实际上默认了"悖论"的客观化，无论是被放置于"物自体"，还是被放置于个人对于他人以及其所归属的集体的判断（比如罗素的"说谎者悖论"），这种平衡的"理性反思"都会带来由外部的权力规约所提供的"综合"，而由于"悖论"在相当大的程度上被认为是"先天"地不可避免，从而使得这种"综合"的权力具有了某种"先天性"。卡维尔希望通过文学语言解决或者说转变的问题，是通过将欧陆哲学从以"知识"为核心的认识话语模式转化为以认识活动的"必然性"为核心的新的话语模式。在卡维尔看来，文学语言就是所有其他语言"必然性"的汇集之处，作为认识主体的"我""说话者"或者说"作者"自身最终在向文学语言的返还中清晰地显现自身。

在将哲学语言返还为文学语言这一工程中，和卡维尔所秉持的日常语言思想一样，他试图将哲学家阐释为特定哲学语言中的"说话者"。也就是说哲学家并不是通过其学说来解释认识论疑难，而是以"作者"身份在哲学"作品"的创作中为自己作为认识主体的认知冲动提供相应的"必然性"论述，从而将自己呈现为人类认识行动上的榜样。因此，在对于康德的阐释中，卡维尔指出关于"物自体不可知"的观点并不是对客观的"不可知"的说明，而是康德告诉我们要主动割舍掉对于"物自体"知识的诉求，宣布人类认识的"有限性"同时也就是对于认识行为自身的保证，使其能够在很大程度上避免"怀疑主义"的威胁。[1] 这种"限制"所保证的不是世界的客观存在，而是：

---

[1] Stanley Cavell, *In Quest of the Ordinary: Lines of Skepticism and Romanticism*, p.31.

> 我们对于世界的判断何以是客观的[……]对于任何我们能够称之为一个世界,一个有对象在其中的世界来说,什么是我们必然要应用于此的,正是它们显现了全然知晓一个世界之可能性的诸多条件。[1]

因此,对于"物自体"之不可知的界定是为了将认识论的核心从"对象"转移到"世界",从"知识"转移到"必然性",在卡维尔看来正是这样的哲学语言的"创作"使得康德得以跨越"分析的先验性"以及"综合的后验性"之间的鸿沟,而这种"跨越"在语言中显现自身,同时就是我们的"必然性"法则。比如说"所有的效果(effect)都有其原因"是一个先天分析判断,而在"必然性"的表达中,我们将其表述为"事出有因"(Every event[not just, analytically], has a cause),这种表达在"普遍性"(universally)和"必然性"(necessarily)的层面上为真。卡维尔认为这就是康德所"创造"(invent)的"先验逻辑"(transcendental logic),这种"先验逻辑"需要被理解为一种"建筑学架构"(architecture):

> 他拓展了他所发现的先天综合判断的意义所在,超越于世界的知识性奠基[……]并且他还显示出了世界的道德性奠基和艺术奠基。关于什么是应该去做的(ought to be done)的判断就是综合的(比如自杀是错的,孩子是要被照顾的,帮助需要帮助的人是值得做的,承诺是被恪守的)。如果道德被认为是真的,是被客观表述的,如果它不仅仅被显示为我们良好天性或者天然同情的一个功能,而是源于对某一缘由的践行(proceeding)或责任(answerable),这样的判断就必须被先天地把握。[2]

---

[1] Stanley Cavell, *Cities of Words: Pedagogical Letters on a Register of the Moral Life*, p.122.
[2] Stanley Cavell, *Cities of Words: Pedagogical Letters on a Register of the Moral Life*, p.123.

卡维尔指出康德称这种先天架构为"普遍之声"(universal voice),先天综合判断所要求的不是知识的确定性,而是一种指向获得赞同(agreement)的机制,它迫使我们在确定的"理由"之上行事,否则对于世界的认识就可能是失败的。因此,卡维尔指出必须认识到,对于世界认识的可能性伴随着判断的必然性,这意味着对于"理由"的申明总是伴随着"无法逃避的冒险"。[1] 通过这样的转化,卡维尔揭示出了康德"曲行论"背后的道德以及审美的"直接性"动因:所谓认识主体与世界的"直接性"关系恰恰在于对于外部世界的把握有可能是失败的,这种活动得不到任何基于实证的经验确实性的保证,但"世界"也正是在对象性经验的无法保证中才必然地存在于我们判断的客观性之中。因此我们所直接面对的是认识上的"风险",当我用"我认为""我承诺"这样的日常句式做出表达的时候,我们所做的实际上是表达我们选择承担这样的风险,我在无所保证的极致境遇下承认我自身的存在:

> 我们的感知域——一个由我们的感觉中枢或者经验复写所开启的区域——将我们置于时空当中,但是它并没有揭示一个有对象存在的世界。我们所具有的感知是关于之前和之后、这里或者那里,而不是关于这个或者那个——这样的感知并不是关于"我"与"非我",我们自身并不是作为与客体相对的主体而被意识到的。[2]

卡维尔对于哲学语言的转化,实际上是意图转变我们对于哲学语言有效性的界定"标准"。在传统的认识中,哲学或者科学的话语,其价值往往在于话语本身作为客观"规范化"的普遍适用性,即我们倾向于将这些话语"运用于"被视为更为"低级"的具体的日常事物当中。卡维尔由此区分了两种思想立场,一种立场是"基于什么是好的,什么是

---

[1] Stanley Cavell, *Cities of Words: Pedagogical Letters on a Register of the Moral Life*, p.124.

[2] Stanley Cavell, *Cities of Words: Pedagogical Letters on a Register of the Moral Life*, p.129.

行动所能带来的结果"。其典型代表就是"功利主义"(utilitarianism)。另一种则是"道义论"(deontological),其立场"是基于权利,是行动所表现出的义务、担当或者责任",典型代表在卡维尔看来就是康德。[1] 卡维尔实际上认为,只要一种语言能够在分析中呈现出"道义论"的原初动因,即所谓的不可怀疑的基础在于行动中难以避免的对于自我道义方面的显现,那么这样的语言无论是哲学的还是非哲学的,就都可以被返还为关于在行动中发现自我存在之必然性的原初问题。而由此一来,认识和行动中的种种"悖论"实际上存在于每一个判断行为当中,并随着判断的做出而被超越。反过来说,如果"悖论"是"客观存在"而需要被"解决"的,那么这也就意味着认识活动并没有真正地发生。

在文学语言对于"自我"的凸显上,卡维尔选择了爱默生的语言作为诸多哲学语言的"再生地",即人类语言中所包含的"自立"(Self-Reliance)。爱默生指出,人在生活中所遭到的最大的阻碍就在于人们不敢"如其所在"地使用"自己的语言":"人往往是怯懦而有负罪感的,而不再是正直的。他往往不敢于说'我认为''我是',而只是引用圣贤的话语。"卡维尔指出,爱默生的读者往往会将这样的立场转译为笛卡尔的"我思故我在",但实际上两者思想真正的切合不仅如此。和对康德的转化一样,卡维尔认为笛卡尔的思想里同样存在一种贯穿于各个文本之中的整体性"构架",而并非仅仅停留在"我思故我在"这样一个论断里。这一论断似乎通过这样一个命题式的引导,使得"我在"是作为"我思"的结果出现的。

卡维尔指出,在笛卡尔的第二沉思中这一洞见被进一步推进:"我是,我存在,每当我们说出(pronounce)它或者在我的心中意识到它的时候,这都必然是真的。"而在这一推衍中,"我"的存在是在语言的表达中被凸显的,由此文学语言在这一推衍中就与哲学语言产生了切合:"爱默生对于说'我'的强调恰恰就是笛卡尔洞见中所表达的那种信

---

[1] Stanley Cavell, *Cities of Words: Pedagogical Letters on a Register of the Moral Life*, p.84.

念。"[1] 卡维尔进一步阐释了笛卡尔对于"我思"(cogito)并不止于对"我存在"的发现，而是立刻激发了另外的逆反式的质询："但是我还不能清楚地知道我是什么，我是谁以至于能够确保我的存在。"卡维尔指出，实际上笛卡尔用了大量的篇幅来解决这个问题，而解决方式是通过创建关于某类事物的"自传体叙事"来为一些可能的答案——理性动物、身体、灵魂——提供文学上的阐发，并依此来给出自己的否定判断，以最终回答自己何以根本上是自己所思之物。卡维尔认为这说明了凸显自我的哲学思考是无法被辩驳性思维（argumentation）所勘尽的，其更为根本的力量来自文学性叙事："如果这些篇章的力量就是文学的力量，那么文学就是哲学力量的根本所在；与此相应的，哲学的也就成为或者被转入文学。"[2]

在这里，卡维尔实际上意在指出作为植入人类本性之中的"怀疑主义"的发生处，就在于这种由自我问题所引发的哲学向文学的转化过程中。在"文学语言"中，笛卡尔以"说我者"的角色来确证自己的存在，卡维尔指出这种确证所使用的是另外一套相关概念，即"制定"（enacting）、"申明"（claiming）、"标定"（staking）以及"承认"（acknowledging），而这一论证行为有违其一开始通过"我思"而达到的对于"我"与"上帝"存在的证明。卡维尔进一步指出，消除这一矛盾的方式，在笛卡尔的第三沉思中被统一于"创作"（authoring）这一概念：

> 显然我所需要的关乎我作为人类存在的证明源自这样一个观念，即我需要一个创作者（author）（"需要证明"就是我顷刻间的直觉，或者是关于依赖性，或者是不完全性，或者是未完成性，或者是尚未发起——总之是这样一种直觉，即我之所是尚未被创作出来）。[3]

---

[1] Stanley Cavell, *Cities of Words: Pedagogical Letters on a Register of the Moral Life*, pp.106-107.
[2] Stanley Cavell, *Cities of Words: Pedagogical Letters on a Register of the Moral Life*, p.109.
[3] Stanley Cavell, *Cities of Words: Pedagogical Letters on a Register of the Moral Life*, p.110.

卡维尔认为将上帝之存在与我之存在统一于"创作"的观念就是一种"字面化的神人同形同性论"(literalized anthropomorphism),由此"创造我自己"这样一个行动所需要的就不再是来自上帝的"物质"层面的创造("始于尘土而受造于神息"),而是源于"尚未被创成的人类概念以及思的力量"。卡维尔将文学语言对哲学语言的奠基作用归结为爱默生的一个概念,即"自立"(Self-Reliance):

> 人类的凡身肉体(human clay)以及人类的思考能力就足以激发自我创作,无论在何种情况下,这就是我所理解的爱默生的"自立"。在笛卡尔关于"我思"的思辨中,这也就是我们所读到的他所要主张的东西。我所要强调的是,爱默生实际上将笛卡尔的看法转化成了这样的观点:对于自我来说存在一个创作者,这样的观念并不要求我们把自己设想为上帝(此在自我只是自我的一个特殊图像,而上帝可能仅仅是对这一图像的命名而已)。在这种观念中,笛卡尔关于上帝存在的证明欲望和疑惑是不在场的。对于存在的证明不是笛卡尔的任务,而是他自身的创作者永续不休的任务,不是某种性质,或者某种进程的最终产物。这一任务的指向不是关于一个存在的声明,而是一个变革的时刻,对于成为(becoming)的言说——一个存在的顷刻,或是一个顷刻的存在(爱默生说:"在对世界的嫌恶中,灵魂成为此在的事实")。[1]

通过这种"创作"的概念,卡维尔实际上指出,来自外部的"怀疑主义"之所以对于我们的生活和认识本身来说是不切题的,是由于"创作"行为所奠基的"文学语言",其本身就是对于原初"未定状态"的克服。对于卡维尔来说,"怀疑主义"本身就是以文学为原发性范畴的日常语言之中所蕴含的"真理性"的内容,对于"躯体化"的语言及其所介入的世界本身来说,"怀疑主义"本身是作为"浪漫主义"的动因

---

[1] Stanley Cavell, *Cities of Words: Pedagogical Letters on a Register of the Moral Life*, p.111.

出现的，而这种动因不是来源于对外来的不可抗力的应对，而是来源于我们自身对原初的存在悖论的克服。在用爱默生的文学语言来奠基哲学语言的努力中，卡维尔所要论证的就是这种视角的转换：一种文学的，或者更确切地说，一种浪漫主义文学的立足点，不在于主体对认识条件或者理性方法有限性的改造或者超越，而是要将主体置于无法逃避的极端境遇当中，使其必然要有所行动来"成为"人类自身，否则主体就只能是缄默的主体。

从这个角度来说，所有的来自外部的"规范性"语言或者功利主义的"规则"都可能是"私人性"的，虽然它们都仰仗"公共"之名。正如皮特·杜拉准确地指出的，卡维尔对所谓"私人语言问题"的阐释并不在于显示私人语言观念是无意义的，而是要消除一种幻想，即时而出现的否认语言及其以可分享性为本质的倾向。[1] 如卡维尔自己所说，这种幻想就表现为："他人的面孔被我所见，这件事情可以完全与我的任何抉择无关。"[2] 维特根斯坦所说的"私人语言"实际上是要揭示这种对于自身所见所言"事不关己"的幻想（fantasy）以及与其相伴的恐惧和焦虑："它与恐惧共生，与我们的分离性共存。它不仅仅是一个哲学上的错误，也是一个人被孤独所烙印的状态。这就是怀疑论在我们之中所发现的弱点。"[3]

哲学语言所带来的"怀疑主义"指向"自我保全"的"幻想"。而在文学语言中，"怀疑主义"是作为自我存在的真理性内容而被自主发起的。在卡维尔看来，爱默生在文学语言中主动投入"分离性"当中，从而重新找到"我自己的声音"（your own voice）。爱默生把这种"自立"的幻想称为"奇想"（Whim）："当我受到天赋（genius）的感召时，我避开父亲、母亲、妻子和兄弟，我将在门槛与门楣之间写作，去奇想。"卡维尔认为"奇想"这个词所凸显的是"语词的赋予生命（life-giving）的力量"，一种"说'我'的力量"："这种赋生之力就是你情愿屈从你

---

[1] Peter Dula, *Cavell, Companionship, and Christian Theology*, Oxford University Press, 2011, p.79.

[2] Stanley Cavell, *The Claim of Reason: Wittgenstein, Skepticism, Morality, and Tragedy*, p.348.

[3] Peter Dula, *Cavell, Companionship, and Christian Theology*, p.82.

对于语词的欲望（并称它为'奇想'），对于可理解性的欲望，尽管没有什么能够保证你能从中被提升。"因此，卡维尔从爱默生处看到的不是对于"私人语言"的全然否定，反而是要说明一种语言之所以是无意义的，就在于说话者不敢承担由"我"作为发语词的"私人奇想"。在这样的视角下，反而是"一致性"（conformity）造成了可判断性的缺失。爱默生说道："一致性让人们在很少的方面犯错，也在很少的方面成为创作者，但是却在所有的方面都是错的［……］所以他们说的每一字都会让我们羞恼，而我们却不知道从哪里开始才能够纠正他们。"因此，作为文学语言的发语者，建立起说"我"的权力，作者自己在"奇想"中脱离他人同时也伴随着"朝向"他人的承诺。由此爱默生声明道，作为文学语言的"作者"："我将会为人性而屹立。"[1]

由此，卡维尔通过"自立"这一概念树立了自己对于文学理论以及美学的理解，这些范畴之所以有别于哲学，是由于行动方式不是由"论证""思辨"以及"反思"这样的概念展开的，而是通过"阅读"和"写作"这样具体的文学行动展开的："通过发现我们的阅读方式，爱默生发现了我们做其他任何事情的方式。"卡维尔在"阅读"和"写作"这样的文学行动中将之前牵涉的哲学问题返还于维特根斯坦的思想中：

> 我们必须已经理解了如何去阅读，才能去理解阅读这件事本身。我们将其称为阅读的悖论，同时这也是写作的悖论［……］这种悖论的观念所表达的是我们并不理解我们是在何时开始学习写作和阅读的。我们所希望了解的不过是爱默生是否能在为了我们存在的意义上而存在；基于此，我们才知道他对于"我思"的写作行动是否已然开始。[2]

---

[1] Stanley Cavell, *In Quest of the Ordinary: Lines of Skepticism and Romanticism*, p.114.

[2] Stanley Cavell, *In Quest of the Ordinary: Lines of Skepticism and Romanticism*, p.115.

3."日常"对"解构"的超越；日常语言的诗学辩驳

在由日常语言思想所牵引的其他领域的思考中，卡维尔所要寻找和澄清的是一种原初境遇"势能"。实际上，在日常语言哲学产生伊始，其主要问题就是要打破传统的"知先于行"这一潜在行动限制，它也可以被视作反"逻各斯中心主义"的日常表达，这就使得日常语言的"诗学"和解构主义的"诗学"表面上具有一些相似性。日常语言视野下的"诗学"由于其论述方式以及有意排除哲学论辩的风格，确实很容易被其他一些反"逻各斯中心主义"的理论所吸收和同化。事实上，在卡维尔看来，只有与这些具有表面相似性的理论进行区别，才能凸显出日常语言视野下的"诗学"的独特性。与"解构主义"的策略不同，卡维尔意在阐明对于"逻各斯中心主义"的反驳并不在于用"可能性"和"差异性"对之进行解构，而是要更为彻底地说明外部的"规范性"虽然能够提供规约，但却不能提供语言和理性行为必然发生的动力。换句话说，就当时众多的"反逻各斯中心主义"的诗学来说，它们所要反对的权威性作为"反权威性"的"参照"，仍然在反对者的理论话语中切实在场，这就使得作为反抗策略的文学话语仍然在"逻各斯中心主义"所构建的话语模式内部徘徊，而仅限于"偏离"或"边缘化"。这些策略在卡维尔的日常语言视野里实际上都是不充分的。

针对这种普遍存在于诗学中的顽疾，卡维尔比较早的批判见于《现代哲学中的美学疑难》中对"新批评"学派克林斯·布鲁克斯的批评。在《精致的瓮》中，布鲁克斯提出了著名的"释义的偏移"（Heresy of Paraphrase）这一概念：假如"诗是被构成的某种'陈述'（statement）"[1]，那么其中的"偏移"就是"我们批评活动中大部分疑难的根源所在"[2]。布鲁克斯指出，一切对于诗的释义实际上都在背离诗歌自身的中心，而非朝向它，"并不表现任何'内在的''本质的'抑或是'真正

---

[1] Cleanth Brooks, *The Well Wrought Urn: Studies in the Structure of Poetry*, Houghton Mifflin Harcourt, 1975, p.179.

[2] Cleanth Brooks, *The Well Wrought Urn: Studies in the Structure of Poetry*, p.184.

的'结构"[1]。基于这种看法，布鲁克斯认为诗歌作为文学语言本身就具有"去中心化"的基本属性，其自身拒绝释义对其"真相"的把握，从而任何固有的外部程式都不能捕获以及控制诗自身的"真"。故此，在对华兹华斯的《不朽颂》的批评中，布鲁克斯写道："诗总是以其似有所失而开启的。"[2]

布鲁克斯的看法简而言之是这样一种话语策略，即认为文学是在用其"不可能性"来对抗任何一种"确定性"，从而对于诗的意义的权威性占有是无论如何都无法实现的。但是卡维尔指出，这样的话语策略实际上只是将另一种"确定性"引入了我们对于文学的理解当中，也就是这种"偏移性"是绝对而确定的。比如说，布鲁克斯希望通过指出诗总是开启于某种"遗失"而将读者引向"去中心化"的策略当中。但是卡维尔指出，倘若我们表示在诗中我们根本找不到这样的关于"遗失"的表述，那么布鲁克斯的释义就会转而具有攻击性：

> 好吧，它确实没有直接说到这个，但是它有这个意味，它暗示了这一点；你能说它没有暗示吗？当然我们不能这么说。由此，这个批评就发展出了一套理论，即关于他说一首诗有所意味的时候他是怎么做的，并且为了满足这个他又必须在阅读活动中添加什么附带的东西，由此来解释当他说一首诗有所意味时，他又并非只是在指出这首诗的确切意味；也就是说，他只是指出了这首诗的意思，或者不如说"指出意思所在的区域"。[3]

卡维尔实际上指出，这种预先抽离理解之确切可能性的理论建构，实际上是在满足理论自身生产的需要。关于无法确切理解的焦虑使得理论本身成为阻碍，诗学实际上并没有承诺读者能够进入文学或诗的语言中，以至于无法成为一首诗的读者甚至创作者。事实上，这样的理论架

---

[1] Cleanth Brooks, *The Well Wrought Urn: Studies in the Structure of Poetry*, p.182.

[2] Cleanth Brooks, *The Well Wrought Urn: Studies in the Structure of Poetry*, p.116.

[3] Stanley Cavell, *Must We Mean What We Say?: A Book of Essays*, p.74.

构范式广泛存在于 20 世纪上半叶的诗学中，比如艾略特的"天才泯灭论"以及罗兰·巴特的"作者之死"都是这种理论策略的典型代表。卡维尔对于文学的看法则全然不同，在他看来日常视野中的诗学建构或者解构不是发生在对于确定性之权威的反抗中，因为往往为了对抗一种扭曲的文学观，人们反而生产了另一套扭曲的文学观。在卡维尔的视野下，文学语言是日常语言自身的奠基所在，而非对立或者超出日常语言之外，所以诗学所应该做的仅仅是恢复文学与诗自身被创作和被阅读的状态。因此，卡维尔纠正了布鲁克斯关于《不朽颂》的解读，他认为华兹华斯并不是在暗示"诗歌总有所失"，而最好被理解为"关于失去这件事情的经验"的发声，对于有所失去不断的发问，这本身就是对于"寻求"这一行动之经验感的寻求和恢复："在寻求的神话中，寻求的全部目标往往就是要去理解'寻求'这一行动自身的本源。"[1] 与其日常语言思想相一致，他指出布鲁克斯的问题在于：

> 很难想象有人会断然地说出什么诗的本质、核心、结构之类的是诗自身的释义这样的话。人们更可能会说诗用了什么修饰风格，或者一些特别的字眼，或者它意味了或应当意味什么——也就是说，只有在一个相应的哲学语境下给出一些引导才可能让别人将这些说法理解为某种对诗本质上的偏移或扭曲。[2]

在卡维尔看来，诗学或者文学理论恰恰就是要把对于文学的理解从这种哲学语境之中拯救出来，而这一点在日常语言层面也表现得非常直接。卡维尔指出实际上任何"我不能……而我只是……"（比如，"我不能确定任何经验命题，而只能够在实践中确认"）这样的说法看似在反对一种敌对的观点，实际上却抽空了自己的理解根基，这就是维特根斯坦所说的"（哲学）语言作为一种空转"。[3]

---

[1] Stanley Cavell, *Themes out of School: Effects and Causes*, p.143.
[2] Stanley Cavell, *Must We Mean What We Say?: A Book of Essays*, p.75.
[3] Stanley Cavell, *Must We Mean What We Say?: A Book of Essays*, p.77.

诗的释义并不像布鲁克斯所预设的那样"在原则上是不能被充分做到的",因为如果释义是一种解释行为,它并不发生在孤立存在的某一读者(比如说布鲁克斯本人)与他眼前的这首诗之间。正如卡维尔所说的,布鲁克斯并没有反省自己这种个人化策略的不当之处。无论是"释义"还是"意义",在日常语言当中总是被"给出"的,卡维尔认为当我们说"确切地说它意味了什么"的意思无外乎是在说:"这就是我正在做的。唯有真诚得以留存,而与此同时哲学视角则不会开启。"[1] 在他看来,诗之所以是原初的语言,并不在于其确切的意义在原则上无法被得知,后面这种看法实际上是大多数解构性思维的共性所在,即认为像语言原初区域的返还同时也就意味着意义本身的分崩离析。但在卡维尔看来,文学语言之所以是重要的,不在于我们如何看待诗自身的"意义",而是诗的语言能够让我们重新恢复我们的"在地性",恢复我们的切身感。而这种切身感是什么,能在多大程度以"公共性"而被分享,有赖于我们"给出释义"这一交往行为的重新拓展,而只有文学语言能够带我们回到这个起点:

在我看来,这些语言运用的例子在一些特殊类型的诗歌里会作为一种特征性出现,比如象征主义、超现实主义或者印象派。这样的用法在我看来在哈特·克拉内(Hart Crane)"思绪被麻雀的羽翼扫过",以及华莱士·史蒂文斯(Wallace Stevens)"如流水灯间的渐暗"于"周日的早晨"。无论是释义这些句子,还是解释它们的意义,抑或是要辨明它们,或者用另一种想法来表达,这些都无法切中问题。人们可能无法言说什么,只能说有一种感觉,仿佛是某种家族相似的精神之声,而如果有的人无法感觉到它,他就不在同一世界中,或者没有体己的感受。也就是说,这些句子是亲密性的试金石。或者说,一个人会尝试或多或少苦心经营地去"描述"一个特别的白天或夜晚,一个确切的地点、情绪或者姿态,而这种情况

---

[1] Stanley Cavell, *Must We Mean What We Say?: A Book of Essays*, p.77.

下对于他的在场而言，这些成问题的句子似乎就成为自然的表达，并且也仅仅是表达。[1]

因此，虽然表面上看日常语言与解构性的或者说"去中心化"式的诗学似乎都是对于某种差异性的申明，但是实际上两者为这种差异性所安排的位置截然不同。对于解构性思想来说，差异性是其有意追求的东西，其理论的目的在于通过证明语言以及世界的本原是处于差异性之中，从而论证意义确定性的不可能甚至不可知，而日常语言则并非如此。

在这个问题上，卡维尔选择了保罗·德·曼作为践行解构主义这一潜在原则的代表人物。在哲学和文学语言的关系这一问题上，卡维尔和德·曼都认为并不存在清晰的界限，但是两者的角度却截然不同。在德·曼对于言语行为的理解中，他同样注意到"位置"（position）这一观念的重要性。但与卡维尔不同，德·曼所说的位置是只存在于"语词的意义"自身无休止的转译进程中，词义存在的常态就是"位置"上的转瞬即逝。他指出语言的逻辑总是由定位性的（positional）的言语行为所构成，这也就意味着语言逻辑总是需要一个临时的尺度，而这一尺度又指向行为在未来的实现，而事实上这并不是我们在当下所能企及的。德·曼认为这说明言语行为本身的意义在于衔接两个本不能融贯的判断："我不能"及"我（或者你）必须"。因此，解构行为所揭示的就是这种"前在性"（anteriority）与"后天性"（posteriority）之间不断发生的"转喻逆转"（metaleptic reversal）："同一性的'真理'就成为这样一种东西，它被建构于未来，随之而来的程式则会显示出它的存在总是对其过去位置的'偏移'。"[2] 由此，德·曼从语言行为之中得出的解构性结论就在于，并不存在语词意义在"原初"和"引用"这一组概念上的对立，因此也并不存在作为语言原初意义保证的"语法"与对其偏离的

---

[1] Stanley Cavell, *Must We Mean What We Say?: A Book of Essays*, p.81.

[2] Paul De Man, *Allegories of Reading: Figural Language in Rousseau, Nietzsche, Rilke, and Proust*. Yale University Press, 1979, p.124.

"修辞"之间的差别。德·曼以此来理解尼采式的"说服修辞":"这种悖论的法则故而也就不包含任何真理的标准(Criterion),但是却构成了一个祈使句,关于什么能够被视为真理的祈使句。"[1]

德·曼通过一部当时流行的电视剧中的情节来说明语法和修辞之间的不定性。在《一家人》(All in the Family)中,妻子问丈夫:"你想让我怎么打你的鞋带,是从上面开始穿鞋带还是从下面开始?"丈夫回答:"有什么区别?"妻子随即想要开始解释两种绑法会让鞋的样式看上去有什么不同,但是丈夫打断了她:"我不是让你给我解释有什么不同,我说'有什么区别?'是说谁会在乎这个?"德·曼认为这个例子说明:"同样的语法片段具有两个互相排斥的意义:字面意义是对于某一概念(比如说'区别')的发问,但是这一意义则被其寓意(figurative meaning)所否定了。"[2] 在这个例子里,德·曼认为修辞解构语法,因此在理解中所必然存在的风险是由于修辞与语法之间的不确定性所带来的。

虽然同样赞同这种语义层面的不确定性,但卡维尔消除区隔的方式则完全不同。在他看来,由于一切行之有效的话语都可以被返还为日常语言,所以实际上日常语言不是一种特殊的语言模式,也不对立于任何其他的语言模式。而一旦我们以日常语言为基本范畴,那么其他的语言模式也就不再是独特的话语模式,在这个层面上我们说绝大多数的区分都是不确定的,因为在理解活动之中,这种哲学意义上的区分未必被真正提及,而只是理论家添加的附带物而已。卡维尔由此反驳了德·曼的解释,他认为在这段对话中遭遇的问题并不是语义层面,而是这对夫妻没有充分考虑到对话中彼此所处的"位置",或者说他们自身的"知识"没有被充分地表达给对方。这里产生误解的症结在于,丈夫没有让妻子知道他是否已经具有了分别这两种绑法的知识,或者丈夫是否对这个知识感兴趣,由此才使她脱离交流而进入了对于客观知识的解释之中。卡

---

[1] Paul De Man, *Allegories of reading: figural language in Rousseau, Nietzsche, Rilke, and Proust*, p.125.

[2] Paul De Man, *Allegories of reading: figural language in Rousseau, Nietzsche, Rilke, and Proust*, p. 9.

维尔指出，交流之中误解的风险就在于我们有时候"说得太过，有时候又没有说到位"。这样的风险不是由语义层面造成的不能逾越的客观困境（aporia），而是说我们必须尽力通过语言使我们的位置对于对方来说更加明晰。说语言中的困难不仅仅是语义层面的，同时也就是说我们需要通过语言将我们揭示为说话者，揭示出我们从共同生活中所继承的相应的"位置"。因此，卡维尔最后总结道，这个误解说明了这样一个道理：不是语法和修辞之间的某种关系，而恰恰是"你所表达的意思不应该也无法由语法来确定的，这一切完全取决于你作为说话者而说出的东西"。[1]

在卡维尔对布鲁克斯和德·曼的批判中我们可以看到，虽然日常语言和解构主义都同样具有反"逻各斯中心主义"的旨趣，但是前者并不倾向于通过牺牲说话者的可知性、可说性和可理解性来彻底拆解语言传达意义的可能性。也就是说"可能性"不是通过"不可能性"来揭示的，这也就意味着"悖论"或者"逆反"的机制只需要由说话者或者创作者自身来克服，并作为追寻意义之可传达性的动力。这也就是卡维尔在爱默生的思想中所提炼出的"自立"与"嫌恶之思"的相辅相成："当爱默生思考'思考'这件事本身的时候，它或是一种转换，或是一种批判，这样的对立性，就是他所说的'嫌恶'。"[2] 因此，实际上在卡维尔的理解中，日常语言对于文学的理解比解构主义所看到的要更为激进。"悖论"或者"逆反"在卡维尔看来并不是语词意义的原则，而是说话者和作者的原则。换句话说，当爱默生说"为人性屹立"的时候，他表达了最鲜明的日常观念，即承担人性自身的逆反和悖论，并以此来检验我们是否有勇气和能力进入一个日常世界。

---

[1] Stanley Cavell, *Themes out of School: Effects and Causes*, p.45.

[2] Stanley Cavell, *Conditions Handsome and Unhandsome: The Constitution of Emersonian Perfectionism: The Carus Lectures, 1988*, p.36.

二 "文本"与"事物":日常语言视野下的阅读与阐释

1."物自体"作为"世界之死":《古舟子咏》中"超验论"的经验面相

正如上一章所阐述的,卡维尔所处时代的日常语言思想在总体上可以被视为"雅各比问题"的当代表述,也就是服务于一种"直接性"美学的复兴。虽然有众多学者都投入了这一工程中,但是少有人像卡维尔一样希望通过文学来最终实现这一工程。而且其复兴方式并不是对康德美学进行某种解构,而是将伦理学作为纯粹理性的奠基,从而通过认识主体的"非实体的扭结性"将构建世界的各个要素卷入说话者的语言当中。这就是卡维尔所理解的日常语言的运作方式,同时也就是日常"生活形式"的运作方式。这种方式之所以是"直接性"的,是因为如果存在"中介"这样一个功能位置,那么认识主体作为语言的使用者以及世界文本的创作者其本身就是中介性的,由此就不需要其他外部的中介性介入其中。在语言中,我与物互观,共处同一存在状态之中。"直接性"的美学实际上也就是要建立一种激进的经验主义的实现机制,从而践行维特根斯坦所说的:"不要想,而是看!"

相较于康德式的"先天综合",文学语言的最大特征就是在很大程度上可以摆脱由时空所构成的"先验范畴",但是这并不是说文学语言是在"虚构"层面随意超出这一范畴。文学语言是由创作者的存在方式所支撑和驱动的,其中的对象也被以相应的存在方式纳入其中。换句话说,以卡维尔的视角来看,"雅各比问题"所针对的康德"物自体"设定的疑难可以被这样理解,即不应是"对象"被分裂为"物自体"及其"显象",而是对"普遍性"的把握被置于我们实际展开的经验活动之前。与此同时,个体对"普遍性"的直接把握必然是有限的,于是认识的有限性就奠基于经验的无限可能性之先,这种被事先锚定的认识主体的有限性使得其所认识的对象必然具有一个"不可知"的层面。换句话说,"物自体"的概念是被一种"好高骛远"的认识论指向所生产出来的。而就文学语言来说,无论其主旨为何,其写作总是具体的、展开式的，在写作中，创作者总是与自己所描写的事物相"毗邻"，是目之所及或言之所至。用卡维尔式的语言来说，即创作者与对象同在一个正在被构建的"世界"当中，这个"世界"是"这个"或者说"此在"的。在文学的写作中，康德式的"先验叙事"并不是被取消或者解构了，而是没有被遭遇。

卡维尔希望通过日常语言唤起的是实践层面的"超验论"(Transcendentalism)，而这也是由爱默生和梭罗所掀起的那个时代的美国本土哲学思潮。在这种思潮中，如果普遍性是在超验层面上被保证的，正如在康德的道德形而上学中存在着"上帝"这一最终的担保者，那么必然性或者说普遍性就必然能够在具体的实践中被揭示。因此，说事物的存在越是能够揭示超验的普遍性，它在经验活动中的呈现也就越是鲜明。这正如卡维尔的日常语言思想所表现的那样，在沟通之中语言的"在地性"越鲜明，则沟通本身也就越能揭示"生活形式"的存在。奥克塔维斯·弗洛厄姆在当时这样总结这种美式"超验论"：

> 超验论是一个独特的哲学系统。从实践上说它是对于人类自身价值不可分割的断言；而从理论上说，它又是对本能中内在神性的断言，即将一种超自然的属性转移到人类的自然构成当中。[1]

在这种超验向人类经验的激进转入中，人类对于外物的感知就成为生命体征一般的存在："超验是[……]一种热情，是情绪的浪潮，是心灵的呼吸，去抓住这些就好像我们早已做好准备去接受它，让这些体征兴奋，让它们运行起来，并且传递下去——没有人知道它将意在何方。"[2] 在这样的思潮中，事物存在的意义就和"自我"作为运作机制的意义一样，是为了在与认识者或者说话者的接触中形成实践的"躯体化"的生命体征，以此去检验各个以"普遍性"之名而存在的日常概

---

[1] Octavius Brooks Frothingham, *Transcendentalism in New England: A History*, GP Putnam's sons, 1880, p.136.

[2] Octavius Brooks Frothingham, *Transcendentalism in New England: A History*, p.355.

念。西奥多·帕克也同时将美国的"超验论"视为挑战：

> 超验论哲学所要面对的问题无外乎如此，即不断修正人类的经验并且去尝试经验所授予我们的东西，用良知检验美德，用理性检验科学，去尝试教堂中的信条，去用普遍性的构成检验国家的构成。[1]

在这种"超验论"的背景下，卡维尔对于日常语言的强调也就是要从"超验论"中恢复我们自己的"声音"："停止引用而开始言说，开始寻找他们自己的声音，除此之外他们就不可能知道自己的存在，只有这样，'拥有'（have）这个词才得以署名（signatures）。"[2] "自我创作"并不是主体权力的攫取，而是属于"万物有灵论"（animism）的一部分。这正是卡维尔从柯尔律治和华兹华斯为代表的英国浪漫主义诗学中提炼的视角。

在题为"文本的恢复"的讲稿中，卡维尔讨论了柯尔律治的《古舟子咏》以及华兹华斯的《不朽颂》。柯尔律治曾明确表明过康德哲学对他的重大影响，在《文学传记》中他明确勾勒了这一时期的哲学发展脉络。在第八章中，柯尔律治指出莱布尼茨的"前定和谐"概念无疑来自斯宾诺莎，而斯宾诺莎的灵感则来自笛卡尔的"动物是机器"，这大概主要是指对于对象存在自因的发掘，可见动物问题构成了柯尔律治哲学研读的一个基点。[3] 在第九章中，柯尔律治在表达了对康德的无比崇敬之后便直言不讳地表示，他认为康德说"物自体"只是其字面意思，这一点他是断不能相信的："他把整个等离子体的力量限制在智力的形式上，而把外在的原因留给我们感觉中一种没有形式的物质，无疑是不可思议的。"柯尔律治认为康德是为了避免政治迫害，而将其思想的

---

[1] Henry David Gray, *Emerson: a Statement of New England Transcendentalism as Expressed in the Philosophy of Its Chief Exponent*, Leland Stanford Junior University publications, 1917, p.10.

[2] Stanley Cavell, *A Pitch of Philosophy: Autobiographical Exercises*, Harvard University Press, 1996, p.121.

[3] [英]柯尔律治：《文学传记》，王莹译，中国画报出版社 2019 年版，第 107 页。

"所有的压力都置于道德准则上"。[1] 换句话说，在柯尔律治看来，"物自体"实际上不过是凌驾于政治统治之上、隐而不显的道德担保者，亦即康德在其道德哲学中所说的上帝或绝对命令背后的良知。认为康德的道德体系奠基其认识体系，这一点与以盖耶尔为代表的当代康德批评是完全一致的：上帝作为"物自体"的原型完全无法被直接认识，但是它又要在人类的思维中占据一个重要的位置。[2]

据此，卡维尔指出实际上《古舟子咏》即是柯尔律治对自身所理解的康德哲学的诗学勾勒，他想要替康德补充他所认为的后者没有做出的明确解答，希望在剔除作为认识论而非道德论的"物自体"概念所带来的怀疑主义后果的同时，维护康德所勾勒的万物有灵而共享道德（认识）形式的世界图景。而在这一世界悬而未决的存在之中，有灵的动物与有灵的人类一样，处于被"定言"扼杀的威胁之中，这种"定言"象征了世俗政治权威，这种权威意欲指向"物自体"从而达到并替代"上帝"的位置。《古舟子咏》的主题由此便被揭示为"挥动理解之定言的大棒，在指向'物自体'的特异行动中杀掉了这些鲜活的事物"[3]。其所讲述的就是老水手因为杀死了象征"万物有灵"的信天翁这一事物而招致了世界的僵死（无风的死寂环境使得船无法行驶），从而带来全体船员覆灭的悲剧。

在卡维尔的解读中，柯尔律治在回应"物自体"概念所带来的怀疑主义后果时，实际上所表述的是一条"浪漫主义与怀疑主义间的航线"，或者更彻底地说，文学与哲学间的航线。《古舟子咏》所描写的不是一个悲剧事件的发生，而是一个去而复归的旅程，在此期间水手穿越了各种世界环境的界限：趋向严寒，起初顺风顺水，随即又万籁僵死。因此作者要表达的正是这条航线自身："他邀请我们去历经这条航线，

---

[1] ［英］柯尔律治：《文学传记》，王莹译，第122页。

[2] Beth Lord, *Kant and Spinozism: Transcendental Idealism and Immanence from Jacobi to Deleuze*, Springer, 2010, p.26.

[3] Edward T. Duffy, *Secular Mysteries: Stanley Cavell and English Romanticism*, Bloomsbury Publishing USA, 2013, p.38.

并且又在历程中不断警示我们,在这条诗与论说的航线上我们沉浮不定。我认为他是在要求我们超越这样沉浮颠沛的状态。"[1]卡维尔继而指出这段折返于极寒之地和赤道点之间的航程的深意:"所有这些主题都是指向'两极科学'(Polar Sciences)中的极端状况,彻底严守主体性,而把客体性(严格到以至于排外性的客体性)留给自然哲学,这就是对立的两级。"[2]

换句话说,《古舟子咏》实际上是要以地球本身的地理面貌象征柯尔律治所理解的康德的哲学世界。在诗歌的开篇,船被风暴的力量吹向南部极寒之地,这象征着老水手被强行驱使越界,被推向极端的"冰封的无念"(frozen mindlessness)之地,这使得处于这一处境的人必然要去寻求我们的语言在逻辑上的升华,而这种升华因其处境的"无念"而被卡维尔称为"致疾的升华"(disabling sublimizings)[3],并将这种升华看作一种哲学式的欲望:在空无一物之地,这种升华就意味着无力从经验与语言之中找到踱步的可能。这一处境就是维氏在《哲学研究》中多次提到的主题,这一主题是关于哲学家往往执着地要找到意识与其对象之间的强联系(197节)[4],找到超秩序与超概念之间的联系(97节)[5],并因此要我们升华语言的逻辑(38节)[6]:"在这样光滑以至于无法站稳的冰封章节(ice passage)里,这种升华欲求的后果就是与确切的语言相冲突,变成了无法抑制地、本然地走向空无这一险境之中的欲求。"[7]卡维尔指出,正是这种向"无念"之语言与经验之"冰封之地"的越界,导致了我们对于日常经验的怀疑:

---

[1] Stanley Cavell, *In Quest of the Ordinary: Lines of Skepticism and Romanticism*, p.46.
[2] Stanley Cavell, *In Quest of the Ordinary: Lines of Skepticism and Romanticism*, p.46.
[3] Stanley Cavell, *This New yet Unapproachable America: Lectures after Emerson after Wittgenstein*, p.55.
[4] Ludwig Wittgenstein, *Philosophy Investigations 3rd ed*, trans. G. E. M. Anscombe, p.80.
[5] Ludwig Wittgenstein, *Philosophy Investigations 3rd*, p.44.
[6] Ludwig Wittgenstein, *Philosophy Investigations 3rd*, p.17.
[7] Stanley Cavell, *This New yet Unapproachable America: Lectures after Emerson after Wittgenstein*, p.56.

在这些时刻或者岔路口，我们日常语词的运动被仿制成破碎的阴影或是冰冷的幻灯，成为不为任何人而说的语言，一种不言说性（unspeakable）。这样的时刻拒绝日常语词经验的价值，拒绝其中所分享的记忆，在其中体会着失望。[1]

由于自然的暴力而失去了投入经验世界的勇气，从而追求自身经验的强行升华，这使得带来拯救之风的信天翁也无法进入老水手的日常之中。因此卡维尔指出，杀害信天翁的事件并不仅仅是一次意外，而是老水手自身的理性升华脱离了日常经验的命运所在。

实际上，卡维尔在这里从彻底的经验层面为"命运"这一概念提供了解释。"命运"的不可抗拒性也就是一种必然性，正如在前文我们多次看到的，"必然性"是卡维尔在日常语言思想中所着重突出的概念，我们理解的"必然性"来自预先投入"认同"和"承认"之中的伦理奠基行为。与之相反，这种"必然性"一旦作为被极端境遇所推动的"理性升华"，也就是对经验性的压抑，则我们就会倾向于抹杀日常经验以及可与我们在自然之中共存的事物本身，而这往往会使我们的世界沦陷："这并不是因为理性的先天限制阻止了知识的洞察力，而是来自一些其他的负面的力量，可以称之为压抑。"[2] 所以卡维尔所理解的"命运"不是外来的强力，而是我们在什么层面践行了我们的"必然性"："在自我对于'命运'的阅读中，它是被认定的自我，而这种认定只在其自身的吐吸间发生。"[3] 因此，我们的"命运"不在于我们被锚定在了某一范畴之内，而在于我们如何在理性的必然性与经验世界存在的必然性之间选择，两者间的命运同时也发生于对"自身处境"的反抗与选择："我们对于命运的反抗也就造就了我们的命运自身，而我们的自由也栖居于其中，这就像我们挣扎着要发出我们自己的语言，属于我们

---

[1] Stanley Cavell, *This New yet Unapproachable America: Lectures after Emerson after Wittgenstein*, p.64.

[2] Stanley Cavell, *In Quest of the Ordinary: Lines of Skepticism and Romanticism*, p.47.

[3] Stanley Cavell, *Philosophy Passages: Wittgenstein, Emerson, Austin, Derrida*, p.103.

自身特质的语言。"[1] 因此，浪漫主义式的悲剧并不在于外力的不可控，而对语言与经验之"必然性"的错置，而这正是卡维尔在《古舟子咏》中看到的对这一问题的解答："理性必然性"的"压抑升华"带来了"世界僵死"的悲剧，而相应的"彻底的经验主义"则需要克服对自然的恐惧。而一旦能够投身其中，则也能够通达"超验"的价值。这就是"至善论"贯穿于卡维尔文学思想始终所形成的看法。

因此，作为对康德第一批判之文学勾勒的《古舟子咏》将前者所勾画的界限或者曲行的循环视为"沉潜于经验之下"，由此知识只能被设想为不去提供彻底的经验方面的洞见："难以避免的，如果一个人通过确切的划界或者画出一个循环来图汇经验的建筑学，那么他也就框定出了'物自身'所存在的区域。"[2] 从文学语言出发，是我们对理性的"压抑性升华"创造了"物自身"这样的存在方式，或者说事物的命运，也就是事物被认识者所扼杀的命运。在卡维尔看来，柯尔律治实际上说明了这种升华并没有使得哲学理性与"物自体"超越于经验之上，反而是将自身纯粹理性压抑在经验的域界之下，这实际上反而是对真正的"知识"自身的压抑：

> 在我的用法中，知识的概念，承认的概念是一种申明，申明那些在哲学层面上被知道的仍然是不被知的。之所以如此并不是由于忽视（因为对于在哲学上被知道的事情，我们不能否认我们没有在哲学层面上有所获得，比如存在一个世界并且我和他人处于其中），而是由于一种知识上的拒绝，一种否认或者对于知识的压抑，或者说一种对于知识的杀害。[3]

柯尔律治与卡维尔所看到的危机是一幅世界走向死寂的图景，某种程度上这是一个正在发生的历史性进程，这一危机反过来激发了浪漫主

---

[1] Stanley Cavell, *In Quest of the Ordinary: Lines of Skepticism and Romanticism*, p.47.

[2] Stanley Cavell, *In Quest of the Ordinary: Lines of Skepticism and Romanticism*, p.51.

[3] Stanley Cavell, *In Quest of the Ordinary: Lines of Skepticism and Romanticism*, p.51.

义诗学的反抗意志。在卡维尔看来,正如在对"自立"这一概念的理解中所强调的那样,哲学需要借由文学才能切实地实现自己的价值,而对于浪漫主义诗学来说也同样如此:"哲学的救赎必须紧紧系于诗学的救赎之上才是能够被理解的;呼唤诗学也就是将世界归还,或者将世界寻回,正如生活一样。"[1]

2. 浪漫主义对日常的恢复:《不朽颂》中的文学语言述行

在对浪漫主义的日常探索中,给卡维尔以重要启发的另一位浪漫主义诗人是华兹华斯。如果说柯尔律治的《古舟子咏》是向我们提出了"世界之死"的警示,那么在卡维尔看来,华兹华斯的语言则是要恢复一个有生机的日常世界。在前文讨论"偏移"和"去中心化"的问题中,我们已经提及卡维尔与布鲁克斯在《不朽颂》上的争论,在布鲁克斯看来,《不朽颂》的开篇暗示了诗歌语言意义确定性的遗失,但是在卡维尔看来,这一开篇所要表达的是对于"日常"之恢复的一种寻求:

> 曾几何时,牧场、丛林和溪流,
> 大地和所有寻常景致(common sight)
> 在我看来,
> 都笼罩着天国的光辉(celestial light),
> 如梦般的光辉与鲜活。
> 而今已不似往昔——
> 无论我朝向何方,
> 无论昼夜,
> 我所曾见如今却再也不见。

在卡维尔看来,在《不朽颂》的开篇所要表达的是对于"日常"遗失的哀悼情绪,即"日常的景致"原本并非与"神圣"对立意义上的寻

---

[1] Stanley Cavell, *In Quest of the Ordinary: Lines of Skepticism and Romanticism*, p.45.

常，原初的"日常"本是在"天国的光辉"中被看见的。因此，华兹华斯的浪漫主义并不是为了寻求崇高的诗的真理，反而是为了寻求"日常"。卡维尔不仅是要将浪漫主义从单纯否定性的"去中心化"的理解中拯救出来，更是要解释浪漫主义诗学语言更深层面的意图，即对于"日常"的恢复和寻求。卡维尔认为华兹华斯与维特根斯坦及奥斯汀实际上都是"日常"意义上的写作者：

> 我经由自己的兴趣投入到了维特根斯坦和奥斯汀对于日常的重视中，并且还有爱默生和梭罗对于一般性（common）、亲近（near）以及俗常（the low）的强调。这些可理解的角度让我最终想要更多地去理解华兹华斯，尤其是他在《抒情歌谣集》的序言里提出的不太惹人喜欢的关于诗歌权力的看法，比如"为日常（common）生活的兴趣而作"，并且为了这一目的他选择了"俗常的下里巴人（rustic）生活"，让持有这样的语言的人来引导生活。这就是他所说的："一种更为哲学化的语言，但是它往往是通过诗歌来表达的。"[1]

从前文卡维尔对爱默生的解读中可以看到，他非常注重文学语言中的"逆反性"，在华兹华斯处这个问题被最终落实到了语言自身。在卡维尔看来，华兹华斯将浪漫主义诗学语言的超然性表现在对"寻常景致"的呈现中，这是一种语言层面的"逆反性"。

对华兹华斯的这种理解并不仅仅存在于卡维尔的看法当中。弗朗西斯·弗格森也将华兹华斯的语言称为"逆反的精神"（Counter-spirit）。弗格森认为，华兹华斯的诗学语言是"具身化的诗学"（incarnational poetics），这一界定实际上暗示了对于诗学语言的理解并不是立足于对于词语意义的寻求，而是一种切实的语言与物之间的关系。弗格森指出，华兹华斯的"语言作为具身化"实际上是为了取代18世纪"语言作为

---

[1] Stanley Cavell, *In Quest of the Ordinary: Lines of Skepticism and Romanticism*, p.6.

衣着"(language-as-dress)这一观念,并且这种"具身化"总是处于"重估"的状态之中。华兹华斯的作品总是意在说明这种"具身化"必须是持续不断的,并以此对立于死亡:

> "源于我们自身的堕落",发生于个体生命中的"消失",各种凝缩的死亡面貌,这些都是华兹华斯式生命的一部分。其寓意是,无论是人类的具身化还是语言的具身化,都是无法被最终达成的,或者恒定不变的。[1]

在华兹华斯的诗学里,死亡于是被视为一种"具身化解体"(de-incarnation),而语言则是将这种分解重新"具身化"的力量。这就是弗格森在华兹华斯的《墓志铭》中所看出的意味:

> 在篇章中,语言坚持以具身化的姿态投入墓志铭,在其中作为一种奇异的植入。因为语言的具身化就如此直接地进入墓志铭当中,与真实的死亡截然对立,与墓志铭中所纪念的具身分解了的真实人类截然对立。[2]

由此,卡维尔所说的僵死的"世界"与"事物"的再生在华兹华斯的诗学中就直接表现为以"再具身化"的可能来定义死亡,从而也就摆脱了生与死的二元对立。

华兹华斯的语言中最为丰富的就是对于死亡之显现的各种表达。在《露西》组诗1799年的一篇中,死亡被描绘成对于知觉、呼吸以及运动的完全剥夺,以非人的僵死的物质形态归于自然,"与岩石与树木一起,日夜随着地球运行(Rolled round in earth's diurnal course / With rocks and stones and trees)",而有时则又已然保持了人类的姿态,比如以雕像的方式,而最终又往往在以上两种情形的衔接中,一种"再具身

---

[1] Francis Ferguson, *Wordworth: Language as Counter-spirit*, Yale University Press 1977, p. xvi.

[2] Francis Ferguson, *Wordworth: Language as Counter-spirit*, pp.30-31.

化"得以发生。迪娜·威斯布鲁克指出,这种事物在语词中的"再现"(reembodiment)是华兹华斯诗学的整体性事业:"正如华兹华斯所说的,死亡不需要是'完全的腐烂',只要享有言说的特权,就能够在语词中找到重新'具身化'的可能。"[1]

因此,"事物言说"这一说法需要在"死而复生"的情境中才能够被理解,但是这绝非外来的神力所至,而是在浪漫主义的诗学语言中不存在完全的死亡。正如弗格森所说,语言投入"墓志铭"不仅仅是为了悼念完全的死亡,而是要将分解的具身重新聚拢并使之以另一种方式复生。这也就是为什么华兹华斯说墓志铭寄托了两个扭结在一起的愿望:保存遗骸和便于记忆。

在卡维尔看来,对于死亡的颂咏和哀悼本身就是不借助外来神力的"死而复生",他称之为"恢复"(recover)。卡维尔从华兹华斯的文字中看到的是,虽然浪漫主义文学语言传统上被认为是关于超然的创造、灵感以及崇高的。但是透过语言的表面色彩,也就是抛弃"语言作为衣着"这样的观念,以华兹华斯为代表的浪漫主义诗学实际上和奥斯汀一样,都是基于一种"日常语言"的立场:

> 无论是希求奇特的事情还是日常的事情,都会让我们聚焦于浪漫主义。我们可以这样认为,浪漫主义本身是一种发现,去发现日常本身就是一项奇特的成就。我们可以称之为人类的成就。[2]

因此,对于卡维尔来说,我们值得提出的问题是:"说浪漫主义是一种恢复,那么它要恢复的是什么,或者说在什么方面恢复我们的日常?"[3]恢复生命也就是恢复言说的能力,日常的经验或者语言观就在于我们能够把事物的表征理解为一种自发性,浪漫主义的诗学语言试图扭转康德哲学中"物自体"与"显象"之间的奠基关系。和柯尔律治一

---

[1] Deeanne Westbrook, *Wordsworth's Biblical Ghosts*, Springer, 2001, p.28.

[2] Stanley Cavell, *The Claim of Reason: Wittgenstein, Skepticism, Morality, and Tragedy*, p.463.

[3] Stanley Cavell, *In Quest of the Ordinary: Lines of Skepticism and Romanticism*, p.26.

样,华兹华斯将"物自体"理解为物的死亡,并试图回答柯尔律治之问:"又是什么让老水手返回了自己的国度?"在《古舟子咏》中,也正是复生的死者将老水手送回家乡,这是卡维尔在两者之间发现的回应关系。

卡维尔在论述中曾提到但却没有展开的是,柯尔律治将自己的希望寄托在康德之后的观念论,尤其是谢林的观念论之中。[1] 在《近代哲学史》中,谢林在"自然哲学"一章曾经着重谈论过"光"与其所关联的事物之间的关系,而这也是卡维尔所指出的华兹华斯《不朽颂》开篇处"日常景致"与"天国之光"的潜在主题。谢林在这一段落中解释了何为"物质":

> 所谓的"物质",只能被解释为那个起初自由的、作为"无"而存在着的主体的最初的一般意义上的"某物之存在",解释为一个受到自身约束或困扰的主体。也就是说,刚开始的时候,人们在"物质"概念下所思考的,至多只是一般意义上的"某物",一个不再是"无",亦即不再自由的主体。[2]

这一对于"物质"的界定和卡维尔所提出的"一般物"(generic object)异曲同工。这种物质作为"某物之存在"自身,并不是"我们现在看到的那种经过塑形的、千姿百态的物质",而毋宁说是"我们称之为开端和第一潜能阶次的东西,我们称之为'无'之近邻的东西[……]是那种物质的质料或基础"。谢林指出,在这种"物质"被直接转变为一个"演进过程的对象",则相应的与之相对立的观念,就是"无"。换句话说,在"一般对象"逐渐实体化的过程中,生成了"具有形体的物质"及其对立面"无",两者的共生性使得"观念"自身成为"某物","无"是"某物存在"被设定的纯粹本质。而这种"相对于物

---

[1] Stanley Cavell, *In Quest of the Ordinary: Lines of Skepticism and Romanticism*, p.47.
[2] [德]谢林:《近代哲学史》,先刚译,北京大学出版社2016年版,第124页。

质而言作为'无'存在着——乃是光"。谢林认为，一个东西在光里面作为"无"存在着。换句话说，并不是光作为外来的物质媒介赋予事物以存在，而是光就是事物观念性或者说非物质实体性的样貌本身，是事物自身的"感光性"的"内面"。在这里，和卡维尔以及当代语言哲学视角下的观念论一样，谢林将光视为："好比斯宾诺莎的那个有广延的、思维着的实体。"[1] 因此，光实际上是物自身观念的涌出，是物之所以被"看见"的那个面相：

> 光本身不是物质。毋宁说同一个东西，它在观念里面是光，而在实在里面则是物质。光通过它自己的方式、亦即通过一种观念上的方式，在所有的维度上充满了空间，正如物质也是以自己的方式充满了空间。[2]

卡维尔希望通过华兹华斯回应柯尔律治的，实际上也就是要分析华兹华斯语言中这种"天国的光辉"与"日常景致"之间的关系，以此来隐含地说明谢林对于柯尔律治的启示。按照传统上对浪漫主义文学的理解，诗的指向往往被定势地认识为对逝去的"天国的光辉"的寻求，而在意象的采用上也往往如此。在《不朽颂》中，华兹华斯也使用了比如"荣光"(glory)这样的词，以及在后文照应了"天国的光辉"来自"我们的生命之星"(our life's Star)。当孩子长成青年，他"意识到生命之星已然死去，暗淡地沉入日常之光（perceives it die away/And Fade into the light of common day）"。这些表述按照传统的视角都会被理解为对于光所来自的某一个"崇高之地"的寻求，而不是对"日常之圣光"的恢复。但是根据谢林以及卡维尔的解释，这种理解就应当被扭转：

---

[1] [德] 谢林：《近代哲学史》，先刚译，第 124—125 页。
[2] [德] 谢林：《近代哲学史》，先刚译，第 125 页。

"辉煌的显像"（vision splendid）之所以被保留，就在于它"暗淡地沉入日常之光"。这就是华兹华斯所建构的日常。但是我猜想在一般的理解中，这句话会被理解为一种散去。但是这里说的是"淡入"（fades into）而不是"消散"（fades out），这可能意味着另外一种发生模式，一种更良善的幻灭（happier disillusionment），因此这种显象可以被视为一种预兆。华兹华斯的建构是要将这种"处于圣光之中"的日常代之以我们生活的日常，这种日常伴随着其自身囚室的阴影笼罩着我们的青春，也如俗常一样压在我们的内心深处，这几乎就是此时的生活本身，一个已死的世界，对它来说我们也就是已死的——而据说我们要用自由来替代这种处境（"生于天堂的自由"），伴随着这种鲜活的起源，或者说出生，也伴随着向往。还有多远这样的显象才能够被呈现和复生？什么能够保留我们对此的向往？什么是为我们而保留下来的？我们必须就此转向。[1]

因此，受柯尔律治和华兹华斯语言背后所隐含的谢林的哲学观点的启发，卡维尔实际上隐含地指出"日常语言"与这种来自物自身的"理念之光"之间的相似性。正如谢林所说，"物质之存在"是"一个受到自身约束或困扰的主体"，这恰好符合了卡维尔在爱默生那里所发掘的"自立"的主体存在方式。当我们发出语言，就是将我们自身存在的"理念"一面的"光"投射出去。但这并不是我们将其投射到事物之上使其被"照亮"，在这种隐喻中，"我的语言"就仅仅是对事物的一种外部勾勒和暴力，而作为语言发出者的我们也处于这种"语言暴力"之中。与之相反，我与事物的交流方式实际上以一种发出信号的方式，在寻求回应的意向中建立起联系："万物有灵论"在浪漫主义中最重要的意味实际上反映为物我之间的同调性，我们如何展现或掩盖、或杀害自己，事物也就如此这般地对待自身。这种隐喻就将我们带回到了卡维尔最初的日常语言思想中，也为斯多亚式的语言逻辑与斯宾

---

[1] Stanley Cavell, *In Quest of the Ordinary: Lines of Skepticism and Romanticism*, p.75.

诺莎式的语言逻辑在浪漫主义文学中找到了最终的落实之处:"寻常景致"所笼罩的"天国之光"是主体与事物作为"发光体"互相辉映的效果,而随着我们不再敢在未知的世界中"发光",也就是不敢"自立",则我们的世界也就逐渐沦为一个万物"暗淡无光"的世界:"我们的无世界可归,无家可归,以及世界对于我们的死亡,虽然我们仍然看着它,但是我们却一如既往地无法将其拾回(就如同我们此时无法安置这个世界)。"[1]

通过这样一种浪漫主义的视野转化,卡维尔得以将日常语言哲学与浪漫主义的文学语言这两个看似相距甚远的领域联系在了一起,这一方面为理解传统上被认为高深莫测的浪漫主义诗学提供了日常理解的渠道,另一方面更有说服力地打破了语言哲学与文学语言这两个传统上隔膜深重的领域,而给出了整体性的关于人类的日常语言观。对于当下流行的日常语言分析视角来说,相关研究者同样在字面上指向这些问题,但正如本文的论述所示,对于奥斯汀以及后期维特根斯坦理解的"教条化"(主要表现为切割哲学史、思想史与文学性等问题)会令我们错失一种建设中的"语言分析文论"得以完善的可能。

实际上,卡维尔并不是唯一注意到这一路径的学者,安吉拉·伊斯特哈默在《浪漫主义的施行:英国与德国浪漫主义中的语言与行动》中详尽展开了这一视角。伊斯特哈默指出,实际上语言作为行动并不是当代才出现的观念,这种观念广泛存在于18世纪末到19世纪初的各种写作当中,浪漫主义哲学自身所呈现的就是这种施行理论:"并不是哲学或者语言学提供了一种语言的理论,然后被应用于诗学。不如说是语言学和诗学文本一起作为语言行动的实践和范例。"[2] 伊斯特哈默的浪漫主义语言行为观也反衬了奥斯汀日常语言观的不足,或者说从反面说明了为什么奥斯汀没有看到日常语言与文学语言的共性:

---

[1] Stanley Cavell, *In Quest of the Ordinary: Lines of Skepticism and Romanticism*, p.32.

[2] Angela Esterhammer, *The Romantic Performative: Language and Action in British and German Romanticism*, CA: Stanford University Press, 2001, p.3.

浪漫主义语言学的一个典型立场，就在于个体说话者可以以言行事，而这一行为要行之有效就必须伴随着语言也能够对个体说话者有所反馈。也就是说，说话的主体倾向于成为一个更为流形（fluid）的实体，而这一点在20世纪的语言行为理论中表现得并不清晰。[1]

正如卡维尔所指出的，在奥斯汀的早期言语行为理论中，由于仍然没有克服对于认识对象的狭隘认识，其后果也就使得说话者本身变成了一个程序性的僵死的认识主体。伊斯特哈默指出，浪漫主义"以言行事"的"取效"范畴实际上要比当代的语言行为理论宽泛得多。但更重要的是在语言行为中，说话者必须对自己的主体位置有实际的担当：

在浪漫主义时代的语言哲学中，其中最严格的就是这样一种回馈概念，即有话说出则就会有事发生。动词话语必然有其落实之处，有其说话者，有其发语条件，而这些都必须要有所描述。但不仅仅是在修辞或者说服的层面，而是要确实地确立说者与听者的主体位置，建立其与他人他物以及外部世界之间的关系。[2]

---

[1] Angela Esterhammer, *The Romantic Performative: Language and Action in British and German Romanticism*, p.13.

[2] Angela Esterhammer, *The Romantic Performative: Language and Action in British and German Romanticism*, pp. XI-XII .

结　语　"欧陆"与"英美"哲学的"危机意识"合流：卡维尔日常语言思想的时代价值

卡维尔的日常语言思想通过"怀疑主义"视角的引入和解析打破了传统上"欧陆哲学"和"英美分析哲学"的对立，使得一直以"科学主义"之名对立于"人文主义"的语言分析哲学重新汇入那个时代的共同问题之中，也就是关于"人的状况"的思考。而这一汇流，一方面是由于后期维特根斯坦及卡维尔这样的哲学家思想自觉的结果，另一方面也反映了20世纪理论界总体的发展趋势。

实际上，无论是"欧陆哲学"还是"英美分析哲学"，在其产生伊始都没有过于突出"知识确定性"的问题。虽然从日常语言哲学视角回看早期分析哲学，后者确实会呈现出一种"科学主义"的面貌，但这主要是因为在这一时期，作为整体性的"生活世界"仍然没有被着重讨论，或者被认为不必或不应被"主题化"地讨论。简单地说，作为一种基本信念它尚未受到哲学上的普遍怀疑，从而也就没有被着重澄清。20世纪初诸"科学主义"操作平台的建构（无论是现象学、分析哲学还是心理分析）都反映了"上帝死了"之后人类对于自身理性建构可能性的乐观情绪。如克莱因对于胡塞尔现象学的评价所示："《逻辑研究》（*Logical Investigations*）无可辩驳地表明，逻辑的、数学的和科学的命题永远也不可能被这种（引者按：心理主义）解释根本和必然地决定。"[1]

---

[1]　[美]雅各布·克莱因：《雅各布·克莱因思想史文集》，张卜天译，湖南科学技术出版社2015年版，第66页。

而就分析哲学的代表人物弗雷格来说，也如达米特所言："思想及其构成涵义形成了一个永恒的'第三领域'和一些不变的实体，这些实体的存在不依赖于被把握或被表达。"[1] 这种"不可辩驳"和"永恒不变"的性质，在后来的日常语言哲学看来无疑是传统哲学的显著标志。但是正如我们在摩尔和罗素那里所看到的，在这一时期的哲学家心中，不可辩驳的关于人类生存状况的"基本信念"尚无法被识别。实际上，在当时的哲学思潮中，"人学"和"心理主义"是属于同一类被批评的理论指向。如施皮格伯格写道："在胡塞尔于 1931 年在法兰克福、柏林和哈勒所做的演讲《现象学与人学》中得到进一步的强调 [……] 人学论主要指狄尔太的那种被胡塞尔说成是把现象学建立在人的存在（menschliches Dasein）之上的心理主义的人学论。"[2] 在"举手的摩尔"的例子中我们也已经看到，这个证明实际上很好地体现了卡维尔所说的关于日常语言的"伦理性"奠基问题，但是在摩尔看来，这个问题是不需要甚至不该被特别说明的。

但是，从另一条被"人本主义"以及文艺学所普遍接受的历史叙事来看，20 世纪的思想史的总体基调是悲观的。周宪在其《20 世纪西方美学》的导论部分所给出的总体叙事是以斯宾格勒、韦伯和齐美尔为主要人物的[3]，这些哲学思想的共同特点是指向一种文明衰落进程中人所面对的生活境遇。在这条脉络上，人的生存境遇问题是被"主题化"了的。而两次世界大战无疑使得这一"悲观叙事"成了主流，使得以胡塞尔、弗雷格和罗素为代表的"乐观叙事"戛然而止。随之而来的各种思想，甚至有些被视为这些早期哲学家继承者的思想，实际上都是对早期"基础信念"的"主题化"研究，由此就产生了关于"知识"问题的追问。对这一问题的追问来源于一种危机意识，即在这一历史时期很多思

---

[1] [英]迈克尔·达米特：《分析哲学的起源》，王路译，上海译文出版社 2005 年版，第 23 页。

[2] [美]赫伯特·施皮格伯格：《现象学运动》，王炳文、张金言译，商务印书馆 2011 年版，第 469—470 页。

[3] 周宪：《20 世纪西方美学》"导论"，南京大学出版社 1997 年版。

想家意识到关于人类生存境遇的"基本信念"不是一成不变的,而必须彻底地追问我与他人、社会以及自我的相关"知识"。这一思潮既是对早期思想的继承——因其承认"基本信念"的现实存在,同时也是对早期思想的超越——因其要求分析"基本信念"的动力、形式与质料。这种思潮其中的代表人物之一就是马克思·舍勒,沿着现象学传统他发展出了一种"知识社会学"。他准确地指出了现象学对于"知识"的认识将会导致一种基于"经验"的"先天性",表现为基于"传统"的"历史性"的社会建设途径:

> 一般说来,只要一个人是一个社会的"成员",那么,人类的全部知识就不是经验性知识,而是"先天"知识。这种知识的起源表明,它先于自我意识层次和人的自我评价意识而存在。没有"我们"也就没有"我"。"我们"又充满了先于"我"而存在的内容。[1]

舍勒"知识社会学"的相关论述实际上已经非常接近卡维尔基于日常语言所给出的阐释。这也从一个侧面证明,虽然胡塞尔和弗雷格、罗素等人所分别代表的"欧陆哲学"与"分析哲学"各自的发展历程似乎彼此无涉,但是两者最终会在时代的危机意识中达成合流。比如,只以对待战争这一极端境遇的态度来说,属于"乐观叙事"的胡塞尔是一个坚定的爱国主义者,他最好的学生在"一战"中捐躯;而罗素则是一个彻底的"反战主义者"。而在"悲观叙事"中,刨除有争议的海德格尔不谈[2],仍然具有"基础融贯"意识的日常语言哲学家,比如蒯因、斯特劳森和苏珊·哈克等,以及后期撰写《欧洲科学的危机与超越论的现象学》的胡塞尔及其现象学后学们,实际上都在进行类似危机之后的人

---

[1] [德] 马克斯·舍勒:《知识社会学问题》,艾彦译,华夏出版社 2000 年版,第 59 页。
[2] 罗蒂曾经撰写过一篇评论来为海德格尔的纳粹丑闻辩护,文中通过虚构另一个"可能世界"的方式叙述了海德格尔"清白"的一生。罗蒂旨在通过这种方式说明,海德格尔自身的思想与是否支持纳粹并没有必然的联系,在其"清白"的一生中,他同样也会写出这些思想。详见 Rorty Richard, "Diary." *London Review of Books*, Vol. 12 No. 3, 8 February 1990: 21。

类生存境遇的"战后重建"工作。在这个日常的比喻中，两者实际上是面对同一危机的连贯性的理性工程。而这一合流所激发的另一个意识，就是理论应当是承担理性"责任"的行动，正如德国著名现象学社会学家阿尔弗雷德·许茨所言："先验现象学不承认任何不证自明的东西，而是承担了使每一个事物成为不证自明的任务。"[1]这也与卡维尔对于日常语言中"责任"的强调如出一辙。在卡维尔看来，日常语言所追求的"无预设"的理性建构，同时也就是要追求"负责的"人类生存境遇。"怀疑主义"和"实证主义"之所以是"无意义"的和不合时宜的，实际上在于它们在树立知识的绝对客观性的同时，也就取消了人类的"日常责任"，从而导致了对人与世界自身的"双重预设"：

> 我们总是尝试着去提供这样一个答案，其提供方式在于，对于某物如此存在的申明（claiming）是独立于我们对这种申明的责任（responsibility）之外的（寻求上帝告诉我们必须做什么就是这样一种方式，它赦免了我们对于选择的责任），而由此一来，世界也就被我固化成为能够让我们这样做的那个样子。[2]

从这段论述中已经可以很清楚地看出卡维尔从维特根斯坦的日常语言思想中所提炼的"人本主义"面相，这一面貌与萨特所说"存在主义作为一种人道主义"的观点已然十分相近。与传统哲学的潜在指向不同，日常语言所追求的不是关于存在的"确定性"，而是描述的"充分性"，后者可以说是一个永续不竭的事业。日常语言在"先验"意义上的有效性奠基于一种可以永续进行下去的交流活动，反之对于交流的终止也必定是断然的、非中介性的与不可妥协的。我们的恐惧、自由与责任在日常语言中聚合于一点，这赋予了选择这一行为的"不得不然"。倘若放弃了卡维尔所主张的这种日常理性，"怀疑主义"就貌似是对于某些"成

---

[1] [德]阿尔弗雷德·许茨：《社会实在问题》，霍桂恒、索昕译，浙江大学出版社2011年版，第174页。

[2] Stanley Cavell, *The Claim of Reason: Wittgenstein, Skepticism, Morality, and Tragedy*, p.216.

见"和"约定"的攻击,但实际上恰恰是"双重预设"了人与世界的"孤立"存在状态。

因此,在日常语言哲学家中,卡维尔之所以能以如此"非理论"的方式获得如此多的关注,是因为他对于日常语言以及维特根斯坦的解读揭示了其背后所蕴含的"危机意识"。在他的阐释中,"他人""外部事物"以及"自我"是最重要的议题。固然针对这些问题的"怀疑主义"根源都在于将它们当作孤立的"认识对象"和"外部知识",但卡维尔所真正关心的是,在这种"知识论"秩序的背后所隐藏的是人类对于日常生活本身的焦虑是什么,而这种焦虑是不是通过某些特定的"约定论"就能够解决?在卡维尔的解读中,维特根斯坦所说的"治疗"不是对于"语义"的挽救,而是对于这种深层焦虑的"治疗"。当关于人类存在境遇的基本信念被打破,主体的存在受到威胁,我们的深层焦虑就在于不再敢于去"承认""接受"以及"朝向他人",也就是卡维尔所说的在"敢于存在"(dare to exist)这一行动上的失败。

在这种境遇下,将一切都归入"知识秩序"并通过"怀疑主义"使之魅化,这实际上就是传统哲学为这种焦虑所提供的遁词。卡维尔进而正面说明了这两种"语言游戏"的根本对立:传统哲学语言中的"对立"表现为"真与伪"的对立,是这样一种辨别绝对真伪的"目的论"使得我们的日常语言在参照这一"Criteria"的过程中得以明晰[1];但对于"日常语言"自身来说,这种"对立"则表现为人在生存中的"沉沦状态"与"极端境遇"的两极化,它被包含于日常语言之中,而"哲学语言"只是对于"日常语言"的一种提喻。对于"极端"或者"非正常"状态的强调,实际上始终潜在地贯穿于卡维尔的日常语言思想中。比如在对赖尔关于日常语言中"素质"与"能力"看法的辩护中,卡维尔实际上也同样暗示了,日常语言的"在地性"和"必然性"总是在一些"非正常"的境遇中才被凸显,比如当我们需要为我们的行为负责的时候。由此,日常也就意味着"非日常",人类的本然"存在"总是在

---

[1] Stanley Cavell, *The Claim of Reason: Wittgenstein, Skepticism, Morality, and Tragedy*, p.146.

"极端境遇"中的"存在"。"哲学语言"是"日常语言"中最为严肃的那一部分,但脱离了"日常语言"甚至扭转两者的参照关系,则会造成"哲学语言"的"无意义"。

正是这种将日常语言哲学重新汇入这一时代的人本主义"危机意识"的阐释,使得卡维尔得以通过日常语言进入文学和戏剧的批评之中,并且一定程度上提供了比其他欧陆学派更好的理解文学与戏剧的方式,从而通过日常语言哲学为哲学如何融入文艺理论与批评提供了新的视角。这一视角既是当下的,同时也是历史性的,即敢于去承认历史事件和一些特殊的历史阶段仍然没有被彻底地抛在身后,它们仍然普遍潜藏于我们当下的日常生活之中。这也就是为什么虽然卡维尔和罗蒂都以调和与沟通英美和欧陆哲学思想而著称,但是两者对待历史的态度却截然不同。较之于罗蒂把未来的愿景本身作为治疗人类历史上诸多残忍阴影的途径,卡维尔与日常语言哲学则主张对当下生活中的历史性残留进行澄清并对之担负起当下的责任。

由此一来,日常语言思想就是一种不回避或者不掩盖任何严肃的人类社会及历史问题的思想。或者说,之所以日常语言是能够打破哲学、文学以及道德的诸多领域隔膜的思想方法,就在于它们都是真实的、有深厚历史积淀的人文问题领域。一种希望对这些领域同样"负责"的伦理态度决定了日常语言必然会试图向所有这些领域开放,而不仅仅像某种主流的对于日常语言的理解那样只是执着于走向更进一步的"科学主义"。斯坦利·卡维尔思想最大的价值就在于给出了日常语言哲学返回"自由人文主义"的可能性,并通过自身的不懈努力做出榜样。而所谓真正的人文层面的自由,就是为人类之人性"自由"且"自发"地承担责任,而不是回避或者通过某种"后"理论走向涣散。

参考文献

英文部分

专著

Alice Crary and Rupert Read, eds. *The New Wittgenstein*. Routledge, 2002.

Angela Esterhammer. *The Romantic Performative: Language and Action in British and German Romanticism*. Stanford University Press, 2001.

Annalisa Coliva. *Moore and Wittgenstein: Skepticism, Certainty and Common Sense*. Springer, 2010.

Arnold Schoenberg. *Style and Idea*. Open Road Media, 2014.

Arthur Collins. *Possible Experience: Understanding Kant's Critique of Pure Reason*. University of California Press, 1999.

Benson Mates. *Stoic Logic*. University of California Press, 1961.

Bertrand Russell. *Philosophical Essays*. New York Routledge, 1994.

——*Introduction to Mathematical Philosophy*. Courier Corporation, 1993.

Beth Lord. *Kant and Spinozism: Transcendental Idealism and Immanence from Jacobi to Deleuze*. Springer, 2010.

Bruce Wilshire. *Fashionable Nihilism: A Critique of Analytic Philosophy*. SUNY Press, 2002.

Cleanth Brooks. *The Well Wrought Urn: Studies in the Structure of Poetry*. Houghton Mifflin Harcourt, 1975.

Cora Diamond. *The Realistic Spirit: Wittgenstein, Philosophy, and the Mind*. MIT Press, 1995.

Cynthia Willett. *Irony in the Age of Empire: Comic Perspectives on Democracy and Freedom*. Indiana University Press, 2008.

David Bell. *Frege's Theory of Judgement*. Oxford University Press, 2002.

David Gunkel and Paul A. Taylor. *Heidegger and the Media*. John Wiley & Sons, 2014.

David Pole. *The Later Philosophy of Wittgenstein*. Bloomsbury Publishing, 2013.

David Rudrum. *Stanley Cavell and the Claim of Literature*. JHU Press, 2013.

Deeanne Westbrook. *Wordsworth's Biblical Ghosts*. Springer, 2001.

Dieter Henrich. *Between Kant and Hegel*. Harvard University Press, 2008.

Donald Davidson. *Essays on Actions and Events: Philosophical Essays*. Oxford University Press, 2001.

Edward Branigan. *Projecting a Camera: Language-Games in Film Theory*. Routledge, 2013.

Edwin Bissell Holt, et al. *The New Realism: Coöperative Studies in Philosophy*. The Macmillan company, 1922.

Edward Duffy. *Secular Mysteries: Stanley Cavell and English Romanticism*. Bloomsbury Publishing, 2013.

Espen Hammer. *Stanley Cavell: Skepticism, Subjectivity, and the Ordinary*. Polity, 2002.

Francis Ferguson. *Wordworth: Language as Counter-spirit*. Yale University Press 1977.

Friedrich Heinrich Jacobi. *Main Philosophical Writings and the Novel Allwill*. McGill-Queen's Press, 1995.

G. E. Moore. *Some Main Problems of Philosophy*. Routledge, 2014.

——*Selected Writings*. Thomas Baldwin. ed. International Library of Philosophy, 1993.

George Pitcher. *The Philosophy of Wittgenstein*. Macmillan and Co Ltd, 1968.

Gordon Baker and Peter Michael Stephan Hacker. *Wittgenstein: Understanding and Meaning: Volume 1 of an Analytical Commentary on the Philosophical Investigations, part I: Essays*. Vol. 1. Blackwell, 2005.

Greg Forster. *John Locke's Politics of Moral Consensus*. Cambridge University Press, 2005.

Hermann Kappelhoff. *The Politics and Poetics of Cinematic Realism*. Columbia University Press, 2015.

Heather Hirschfeld. *The End of Satisfaction: Drama and Repentance in the Age of Shakespeare*. Cornell University Press, 2014.

Henry Allison. *Benedict de Spinoza: A Introduction*. Yale University Press, 1987.

Henry Gray. *Emerson: a Statement of New England Transcendentalism as Expressed in the Philosophy of its Chief Exponent*. Leland Stanford Junior University publications, 1917.

Jacques Derrida. *Limited inc*. Samuel Weber and Jeffrey, trans. Northwestern University

Press, 1977.

James Van Cleve. *Problems from Kant*. Oxford University Press, 2003.

J. L. Austin. *Philosophy Passage*. Oxford University Press, 1979.

John Dewey. *Human Nature and Conduct*. Henry Holt and Company, 1992.

—— *Experience and Nature*. Dover Publications Inc, 1958.

John Rawls, *A theory of Justice: Revised edition*. Harvard university press, 2009.

Jon Miller. *Spinoza and the Stoics*. Cambridge University Press, 2015.

Jonathan Lear. *Open Minded: Working out the Logic of the Soul*. Harvard University Press, 1998.

Kojin Karatani. *Transcritique: On Kant and Marx*, Sabu Kohso, trans. MIT Press, 2005.

Linda Woodbridge. *English Revenge Drama: Money, Resistance, Equality*. Cambridge University Press, 2010.

Ludwig Wittgenstein. *Philosophical Investigations*, G.E.M Anscombe, trans. Basil Blackwell, 1986.

Michael Beaney, ed. *The Oxford Handbook of the History of Analytic Philosophy*. Oxford University Press, 2013.

Michelle Lee. *Paul, the Stoics, and the Body of Christ*. Cambridge University Press, 2006.

Michel Foucault. *This is not a Pipe*. University of California Press, 1983.

Moritz Schlick. *General Theory of Knowledge*. Springer-Verlag, 1974.

Octavius Brooks Frothingham. *Transcendentalism in New England: A History*. GP Putnam's sons, 1880.

Paul De Man. *Allegories of Reading: Figural Language in Rousseau, Nietzsche, Rilke, and Proust*. Yale University Press, 1979.

Paul Guyer. *Kant and the Claims of Knowledge*. Cambridge University Press, 1987.

Peter Dula. *Cavell, Companionship, and Christian Theology*. Oxford University Press, 2011.

Peter Hacker. *Insight and Illusion: Themes in the Philosophy of Wittgenstein*. Clarendon Press, 1986.

Peter Strawson. *Bounds of Sense*. Routledge, 2002.

Richard Allen. *Projecting Illusion: Film Spectatorship and the Impression of Reality*. Cambridge University Press, 1997.

Richard Rorty. *Philosophy and the Mirror of Nature*. Princeton University Press, 2009.

Robert Sharples. *Stoics, Epicureans and Sceptics: an Introduction to Hellenistic*

Philosophy. Routledge, 2014.

Roger Scruton. *Spinoza: A Very Short Introduction*. Oxford University Press, 2002.

Rosine Kelz. *The Non-Sovereign Self, Responsibility, and Otherness: Hannah Arendt, Judith Butler, and Stanley Cavell on Moral Philosophy and Political Agency*. Springer, 2016.

Russell Goodman, ed. *Contending with Stanley Cavell*. Oxford University Press, 2005.

Sam Haselby. *The Origins of American Religious Nationalism*. Oxford University Press, 2015.

Saul Kripke. *Wittgenstein on Rules and Private Language: An Elementary Exposition*. Harvard University Press, 1982.

Sergei Eisenstein. *Film Form: Essays in Film Theory*. Houghton Mifflin Harcourt, 2014.

Stanley Cavell. *A Pitch of Philosophy: Autobiographical Exercises*. Harvard University Press, 1996.

——*Cavell on Film*. SUNY Press, 2005.

——*Cities of Words: Pedagogical Letters on a Register of the Moral Life*. Harvard University Press, 2005.

——*Conditions Handsome and Unhandsome: The Constitution of Emersonian Perfectionism: The Carus Lectures, 1988*. University of Chicago Press, 1990.

——*Disowning Knowledge: In Six Plays of Shakespeare*. Cambridge University Press, 1987.

——*In Quest of the Ordinary: Lines of Skepticism and Romanticism*. University of Chicago Press, 1994.

——*Little did I know: Excerpts from Memory*. Stanford University Press, 2010.

——*Must We Mean What We Say?: A Book of Essays*. Cambridge University Press, 1998.

——*Philosophy Passages: Wittgenstein, Emerson, Austin, Derrida*. Blackwell, 1995.

——*Pursuits of happiness: The Hollywood Comedy of Remarriage*. Harvard University Press, 1981.

——*The Claim of Reason: Wittgenstein, Skepticism, Morality, and Tragedy*. Oxford University Press, 1999.

——*The World Viewed: Reflections on the Ontology of Film*. Harvard University Press, 1979.

——*Themes Out of School: Effects and Causes*. University of Chicago Press, 2013.

——*This New yet Unapproachable America: Lectures after Emerson after Wittgenstein*. Living Batch Press, 1989.

Stephen Mulhall. *Stanley Cavell: Philosophy's Recounting of the Ordinary*. Clarendon Press, 1994.

William Goetzmann. *Beyond the Revolution: A History of American Thought from Paine to Pragmatism*. Basic Books, 2009.

William Miller. *Eye for an Eye*. Cambridge University Press, 2005.

William James. *Pragmatism*. Longmans, Green and Co., 1922.W.J.T Mitchell. *What Do Pictures Want?: The Lives and Loves of Images*. University of Chicago Press, 2005.

W.V.O Quine. *Ontological Relativity and Other Essays*. Columbia University Press, 1969.

文章

A.C. Genova."What Kant did not Mean?" *The Southwestern Journal of Philosophy*, Vol. 6, No. 1 (1975).

Alan Donagan. "Wittgenstein on Sensation." George Pitcher, ed. *Wittgenstein*. Palgrave Macmillan, 1966.

Andre Bazin. "On the Politique des Auterus", Jim Hillier, ed. *Cahiers Du Cinéma, the 1950s: Neo-realism, Hollywood, New Wave*. Vol. 1. Harvard University Press, 1985.

Avner Baz. "What's the Point of Seeing Aspects? " *Philosophical Investigations* 23.2 (2000).

Bertrand Russell. "Meinong's Theory of Complexes and Assumptions (I.)." *Mind* 13.50 (1904).

——"On the Nature of Acquaintance. II. Neutral Monism. "*The Monist* (1914).

Brian Henderson. "The Structure of Bazin's Thought. " *Film Quarterly* 25.4 (1972).

Burke Hilsabeck. "The'is' in What is Cinema?: On André Bazin and Stanley Cavell." *Cinema Journal* 55.2 (2016)

Carolyn Black. "Philosophical Investigations Remark 43 Revisited", *Mind*, New Series, Vol. 83, No. 332 (Oct., 1974).

Charles Sanders Peirce and Andreas Hetzel. "How to Make Our Ideas Clear." *Popular Science Monthly* 12 (January 1878).

Dagfinn Føllesdal. "Analytic Philosophy: What is it and Why Should One Engage in it?" Hans-Johann Glock, ed. *The Rise of Analytic Philosophy*. Wiley-Blackwell, 1999.

David Bordwell. "Contemporary Film Studies and the Vicissitudes of Grand Theory", David Bordwell, and Noel Carroll, eds. *Post-Theory: Reconstructing Film Studies*. University of Wisconsin Press, 1996.

Diane McColley and Dennis Danielson, ed. "Milton and the Sexes." *The Cambridge Companion to Milton*. Cambridge University Press, 1999.

Donald Gustafson."On Pitcher's Account of Investigations §43." *Philosophy and Phenomenological Research* 28.2 (1967).

Graham Bird. "McDowell's Kant: Mind and World." *Philosophy* 71.276 (1996).

Ian Proops. "What is Frege's'Concept Horse Problem'?" Peter Sullivan and Michael Potter, eds. *Wittgenstein's Tractatus: History and Interpretation*. Oxford University Press, 2013.

Jerrold Katz. "Logic and Language: An Examination of Recent Criticism of Intensionalism." Keith Gunderson, ed. *Language, Mind, and Knowledge*. Vol. 7. University of Minnesota Press, 1975.

John McDowell. "Meaning and Intentionality in Wittgenstein's Later Philosophy." *Midwest Studies in Philosophy* 17.1 (1992).

John Searle. "Austin on Locutionary and Illocutionary Acts." *The philosophical Review* (1968).

——"Russell's Objections to Frege's Theory of Sense and Reference." *Analysis* 18.6 (1958).

James Conant. "Stanley Cavell's Wittgenstein." *The Harvard Review of Philosophy* 13.1 (2005).

Malcolm Turvey. "Seeing Theory: On Perception and Emotional Response in Current Film Theory." Richard Allen and Murray Smith eds. *Film Theory and Philosophy* Oxford University Press, 1997.

Michael Friedman. "Kant's Theory of Geometry." *The Philosophical Review* 94.4 (1985).

Murray Dineen. "Adorno and Schoenberg's Unanswered Question." *The Musical Quarterly* 77.3 (1993).

Nat Hansen. "Contemporary Ordinary Language Philosophy." *Philosophy Compass* 9.8 (2014).

Norman Malcolm. "Wittgenstein's Philosophical Investigations." George Pitcher, ed. *Wittgenstein: The Philosophical Investigation*. Macmillan and Co Ltd., 1966.

Northrop Frye. "King Lear", Harold Bloom, ed. *William Shakespeare's King Lear*.

Infobase Publishing, 2010.

Richard Eldridge. "Cavell on American Philosophy and the Idea of America". Eldridge, Richard, ed. *Stanley Cavell*. Cambridge University Press, 2003.

——"How Movies Think: Cavell on Film as a Medium of Art." *Estetika: The Central European Journal of Aesthetics* 51.1 (2014).

——"Romantic Rebirth in a Secular Age: Cavell's Aversive Exertions." (1991): *The Journal of Religion*, Vol. 71, No. 3 (1991).

Richard Rorty."Metaphilosophical Difficulties of Linguistic Philosophy", Richard Rorty, ed. *The linguistic turn: Essays in Philosophical Method*. University of Chicago Press, 1992.

Robert Howell. "Kant and Kantian Themes in Recent Analytic Philosophy." *Metaphilosophy* 44.1-2 (2013).

Rogers Albritton. "On Wittgenstein's Use of the Term 'Criterion'." *The Journal of Philosophy* 56.22 (1959).

Russell Goodman. "Cavell and American Philosophy". Russell Goodman, ed. *Contending with Stanley Cavell*. Oxford University Press, 2005.

Steven Affeldt. "The Ground of Mutuality: Criteria, Judgment and Intelligibility in Stephen Mulhall and Stanley Cavell." *European Journal of Philosophy* 6.1 (1998).

中文部分

专著

［英］A.C. 格雷林：《维特根斯坦与哲学》，张金言译，南京：译林出版社 2013 年版。

［法］安德烈·巴赞：《电影是什么?》，崔君衍译，北京：中国电影出版社 1987 年版。

［德］阿尔布莱希特·维尔默：《论现代和后现代的辩证法》，钦文译，北京：商务印书馆 2013 年版。

［德］阿尔布雷希特·韦尔默：《伦理学与对话》，罗亚玲、应奇译，上海：上海译文出版社 2013 版。

［德］阿尔弗雷德·许茨：《社会实在问题》，霍桂恒、索昕译，杭州：浙江

大学出版社 2011 年版。

［美］保罗·盖耶尔：《康德》，宫睿译，北京：人民出版社 2016 年版。

［英］伯特兰·罗素：《我们关于外间世界的知识》，陈启伟译，上海：上海译文出版社 1990 年版。

——：《数理哲学导论》，晏成书译，北京：商务印书馆 1982 年版。

［法］德勒兹：《时间—影像》，谢强、蔡若明、马月译，长沙：湖南美术出版社 2004 年版。

［英］E.H.冈布里奇：《艺术与幻觉》，卢晓华、赵汉平、朱丹今等译，北京：工人出版社 1988 年版。

［德］弗雷格：《算术基础》，王路译，北京：商务印书馆 1998 年版。

——：《弗雷格哲学论著选辑》，王路译，北京：商务印书馆 2006 年版。

洪谦：《论逻辑经验主义》，范岱年、梁存秀编，北京：商务印书馆 1999 年版。

［美］汉斯·D.斯鲁格：《弗雷格》，江怡译，北京：中国社会科学出版社 1989 版。

［美］亨利·E.阿利森：《康德的先验观念论》，丁三东、陈虎平译，北京：商务印书馆 2014 年版。

［美］赫伯特·施皮格伯格：《现象学运动》，王炳文、张金言译，北京：商务印书馆 2011 年版。

［英］吉尔伯特·赖尔：《心的概念》，徐大建译，北京：商务印书馆 1992 年版。

［美］金在权：《物理世界中的心灵》，刘明海译，刑起龙校，北京：商务印书馆 2015 年版。

［德］康德：《任何一种能够作为科学出现的未来形而上学导论》，庞景仁译，北京：商务印书馆 1997 年版。

梁议众：《康德反驳唯心论问题研究》，北京：中国社会科学出版社 2014 年版。

［美］罗森：《分析的限度》，夏代云译，上海：华东师范大学出版社 2016 年版。

［英］迈克尔·达米特：《分析哲学的起源》，王路译，上海：上海译文出版社 2005 年版。

［德］马克斯·舍勒：《知识社会学问题》，艾彦译，北京：华夏出版社 2000 年版。

［美］纳尔逊·古德曼：《事实、虚构和预测》，刘华杰译，北京：商务印书馆 2007 年版。

［英］乔治·摩尔：《哲学研究》，杨选译，上海：上海人民出版社 2009 年版。

［英］苏珊·哈克：《证据与探究——走向认识论的重构》，陈波、张力锋、刘叶涛译，北京：中国人民大学出版社 2004 年版。

［德］图根德哈特：《自我中心性与神秘主义：一项人类学研究》，郑辟瑞译，上海：上海译文出版社 2007 年版。

［法］托克维尔：《论美国的民主》，董果良译，北京：商务印书馆 1991 年版。

［奥］维特根斯坦：《哲学研究》，陈嘉映译，上海：上海人民出版社 2001 年版。

［美］谢尔兹：《逻辑与罪》，黄敏译，上海：华东师范大学出版社 2007 年版。

［德］谢林：《近代哲学史》，先刚译，北京：北京大学出版社 2016 年版。

［美］雅各布·克莱因：《雅各布·克莱因思想史文集》，张卜天译，长沙：湖南科学技术出版社 2015 年版。

周宪：《20 世纪西方美学》，南京：南京大学出版社 1997 年版。

文章

［英］皮特·斯特劳森：《论指称》，A.P. 马蒂尼奇编：《语言哲学》，牟博、杨音莱、韩林合等译，北京：商务印书馆 1998 年版。

钱立卿：《维特根斯坦为何要否定逻辑常项》，《西部学刊》，2014 年第 1 期。

后 记

本书修订自2018年完成的博士学位论文（原题《斯坦利·卡维尔日常语言美学思想研究》）。此次修订对原论文中冗余论述部分进行了大量缩减，并对不少表达错误进行了修正，补充了少量脚注信息。希望呈现在读者及相关研究者面前的是一部舒缓、平和同时不乏深度的卡维尔思想评介。

本书内容写作于本人赴费城天普大学（Temple University）访学期间。在天普大学，我曾向埃斯彭·哈默（Espen Hammer）教授询问过卡维尔先生当时的身体状况，被告知不容乐观，遂放弃了面见他本人的幻想。在天普大学哲学系的报告室里，在菲利普·基切尔（Philip Kitcher）教授（自20世纪90年代以来，他就开始关注民主社会中科学所扮演的角色）令人难忘的讲座上（在商榷科学范式论的论述中，他留了一整页的幻灯片给艾略特的"天才泯灭论"），我曾在后排凝望过分析美学领域最著名的学者之一约瑟夫·马戈利斯（Joseph Margolis）的背影，但也仅此而已，并没有机会交谈。这个背影出现的情境可以说凝缩了当我身处异域，将学术生涯迄今为止最大的精力投入一个在国内尚无人问津，在西方又几乎和光同尘的学者身上时的全部感受：你知晓他的重要之处，却可能永远错过了对话的机会，只剩下一个眺望和感受的审美距离。这也许就是卡维尔虽然在西方的影响如此巨大，却始终在国内鲜有人关注的原因所在。对于他的思想与写作风格来说，时下国内西学研究中乐于以刺激性的"学术概念"为抓手的方式是完全不适用的。但也正是在这个场景中，我意识到了这一研究的必要性。就像在那间报告室里，望着马戈利斯教授的背影（虽然未进行过专门研究，但我了解他的一些基本思想），听着基切尔教授的报告内容（那对我来说完全是一个新领域，但那场报告之后我已经暗自把他作为将来的一个潜在研究对象了），新知总是会在模棱两可的熟知之中浮现。在这种奇妙的互文气氛中，我突然感到引介卡维尔并不是为国内提供一个新的学术研究对象，重要的是这种学术研究的"生活形式"，它应该被带给更多的人。

就本书的内容，在此请允许我做几点说明：

第一，在博士学位论文的定稿过程中，出于一些合理性考虑，我接受了一位专业老师的意见，删除了论文原本第一章的内容。这部分内容较为详尽地对罗素早期的"迈农主义"批判进行了论述（国内对于"迈农主义"的研究主要以张新民教授为代表，但整体上来看，仍然是个被忽略的领域），并试图将早期分析哲学及现象学（主要是罗素、弗雷格和胡塞尔）统一于共同的"反心理主义"阵营，以消除后来在学术史中形成的隔膜。对于本书的主体论述对象来说，此一部分确实相当冗余，并且也超出了我当时的驾驭能力，因此十分感谢老师当时的建议。但客观地说，我仍然认为这是理解早期分析哲学与日常语言之间共通性的要点所在。在本书前言中保留了对于这一部分内容的概述，希望读者不要忽略这一重要的问题背景。

第二，本书中关于卡维尔电影理论的章节没有关于电影作为一种"自动机制"的论述。之所以要专门提到这一"缺失"，是因为"自动机制"这一概念可以说是卡维尔在国内唯一被注意到的"理论概念"（或许是由于《看见的世界》是目前卡维尔著作的唯一中译本），并且由于可以和一些热门研究对象形成比较研究，长期以来在国内外学界，它都是卡维尔的主要理论论述概念。尤其是对卡维尔与德勒兹等法国后现代电影理论家基于这一概念的比较，在国外学界的相关论文数量已有一定规模。但客观地说，这个概念的热度实际上并不符合我个人的阅读感受。首先，这一概念主要出现于《看见的世界》后半篇，并非该书的核心论述概念,毋宁说是卡维尔通过对观影经验的分析得到的一个自然而然的修辞性总结(这些分析大多是关于观影者之于荧幕的观念性"位置","自动机制"实际上是由"在荧幕后观看"引出的一种"电影世界观");其次,就我个人的研究来看,形成"自动机制"的基础性理论部分并不在《看见的世界》之中,而更多地来自《理性的申明》中关于"词语投射"的相关章节,这一问题关涉语言学习中我们何以能够扩大我们的"世界",卡维尔这一部分的论述相当晦涩复杂。在学位论文的原文中,我曾试图在不对"自动机制"进行正面概念解释的基础上,在不同章节中形成一个"词语投射"与"自动投射"之间的理论推衍,但阅读体验极差,遂在修正中整体放弃。但整体上促使我不对这一"概念"进行论述的原因,在于"概念分析"或者"概念比较"本身是卡维尔思想所拒斥的东西,这一概念的重要性应该在具体的作品分析中被自然体现。这也是本书对于卡维尔电影理论进行组织论述时所秉持的原则。

第三,虽然卡维尔的学院名号仍然是"哲学家",但本书仍是以"文艺学"的基本观念与立场进行写作的。之所以要说明这一点,是由于卡维尔的思想魅力实际上并不主要来自"维特根斯坦研究专家"这一名号,这也是他所代表的"新维特根斯坦"与哈克等人所代表的"传统维特根斯坦"的根本性不同。卡维尔在西方学界的影响力主要在于"文哲互通"这一研究观念的建立,本书中所介绍的卡维尔思想最精彩的部分,仍然主要在于对莎士比亚悲剧以及浪漫主义文学的分析。因此,虽然本书仍然以"哲学基础—文艺应用"的框架展开,但暂时绕过哲学基础部分,对二、三、五章先行阅读,而后再返回理论章节的阅读顺序也是我尤为推荐的。同时也希望由此形成一种属于文艺学自己的写作范式,改变文艺学某种程度上受制于"哲学下沉"的状态。

第四,本书对于卡维尔思想的论述是切片式的。这一选择一方面是由于卡维尔"非主题"的论述方式客观上无法进行传统学院式的归纳,另一方面也是由于卡维尔著述众多,国内除《看见的世界》之外尚无中译本。本人能力所限，对卡维尔思想进行分章节的归纳已实属不易。为了弥补系统性论述的不足，本书将一部分重点放在了相关思想史问题的扩展上。文中几个关联视角，比如日常语言哲学对罗素及摩尔的继承，"规则"问题与"唯我论"及"现象主义"，日常语言哲学作为"雅各比问题"的当代版本，日常语言哲学中的斯多亚主义因素，等等，以时下主流的研究视角看来可能略显"离经叛道"，甚至有些并无直接的中介性文献依据，但作为"竞争性"的理解日常语言哲学的视角，我认为它们是足够有"竞争力"的。也希望对此有异议的研究者能以"竞争性"的视角而非诉诸已有"公论"的视角来看待这些可能尚不成熟的立场，这也是卡维尔思想，甚至也是维特根斯坦思想的内在要求。就个人的研究与阅读体会来说，较之于针对卡维尔个人著作的"专门研究"，这应该是更好的深度理解卡维尔的途径。但也因此，如若被读者认为有"跑题"之嫌，我也完全接受这一批评。

在此，请允许我向本书写作过程中对我提供过指导与帮助的师友表示由衷的感谢：

我的博士导师朱国华教授，在我攻读博士学位的过程中既对我进行了严格而又精细的指导，同时也给予了我充分的研究自由。他在文化理论及"场域"问题上的卓越研究对我理解"日常语言哲学"背后的"生活形式"问题有着极大的帮助。如果说我博士期间取得了什么成绩，其中大部分都要归功于导师的指导与爱护。

除导师之外，在博士学习期间其他老师对我的指导也令我受益匪浅。华东师范大学的王峰教授、朱志荣教授、罗岗教授等作为我的任课老师都对我的研究有着重要影响。尤其是王峰教授在中文系建立的日常语言分析的研究氛围是我能够从事这一研究方向的基本保障。汤拥华教授曾对我的论文进行过细致的阅读与校正，而这完全是他的分外工作，对此我十分感激。我的启蒙导师、东北大学的宋伟教授，在我读博期间也始终对我给予关注与鼓励。此外，感谢以上还未提及的准许我通过论文答辩的答辩委员会的专家们，复旦大学的朱立元教授、陆扬教授，华东师范大学的刘阳教授。感谢论文的外审（明审）专家刘旭光教授，他对我的博士论文及后续论文的好评令我备受鼓舞。

感谢我于南开大学文学院从事博士后工作期间的合作导师周志强教授。周志强教授是国内文化批评领域的专家，虽然从研究方向上看与日常语言哲学是两个平行领域，但他在文化批评上的卓越洞见也对我将日常语言哲学应用于文化批评给出了重要指引。在我试图将日常语言哲学运用于文化批评的诸多尝试性论文中，周志强教授提出的原创性概念作为路标多次被我引为脚注。本书的出版一定程度上要感谢周志强教授给予我的在行动力上的激励。

感谢与我一起在学术道路上前行的友人。感谢苗思萌、聂世昌、叶仁杰、路程等同门，我大量的学术理解及自我反省都来源于与他们的讨论。尤其是苗思萌同学曾经对我论文中一个重大归类错误予以纠正，尽管该部分在博士论文定稿时已被整体舍弃，但仍然要感谢她的理性与细心。感谢时为复旦大学文艺学博士生的徐贤樑，在费城写作本书时，徐贤樑博士正在德国访学，但仍然跨越时差与我进行了频繁的讨论。他也是本书主体内容最初的读者之一，基于对他学术能力的认可，他对本书内容的认同也对我有很大的激励作用。感谢北京第二外国语学院的韩尚蓉老师，基于她对于柄谷行人的深入研究及相关建议，我删除了文中对于柄谷行人的错误化用。感谢我多年的挚友、中国人民大学的冯庆老师，虽然如今冯老师的研究领域已经发生了转变，但在初识的时候我们的兴趣点都在语言哲学，他那一时期的研究与译作曾是我入门阶段的重要参考。感谢中国社会科学院的汪尧翀老师，最近几年他试图发掘德国批判理论中的语言哲学因素，与他的频繁讨论令我更加确信打破"英美"与"欧陆"思想之间壁垒的可能。感谢厦门大学的王凡柯老师，我们的讨论始于一次会议上对"significant"一词的共同看法（讨论的相关内容在本书中也有保留）。王老师具有深厚的德语及相关学术造诣，她对我的很多启发性建议让我能够将日常语言哲学，尤其是维特根斯坦的思想带回到德语语境之中，这对我未来的研究具有重要的视角奠基意义。

最后，请允许我引用维特根斯坦的名言作为结尾，虽然这一翻译未必准确，但在"日常语言"的层面上更符合我心中的语气：

这就是我铁锹转向的地方，这就是我所说的，这就是我所做的。

林云柯

2021 年 5 月